三江法学博士论丛

发展型社会政策视野下的省际对口支援研究

——基于汶川地震灾后重建案例

余　翔◎著

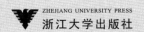

ZHEJIANG UNIVERSITY PRESS
浙江大学出版社

图书在版编目（CIP）数据

发展型社会政策视野下的省际对口支援研究：基于
汶川地震灾后重建案例 / 余翔著. —杭州：浙江大学
出版社，2014.9

ISBN 978-7-308-13411-8

Ⅰ.①发… Ⅱ.①余… Ⅲ.①地震灾害－灾区－重建
－汶川县 ②经济援助－研究－汶川县 Ⅳ.①D632.5
②F127.714

中国版本图书馆 CIP 数据核字（2014）第 136397 号

发展型社会政策视野下的省际对口支援研究
——基于汶川地震灾后重建案例

余　翔　著

责任编辑	赵博雅
封面设计	续设计
出版发行	浙江大学出版社
	（杭州市天目山路 148 号　邮政编码 310007）
	（网址：http://www.zjupress.com）
排　　版	杭州中大图文设计有限公司
印　　刷	浙江印刷集团有限公司
开　　本	710mm×1000mm　1/16
印　　张	14.75
字　　数	265 千
版 印 次	2014 年 9 月第 1 版　2014 年 9 月第 1 次印刷
书　　号	ISBN 978-7-308-13411-8
定　　价	42.00 元

前　言

　　对口支援是一项富有中国特色的省际合作政策,被用于民族地区经济社会发展、工程移民、灾害应对等领域,其使用场合和频率呈现增多的趋势。汶川地震灾后恢复重建对口支援是新中国成立以来动员规模最大、投入资金最集中、参与人员最多的一次,它的政策过程和结果对于我们理解和诊断对口支援政策有很好的研究价值和现实意义。

　　本书采用政治经济学的综合研究方法,从对口支援的诸多政策现象中提炼出"政策期望—政策执行结果"这一分析路径。政策期望是用来描述对口支援政策过程中各级政府、民众对援建目标、援建方式、资源运用、利益分配等方面所产生的认知和行为诉求,相应的政策执行结果可以分为符合期望的结果和不符合期望的结果两类。

　　本书揭示出汶川地震灾后恢复重建对口支援政策建构和执行过程中,中央、支援方政府、受援方政府、灾区民众的政策期望是丰富和多层次的。中央政府的政策期望主要有援建规划的刚性、援建的速度、援建的资金供给、援建的质量和廉洁性等方面。支援方政府的政策期望包括争取援建中的政治声誉和部分经济利益,保有援建的主导权,谋求良好的援建环境等方面。受援方政府的政策期望是尽可能多地获得援建资源和足够的话语权,冀望援建能够帮助当地恢复、发展、振兴。灾区民众的政策期望是获得长期、充足、公平的援助,在援助中有参与渠道。研究也发现,上述政策期望中有些和对口支援的政策目标相契合,有些则和政策目标存在抵触。

　　通过考察汶川地震灾后恢复重建对口支援的政策结果,我们发现各方政策主体的政策期望得到了大幅度实现,包括援建体现出良好的速度、援建资金投入到位、援建对民生改善的贡献较大、援建的安全性和廉洁性表现合格。这些也表明对口支援的政策目标实现得较为充分。与此同时,研究也发现一些不符合中央和民众政策期望的政策执行结果,包括盲目追求援建规模和速度、对援建资金使用的低度约束、少量的建设质量缺陷与违法违纪援建、当前援助与长远发展的失序、回避民众对援助的参与和监督、损害民众利益等。这些结果的出现表明对口支援在政策执行中偏离了政策目标。

本书还比对了其他的对口支援政策,发现政策执行结果的分布和比例与各方政府抱有政策期望之间的契合性、各方对政策的关注度存在关联。在此基础上进一步比较和探索了对口支援政策执行过程背后隐含的政策执行模式问题,发现对口支援政策执行模式的基本特色是自上而下主导、中层控制和联合治理。

本书对今后的对口支援政策执行提出了一些建议,主要包括完善对口支援法制,提升政策合法性;健全对口支援的财政保障,促进援助资金来源多元化;摆脱项目迷思,改变目标考核方式;革新援助对接模式,组建跨政府的实体性对口支援实施机构;落实对口支援政策优惠,实施有针对性的激励;拓宽对口支援的参与渠道,接纳社会力量共担使命;加强对口支援政策宣传,合理引导民众期望。

汶川地震发生至今已6年,可以预见,类似的对口支援政策在抵御灾害、促进社区和区域发展方面还将继续运用。

目　　录

表目录

图目录

第一章 绪 论

没有哪一次巨大的历史灾难，不是以历史的进步为补偿的；一个聪明的民族，从灾难中学到的东西会比平时多得多！

——恩格斯

第一节 研究背景

中国幅员辽阔，地区间发展不平衡现象比较突出，2010 年度 31 个省、自治区、直辖市在国内生产总值排名中，位居前 16 位的（除四川省、内蒙古自治区之外）全部是东中部省市，而西部省市全部处于 20 位以后。排名第一的广东省与排名最末的西藏自治区之间的差距达到了 90 倍，在地方财政收入、人均可支配收入等方面的差距也很明显，西部地区成为关系到国家长治久安和经济社会可持续发展的瓶颈。在解决东部和西部地区均衡发展，落实发展成果为全国人民共享方面需要特殊的政策设计和持续有效的政策供给。核心的政策基调有两点，一是依靠西部地区自力更生，刷新发展理念，转变发展方式；二是发挥国家的体制优势，动员各方面力量参与和支援西部地区发展，既向西部地区"输血"，也创造条件帮助西部地区加强"造血"能力。近年来，中央为扶持西部地区发展，出台了包括财政转移支付、西部大开发、对口支援在内的多项政策扶持措施，西部地区的经济社会发展速度和面貌得到了改观，但东西部发展不平衡的状况在相当长的时期内难以消除，将一些促进西部地区发展的政策长期坚持下去并发挥出应有的效果面临着较大的挑战。

中国自古以来就是灾害多发国家。进入新世纪以来，我国先后遭受了地震、泥石流、洪水、台风、干旱、冰雪等自然灾害，也遭遇了"非典"、"甲流"、流域水污染等波及面广泛的突发性事件。随着灾害研究的深入和灾害处置经验的丰富，人们意识到灾害的社会性，即它不仅带来生命和财产上的损失，还意味着对社会系统造成威胁和实质性损失,造成社会失序、社会成员基本生存支持系统的功能中断(陶鹏,2011)。同时,人们逐渐认同灾害是"可管理的",当灾害发生后,政府和公众需要将其导入政治和政策议程,解决一些关键性问题,如评估和弥补暴露在灾害面前的社会脆弱性,在灾害恢复中塑造和激发社会抗逆力,以便更好地将社会形态推向"中断—调整—恢复—稳定"的轨道上。在灾害救援和灾后恢复的过程中,我国形成了以政府为核心、多级政府、多个部门和社会力量参与治理、产学官研多方协同的景象,在资源动员、重建方式、重建进度管理上创制出一些独具特色的政策举措,在抗击灾害中取得了令世人瞩目的绩效。同时,在应急管理意识与能力,重建的速度、数量与质量,社会力量的参与方式和程度等方面暴露出一些需要改进的问题(高小平等,2009)。

30 多年来,中国的经济社会发展进步明显,政府在其中发挥着无可替代的作用,东西方研究者在争鸣"中国模式"时,不约而同地将目光投向了中国的政府体制和政府治理行动。如持"行政联邦主义"观点的研究者提出,中央政府利用全能主义时代形成的动员能力来整合资源,通过资源与人力低成本的优势,将整个国家变成一家"大公司",让各个地方成为各有自身利益的子公司,形成了"权威整合—个体竞争"的集群优势(萧功秦,2010)。具体到公共产品、准公共产品等主要不依赖市场提供的产品和服务(nonmarket-provided goods and services),中国的各级政府呈现出"企业家主义"倾向,它们在经营公共管理过程中会像企业一样计算盈亏和创造利润,追求利润最大化,也会迫于一定的压力,在政府与政府之间、政府内部部门之间、政府与政府之外的主体之间产生竞争行为,当它们之间的能力均衡度和竞争激烈程度较明显时,会造成政府之间关系的不和谐或低端和谐(冯兴元,2009)。在一些较为特殊的公共政策中,不同层级、不同地域的多方政府被卷入其中,它们之间的关系组合相较常见的纵向的上下级政府之间、横向的同级政府部门之间的关系更加复杂,除了上面提到的竞争,还可能演化出其他形式的府际关系,对政策过程和利益相关者而言,既带来有利结果,也可能带来不利结果。

当代中国,对社会政策的需求与时俱增,尽管人们不一定意识到这一点(杨团,2002)。为发挥经济较为发达地区的优势,帮扶不发达地区尤其是少数民族地区加快发展以及受自然灾害破坏地区的恢复重建,中央政府创制了"对口支援"这一富有中国特色的社会发展政策。在西藏、新疆等少数民族地区、贫困地区、三峡库区、地震灾区及教育、医疗卫生等领域都有对口支援的实践。2008 年 5 月 12 日,四川省汶川县发生 8.0 级特大地震,在抢险救灾过程中,多部委相继出台政策,从其他省市抽调人力物力对口支援受灾地区。国务院根据灾情和重建的需要提出建立灾后恢复重建对口支援机制,颁布重建法规和对口支援方案,安排18个省、直辖市以及广东省深圳市对口支援汶川地震的极重和重灾区。2008年下半年以来,全球性金融危机爆发,国际经济环境日益严峻,中央迅即部署实行积极的财政政策和适度宽松的货币政策,确定了进一步扩大内需、促进经济增长的十项政策,其中第七项就是加快地震灾区灾后重建各项工作。中央强调,要"把恢复重建作为加快灾区发展的重要契机,作为促进全国发展的强大引擎",并明确提出了"加快恢复重建步伐、提前完成恢复重建任务"的要求,对于对口支援给予了空前的重视。在两年多时间里,各支援省市投入资金达805亿元,先后投入12万人到灾区参加援建,从资金、项目规模、参与其中的政府力量、援助实施方式来看,这次对口支援是新中国成立以来规模最大、政策最为明晰的一次行政实践,国家发改委穆虹副主任对对口支援给予了很高的评价,认为它是社会主义制度政治优势的生动体现,是增强中华民族凝聚力的连心工程,是"两个大局"战略思想的具体实践,是建立中国特色区域合作机制的有效探索。

第二节 研究意义

一、理论意义

近年来,关于公共政策的研究在公共管理学领域独领风骚,在政策制定、政策过程、政策执行、政策主体、政策评估、政策终结等方面成果累累。由于政治体系的差异和学术氛围上的区隔,关于中国公共政策特别是现阶段实施的政策研究在研究对象、方法、深度和广度上还有待深耕。汶川地震灾后重建的对口支援政策是一个特殊而难得的研究样本,它既是应急性的灾后重建的一部分,也是一项经过深思熟虑的国家经济社会发展全局性政策;它不仅瞄准受灾地区(不发达地区)的经济恢复、民生改善和可持续发展,还着眼于探索东西部省际合作长效机制;它不局限于中央制定的政策,还包括支援方、受援地政府等多个主体创制的一揽子政策;它不仅解决本次灾后重建问题,还充当着中央、地方各级政府之间关系调适、演进的政策试验,在其酝酿、出台、贯彻、实施的过程中包含着丰富的信息和深刻的政策问题。它提供了一个较佳的观察场域,使我们能够集中观察到不同层级以及隶属关系的政府在决策、政策目标与政策执行、政策评估、政府间关系处理上的立场、价值取向、行为逻辑及博弈等问题,也使得我们对公共事务中政府、民众、民间组织的格局划分、互动关系有了更直观的理解。与研究一些政府行为时所面临的"黑箱"(black box)状态相比,对口支援政策的透明度较好,更利于我们澄清对中国现时公共政策的认识。

过往也有一些学者对此开展了研究,形成了政策研究的经验积累,在这些基础上继续深入,可望寻找到一些线索或者钥匙,进而使我们能从"从事件到结构,再从结构和模式回到事件"的往返中解释深层次的政策机制或模式(布罗代尔,1997)。

二、实践意义

温家宝总理指出,对于汶川地震这样的特大灾害,恢复重建仅靠灾区的力量是远远不够的。灾后重建的一条重要经验是坚持举全国之力,调动社会各方面力量支援灾区重建。其中就包括"一省帮一重灾县"的对口支援(温家宝,2011)。汶川地震灾后重建的对口支援政策酝酿时间急促,也没有现成经验可循,但近3年的对口支援实践显示,它对灾后恢复重建的启动和推进发挥了重要的带动作用。与其他国家和地区的重建经验相比,对口支援也体现出很强的吸引力。如中国台湾地区南部的一些居民地理位置及与经济发达地区的差距与汶川地震灾区的情况非常相似,"8·8"台风灾害后,台湾当局制订了类似汶川地震重建的三年重建规划,拨款75亿新台币,但在灾后十个月时,重建开工率停留在58%的低位,一批需要重建的乡间农路和连外道路由于位于偏远山区、地质脆弱、后续灾害发生等原因招揽不到厂商投标,主管重建的台湾当局不得不承认进度处于落后状态(周美惠,2010)。将两者比较可以看到,汶川地震重建在同样恶劣的自然条件下保持了很高的重建进度。在与日本阪神地震、印尼海啸重建等案例的对比中,汶川地震灾后重建的速度和震后面貌的改观也是非常明显的。通过研究这场新中国成立以来前所未有的大规模、高强度、全方位的政策协作,从中总结出可推广、可复制、正式化的政策要素,能够为今后其他特殊情景,特别是巨灾后的恢复重建开展对口支援活动提供有益的借鉴。

第三节　整体结构

本书将通过以下八个部分来呈现关于对口支援政策的研究。

第一部分为绪论部分,主要阐述对口支援政策产生的时代背景、对口支援政策的地位、就对口支援政策的开展研究其理论和政策实践方面的意义。

第二部分为对口支援的政策面貌,主要追溯对口支援的政策源流,以建立起关于对口支援政策的长时段、全景式映像。其次是回顾国内外关于对口支援政策以及与之有密切关系的对外援助政策研究,梳理已有研究的主要脉络,归纳研究者涉足过的焦点议题。再将对口支援政策实践与学术视野结合起来,发掘既有可靠的研究基础,又能进一步深入开展研究的关键问题。

　　第三部分为研究问题的正式提出和研究的基本设计。主要基于研究的旨趣和前人的研究积累，提出本研究的核心问题，即对口支援的政策执行问题。然后对研究中的核心概念，对口支援、政策期望、政策执行模式加以界定，表述研究的主要假设，展示研究的整体逻辑，诠释本研究所采用的政治经济学研究方法。同时，也介绍开展本研究所具备的基础和研究中遇到的局限。

　　第四、第五、第六部分为研究的主体部分。第四、第五部分主要描述以汶川地震灾后重建为代表的对口支援政策中中央政府、支援省市政府、受援县市政府、当地民众等焦点团体的政策期望的主要内容、影响力度、传递渠道及相互间差异，考虑到篇幅，这一内容将以两章的形式呈现。第六部分从对口支援政策执行过程入手，分析各方政策主体根据政策期望所采取的决策思路、行动选择，比较对口支援的政策执行结果与政策目标之间的差异，并揭示对口支援政策执行与其他公共政策的差异所在。

　　第七部分为讨论，主要探讨与汶川地震对口支援有共性的一些政府援助活动，与对口支援近似的一些公共政策过程中的政策期望及相应的政策执行方式，并与本研究聚焦的研究问题进行比较，对现行的公共政策执行进行一些反思。

　　第八部分为结论和政策建议。主要是对论证过程加以浓缩，介绍研究的主要发现，提炼出一些妥善处理对口支援的政策期望，促进政策顺畅执行的建议，并阐明研究中存在的不足和进一步研究的突破口。

第二章 对口支援政策的发展源流
与研究回顾

布罗代尔指出，"如果从现实出发······制造一个模式，应当立即把它放到实在中去，然后在时间中向上追溯，尽可能追溯到它诞生为止"（布罗代尔，1997）。探究对口支援政策，则需要了解它的演变历史，以及它在不同研究者眼中所呈现出的面貌、结构、功能。

第一节 对口支援的历史回顾

一、20 世纪 90 年代前

对口支援在中国有历史可循，清末全国 25 个省级行政区以及几个海关都受命筹措"协饷"来帮助新疆分担财政支出。从 1760 年开始到 1911 年清廷覆灭，拨给新疆的协饷和专饷近 4 亿两白银，用于官吏、军队饷俸、日常行政开支、水利和道路工程建设等（孙力舟，2010）。

新中国成立以后，国家曾提出"城乡互助，内外交流"的经济建设方针，周恩来总理还强调"全国支援上海，上海支援全国"。在抗击大的自然灾害时，中央政府有从全国各地区调动人力物力支援受灾地区的政策先例（钟开斌，2011）。1966 年 3 月河北省邢台市发生地震，中央从全国各省市抽调了医疗队前往支援。1976 年 7 月 28 日唐山大地震后，中央从全国抽调了 10 余万解放军、5 万名医护人员赴唐山抗震救灾，各省市提供了物资捐赠，8 个省负责接纳抚养 4000 多名地震孤儿，17 个省负责救助 16 万名伤员，灾后来自全国各地的 20 万名建设者参加了重建，历时 10 年。

而对口支援正式成为国家政策应始于我国少数民族地区的对口支援。1979 年 4 月全国边防工作会议召开，原中央统战部部长乌兰夫首次提出国家要组织内地经济相对发达的省、市实行对口支援边疆地区和少数民族地区发展。在随后 20 余年时间中，对口支援少数民族地区的政策得到进一步完善，其中较为重要的政策安排见表 2-1。

表 2-1　民族地区对口支援政策安排

时　间	形　式	内　容
1979 年 4 月	全国边防工作会议	1. 首次提出对口支援任务 2. 安排北京支援内蒙古、河北支援贵州、江苏支援广西、新疆，山东支援青海、天津支援甘肃、上海支援云南、宁夏，全国支援西藏
1982 年 10 月	经济发达省市同少数民族地区对口支援和经济技术协作座谈会（国家计委、民委）	1. 形成《座谈会纪要》，并由国务院批转 2. 明确对口支援由国家经委、计委、民委共同负责，国家经委牵头 3. 规定经济发达省市对少数民族地区进行支援和协作时，适当放宽有偿转让技术收入的分配；适当照顾支援人员的工资待遇和生活补贴，表彰和适当物质奖励贡献较大的单位和个人等
1984 年 9 月	全国经济技术协作和对口支援会议（国家民委）	1. 研讨了对口支援开展几年来出现的问题 2. 万里副总理发表讲话，提出经济发达地区与少数民族地区的对口支援是社会主义制度优越性的体现，也是发达省市应尽的义务
1987 年 4 月	中央统战部、国家民委向中央汇报当前民族工作	1. 转发了《关于我国民族工作几个重要问题的报告》 2. 党中央、国务院指示：发达地区应继续做好对少数民族地区的对口支援。这是一项历史使命，应当坚持做好
1991 年 12 月	全国部分省、自治区、直辖市对口支援工作座谈会（国家民委）	1. 形成座谈会纪要，指出对口支援不同于一般的经济技术协作和横向联合，是有领导、有组织、有计划的、不以营利为目的而以帮助少数民族地区加快发展作为己任的一项既有经济意义又有政治意义的工作 2. 提出对口支援的十六字原则：支援为主，互补互济，积极合作，共同繁荣
1992 年 1999 年 2005 年	中共中央、国务院召开三次中央民族工作会议	1. 李鹏总理发表讲话：加快民族地区经济和社会的发展，主要靠三条：一是国家的继续扶持；二是经济比较发达地区的对口支援；三是民族地区自身的奋斗。三个方面要统筹规划，有机结合，形成合力 2. 朱镕基总理提出，发达地区对民族地区的对口支援与合作应认真总结经验，巩固已有成果，开拓新的内容和方式 3. 胡锦涛总书记发表讲话：发达地区要把支援少数民族和民族地区作为自己应尽的义务，进一步扩大支援的力度和广度，并积极探索更加有效的支援途径和机制

续表

时　间	形　式	内　容
2000 年 2001 年 2004 年	国务院部署西部大开发中的政策措施	1. 提出西部大开发要坚定不移地推进地区协作和对口支援 2. 提出建立市场化的跨地区企业协作机制,把东部、中部地区的资金、技术和人才优势与西部地区的资源、市场和劳动力优势结合,加大东部地区和中央单位对口支援西部地区的工作力度
2005 年 5 月	国务院常务会议	出台《国务院实施〈中华人民共和国民族区域自治法〉若干规定》,其中第十八条规定:国家组织和支持经济发达地区与民族自治地方的对口支援。通过劳动密集型和资源加工型产业的转移等多种方式,帮助民族自治地方加速发展

在少数民族地区对口支援的大政策构架下,针对西藏、新疆两个情况更为特殊的少数民族地区,中央先后出台了更为具体的对口支援政策。

针对西藏地区,自 1973 年起安排了 8 个省市卫生援藏,1976 年后又在教育、农机、干部方面实施对口援藏。近 40 年来,国务院相继召开了 5 次全国西藏工作座谈会,安排和动员全国对口支援西藏。1980 年第一次座谈会上中央确定东部 3 省市以及四川省承担援藏任务;1984 年第二次座谈会上,中央决定 9 省市援藏;1994 年第三次座谈会决定继续扩大援藏规模,并提出了"分片负责,定期轮换"的新管理办法;2001 年第四次座谈会确定新增 3 个支援省市、15 家中央援助企业,并将西藏所有县都列入受援范围;2010 年第五次座谈会提出今后十年的援建方针和要求,要求支援省市援藏资金的投入不少于每年地方财政收入的千分之一,以资金、技术、人才等多种渠道援助西藏,接收、安置高校西藏生源毕业生等,相应的政策内容如表 2-2 所示。

表 2-2　历次西藏工作座谈会援藏政策情况

时间	名　　称	主要政策内容
1980 年	第一次西藏工作座谈会	1. 决定由四川、浙江、上海、天津四省市重点对口支援西藏
1984 年	第二次西藏工作座谈会	1. 提出"国家直接投资项目、中央政府财政补贴、全国人民对口支援西藏"的方针 2. 支援省市增加为 9 个 3. 为庆祝西藏自治区成立 20 周年,确定 43 项援藏工程项目,投资额 4.88 亿元

续表

时间	名 称	主要政策内容
1994 年	第三次西藏工作座谈会	1.确定"分片负责、对口支援、定期轮换"方针,安排 15 个省省对口支援西藏 7 个地市的 44 个县,为期 10 年,分 3 期进行轮换 2.为庆祝西藏建区 30 周年,由中央 13 个部委、全国 29 个省市自治区、6 个计划单列市为西藏兴建农牧水利、能源交通、工矿电讯、文化、教育、卫生、城市建设等 62 项工程,总投资 44.5 亿元
2001 年	第四次西藏工作座谈会	1.将对口援藏工作在原定 10 年的基础上再延长 10 年 2.新增 3 个省和 15 家国有重要骨干企业承担对口支援任务,将西藏尚未与内地建立对口支援关系的 30 个县区全部纳入支援范围 3.为庆祝西藏和平解放 50 周年,由 15 个对口支援省市、未承担对口支援任务的 12 省市及 5 个计划单列市为西藏建设 70 个项目,总投资 10.6 亿元
2010 年	第五次西藏工作座谈会	1.将对口支援西藏政策延长到 2020 年 2.建立援藏资金稳定增长机制,支援省市年度援藏投资实物量按该省上年度地方财政一般预算收入的 1‰安排 3.提出经济支援、干部支援、人才支援、教育支援、科技支援、企业支援相结合

在新疆方面,从 20 世纪 50 年代开始,中央从内地省市动员干部、转业军人补充到新疆生产建设兵团戍边,并要求豫、鄂、京、沪、津等地安排农民、知青 10 余万人到新疆垦荒。1996 年 3 月,中央作出"培养和调配一大批热爱新疆,能够坚持党的基本理论、基本路线和基本方针,正确执行党的民族宗教政策的汉族干部去新疆工作"的决策。京、苏等省市、中直机关、国家部委派出援疆干部到新疆 7 个地州和 17 个区直单位工作,初步确定了广东与哈密,北京、浙江与和田,山东与疏勒,上海与阿克苏,江苏与伊犁、天津与喀什的支援结对。2004 年中央提出"稳疆兴疆、富民固边"战略。2005 年中央确定"以干部支援为龙头,实行经济、科技、文化全方位支援"的目标,将南疆四地州和新疆生产建设兵团 3 个南疆师纳入对口支援。2010 年和 2011 年先后召开了新疆工作座谈会和两次全国对口支援新疆工作会议,确定了新一轮对口支援新疆的方案。将支援省市由 14 个增加到 19 个,受援方扩大到新疆 12 个地州 82 个县市以及兵团 12 个

师。根据支援方综合实力和受援方实际困难来安排结对关系,如广东支援疏附、伽师、图木舒克市、兵团农三师。江苏支援阿图什、乌恰、伊犁州 10 县市、农四师、农七师。中央要求从 2010 年开始实施人才、技术、管理、资金全方位援疆,支援省市每年拿出将财政收入的 0.3%~0.6%用于对口支援,重点是民生支援,用 5 年时间完成对口支援规划的重点任务,用 10 年时间确保新疆走上小康。

二、20 世纪 90 年代后

从 20 世纪 90 年代开始,对口支援政策延伸到更多的经济、社会发展领域,不仅仅作为发达与不发达地区、东部与西部之间的块状政策系统,还发展出覆盖专门领域的条状政策系统,主要形式如下:

1. 工程建设的对口支援

1992 年三峡工程大规模移民工作开展,国务院办公厅出台《关于开展三峡工程库区移民工作对口支援的通知》,提出"做好三峡库区移民工作,不仅是湖北、四川两省的任务,也需要各地区、各部门的广泛支持",安排了 20 个省市、10 个计划单列市在横向经济合作、引进外资、基本建设、技术改造、人才培训、干部交流等方面支援三峡工程库区县市。2008 年国务院三峡办制定了《全国对口支援三峡库区移民工作五年(2008—2012 年)规划纲要》,继续对湖北省宜昌市、恩施自治州、重庆市进行支援。中央要求 5 年内要重点帮助库区解决行路、上学、就医、饮水、用电等公益性项目;定下的考核指标是投入 5 亿元资金,引进 300 个经济合作项目,接收 5 万人次移民劳务,并帮助库区建设特色优势产业和社会主义新农村示范点。

2. 扶贫开发中的对口支援

1994 年国务院扶贫开发领导小组研拟了《关于组织经济较发达地区与经济欠发达地区开展扶贫协作的报告》。确定由北京与内蒙古,天津与甘肃,上海与云南,广东与广西,江苏与陕西,浙江与四川,山东与新疆,辽宁与青海,福建与宁夏,大连、青岛、深圳、宁波与贵州之间结成对子,开展扶贫协作。支援内容为扶持农业种植、养殖,扶持资源型、劳动密集型加工工业,技术和资金引进,人才培训,支援省市优秀企业帮扶贫困地区同类企业,安排剩余劳动力异地从业,向受援地区捐赠生活品、文化教育用品。

3. 教育领域的对口支援

教育对口支援可以上溯到 20 世纪 80 年代在内地举办的西藏班(中学)。第四次全国民族教育工作会议确定了民族贫困地区教育对口支援政策。国家教委、民委召开了全国教育对口支援协作工作会议、内地高校与民族地区高校对口支援协作会议,下发了《关于认真贯彻中央扶贫工作会议精神,进一步加强对口支援民族和贫困地区发展教育事业的通知》。要求支援省市帮助受援民族地区制定教育发展规划计划,提供物资、教学仪器设备、图书资料、资金、培训师资、教育管理干部、企业管理者、实用科技人员,改善受援地区的办学条件和管理水平。此后,教育对口支援规模逐步扩大。一方面,2000 年中办、国办发出《关于推动东西部地区学校对口支援工作的通知》,教育部据此启动了"东部地区学校对口支援西部贫困地区学校工程",确定东部 10 个省市挑选 100 所学校,计划单列市挑选 25 所学校与西部 10 个受援地区选择的贫困地区学校结成"一帮一"的对子。另一方面,2001 年教育部提出"对口支援西部地区高等学校计划",安排 14 对东西部高校支援对子,此后陆续增加了高校参加对口支援。到 2006 年,西部 12 个省区有 28 所高校得到支援,东部则有 38 所高校参加支援。2005 年 4 月,教育部还决定实施"援疆学科建设计划"专门项目。

4. 卫生领域的对口支援

2009 年我国部分地区手足口病和甲型 H1N1 流感疫情呈爆发趋势,为防止疫情扩散,加强疫区诊疗力量,卫生部启动了手足口病医疗救治省际对口联系制度和甲型 H1N1 流感医疗救治省际对口支援机制。

5. 重大自然灾害的对口支援

2010 年,我国西南地区遭遇了罕见的特大干旱,灾区群众生产生活陷入困难。国家防总组织了北京、天津等 10 个省市对云南、贵州、广西进行抗旱救灾对口帮扶。

2008 年 5 月 12 日,四川省汶川县发生 8.0 级特大地震,国家紧急动员来自全国各地的救援力量奔赴灾区。5 月 23 日,民政部部署 21 个省、市民政厅对口支援灾区抗震救灾,公安部、卫生部、教育部、科技部、农业部及共青团中央、全国残联、妇联等组织也先后出台了本系统内的对口支援工作安排。国务院发布了《汶川地震灾后恢复重建条例》,规定"非地震灾区的县级以上地方人民政府及其有关部门应当按照国务院和当地人民政府的安排,采取对口支援等多种形式支持地震灾区恢复重建"。紧随其后,国务院又发布《汶川地震灾后恢复重建对口支援方案》,提出"举全国之力,加快地震灾区灾后恢复重建,并使各地的对口支援工作有序开展,经党中央、国务院同意,建立灾后恢复重建对口支援机制",规定全国 19 个省市以及广东省深圳市对口支援汶川地震的 19 个灾区县市,支援时间定为 3 年。支援内容主要包括 8 个方面,支援省市每年对口支援实物工作量不低于本省市地方财政收入的 1%。

2010 年青海玉树大地震后,中央移植了汶川地震的重建模式并结合当地的特点,以北京、辽宁两省市,中建总公司、中铁总公司、中铁建总公司、中国水利水电建设集团公司四家中央企业为主实施对口支援,军队和武警部队参加部分项目的援建,承担部分运输任务。根据《玉树灾后恢复重建对口援建工作方案》,对口援建的主要任务为城乡居民住房重建、基础设施重建、公共服务设施重建、生态建设、产业建设、和谐家园建设、智力支持等方面。在援建分工上,北京市负责重建玉树县结古镇、隆宝镇,实施 83 个项目。辽宁负责重建巴塘乡,实施 51 个项目。援建项目所需的资金主要由中央财政统筹安排。

上述对口支援绝大多数是省际政府之间的政策活动,根据这一政策模型,各省市在本省市事务上也实施了类似政策,汶川地震灾后恢复重建中四川省提出省内对口支援方案,安排省内灾情较轻的 13 个市州对口支援 13 个重灾县的一个重灾乡镇,成都市在本市范围内开展对口支援工作,为期 3 年。湖北省也曾安排武汉、咸宁、孝感等 9 个市对口支援地处武陵山区的恩施、神农架地区 10 个县。

上述对口政策的演进过程表明,对口支援在我国已行之有效。近一段时间以来,对口支援政策的使用更为频繁,已经成为一项涉及面广、持续时间长、影响力大的经济和社会发展的常规性政策。

第二节　关于对口支援的研究回顾

国内关于对口支援的研究始于 20 世纪 90 年代,研究主要围绕什么是对口支援、对口支援的功能以及如何开展对口支援进行。在研究方法上多采用逻辑分析、文献分析,辅以少量的案例分析,研究建立了对口支援的概念、对历次对口支援的实施过程及暴露出的问题进行了描述分析,提出了一些对策建议,下面具体述之。

一、关于对口支援政策环境的研究

对口支援是富有中国特色的政治体制产品。政治学研究者着眼于两个方面。一是构建对口支援的定义。有的看法认为对口支援是由政府启动,在发达地区和不发达地区之间建立稳定的伙伴关系,引进发达地区的物质和智力资源,促进不发达或者欠发达地区发展的一种援助关系和政策模式(刘晓光,2006;赵伦,2009;王颖,2010)。官方文件中的表述是:对口支援是国家在制定宏观政策时为支持某一区域或某一行业,采取不同区域、行业之间结对形成支援关系,使双方区位或行业的优势得到有效发挥(国务院三峡办,2008)。二是关注对口支援的制度变迁和基本特点。相关学者梳理了 1979 年全国边防工作会议以来的历次对口支援的实施背景、指导方针、参与省市、主管机关、援助方式,获得了一些认知。其一,对口支援由中央启动,含有政治和经济意图。其二,对口支援的主要模式是由经济实力强的一方政府来支援另一方政府,提倡优势互补、互惠互利、长期合作、共同发展。其三,对口支援体现了中国特色的政治制度的优势,也反映了我国优秀文化传统和民族大团结的精神风貌。其四,对口支援的法律化、制度化建设还比较薄弱,应该早日完善(岑章志,2007;闪淳昌等,2010)。

在经济学方面,有些研究者根据贫困恶性循环和区域梯度结构等发展经济学理论提出市场调节和渐进式路径无法有效地解决落后地区的经济社会发展,需要中央政府实施干预,引入对口支援作为推动力量,同时也利用发达地区的经济文化因素来影响、促进欠发达地区发展(董海军,2009;陈志刚,2005)。有学者从保险理论出发提出一种假说,认为应对自然灾害的对口支援安排具有巨灾保险性质。中央政府的作用是保险公司,对口支援的省市地方政府相当于参保人,支援投入可理解为保费。如果未来发生巨灾,受灾地区同样可以期待由中央政府协调获得其他省市的对口支援支持作为补偿。对口支援不是中央对地方的硬性摊派,它有特殊的道义和激励机制(张岸元,2009)。财政学研究者的看法是对口支援是一种政府间的横向财政转移支付(财政部科研所,1995;祝小芳,2005)。有学者提出应通过预算手段构筑省际、县际横向财政转移支付体系,依人均财力水平、采超率累进等措施调整均衡转移份额,理想的横向财政转移支付的资金比例应占到整个转移支付资金的 40%(王恩奉,2003)。有的学者介绍了德国各州之间以及州内各市之间采用的增值税预先平衡、财力水平平衡、联邦补助拨款等财政平等化转移支付制度,分析了该制度在提高贫困地区的财政收入和实现各地区居民享有基本相同的生活水准方面的作用,认为该制度比对口支援帮扶更系统、严密、规范,值得借鉴(钟晓敏,1996;刘书彬,2001)。也有学者提出,由于我国缺乏相应的法治环境、技术条件和矛盾协调机制,当前对口支援可以作为横向财政转移支付制度的政策试验来进行,但只应在发生特大自然灾害或突发事件时才能考虑实施,不应将其规定为常态化政策(王玮,2010)。也有学者检视了美国的无财源提供强制责任制度的缘起、法律变迁、运用程序及其他国家、地区借鉴此项制度的得失,评估了它对地方财政及府际关系的冲击,为我国实施对口支援的规模和范围提供了一些借鉴(张育哲,2006)。

也有一些学者从社会学、民族学、法学角度研究对口支援。有的研究以社会学视野看待对口支援,认为受援方可以通过支援整合社会网络,获取信息、机会、社会资源,获得快速发展的可能(蔡文伯,2008)。有的研究者关注对口支援的重心为什么放在少数民族地区,看法是对少数民族地区进行支援除了政治性、经济性目的之外,还存在着利用发达地区的经济文化因素来影响、促进少数民族地区发展的目的(陈志刚,2005)。有的研究围绕《中华人民共和国民族区域自治法》关于民族自治地方的对口支援规定分析立法的意图、法律与政策的效度差异以及法律规定能否得到落实的问题,论证了通过赋予对口支援双方签订的协议法律效力,将对口支援由政治任务转变为法律义务,从而确保对口支援长效性(阿拉塔高娃,2000;刘铁,2010)。

二、关于对口支援政策执行的研究

对口支援政策执行的研究大致分为两类。

1.全景式研究

研究者围绕某一类对口支援活动,就支援的启动原因、实施时间、机构设置、人员选配、援助规划和援助方式、援助有关的规章制度等进行叙述,并分析一些规划制定、项目引进、招投标、资金拨付、合同管理、质量检查方面的个案,如尹贻林等对天津市对口支援陕西省略阳县灾后重建的研究,刘建军对广东省对口支援新疆哈密地区的研究,陈绍友对三峡库区对口受援的研究,闫卫华对西北高校对口支援的研究(尹贻林,2009;刘建军,2007;陈绍友,2010;闫卫华,2008)。研究者在叙事的同时,也列举了对口支援存在的一些政策挑战,如对口支援依据的规划准确性问题、援建资金支出和平衡分配的问题、支援的模式成型问题、后期援助合作机制的强化问题、援助项目带来的负外部性效应问题、对口支援的激励问题,但没有对这些问题深入研究。

2.专题式研究

研究者按照实然—应然的研究思路,讨论对口支援某一方面的政策内容,如援助规划、支援的项目、支援资金、人力、支援的效益等。主要研究成果如下:

(1)对口支援的建设规划与项目选择

有研究者分析了不同时期对口支援西藏项目的类型和分布,发现早期援藏项目的重心是保障生活,近期援藏项目的重心转向发展产业,说明决策者在选择项目时受到了西藏发展需求和发展环境的压力,研究者也发现援藏项目的投向存在城乡不均衡的问题,引发了当地民众的看法(卢秀敏,2002)。李曦辉提出了"项目跟着会议走"的援藏项目决策模式,发现援藏项目多由中央撮合,项目商定中主要依据受援方意见,民众意见未受到应有的重视,也导致支援省市的决策权不足,主动性、积极性受影响。此外他还关注了西藏的产业政策和中央财税优惠政策导向对援藏项目选择所产生的影响(李曦辉,2000)。潘久艳的研究发现援助的工农产业项目存在不同程度的与西藏当地人力资源状况相抵触的现象。有些项目一边是现代化的机器设备源源不断地运来,一边则面临着短期内找不到足够的适合项目开工运转所需的劳动力的窘境。在一些地区，支援省市满怀信心地推广农药、化肥、地膜使用技术，但却遇到了愿意学的人少、学得会的人也少等意想不到的问题（潘久艳，2008）。董世举分析了受援方政府在选择援助项目时存在以争取资金物资为主、以争取无偿支援为主、单纯追求项目数量、存在一定的面子工程等倾向（董世举，2009）。有研究者对比了三峡库区的三大产业接受对口支援的情况，指出库区政府在工业方面提出的受援需求容易得到满足，而农业和旅游业领域的需求处于弱势，但在工业援助项目中存在中短期项目多于长期投资项目，大型项目洽谈成功率和实施率低的问题（何跃，2005）。周银珍列举了三峡库区所拥有的劳动力、矿产、水能、旅游资源以及政策优势，反思了对口支援项目设计应该如何利用优势资源、避免盲目决策的问题（周银珍，2003）。

（2）对口援助的资金筹措

有的研究提出支援方政府换届、领导变动、中央对支援的资金和物资数量无硬性约束等因素影响了对口支援资金的持续供给（刘建军，2005）。有的研究考察了灾后重建对口支援资金的供给规模和流向，指出灾区住房和基础设施的项目更容易得到援建资金，其次是教育、卫生、文化方面的项目。资金分配主要考虑的是受灾情况、领导者意见等因素，对公共服务的均等化目标考虑得不够（花中东，2010）。

（3）对口支援的人力保障

对口支援干部是对口支援政策的重要推动者，有的研究回顾了对口支援西藏干部的选拔方式、管理主体、分配使用由中央统揽改为以支援省市为主的发展轨迹，指出对口支援干部的推荐、选拔方式正在逐步规范化，但激励手段少、援助人员的积极性不稳定等问题比较普遍（李延成，2002）。靳薇教授分析了援藏干部类型和比例的搭配，发现他们中以党政干部为主，专业技术人员的比例较小。她还谈到了援藏干部"跑项目"现象，发现争取项目已成为对口支援干部能力和政绩的标志，也是援藏干部面临的主要压力。研究也揭示了挂职援藏干部遭遇的困境，如语言能力、文化交流以及生活上的不适应，实际职权和施展管理空间有限，与当地的行政机构协调有困难。还有些声音认为三年一换的内地干部循环进藏、出藏的体制导致了"对口支援第一年主要是适应身体，第二年开展一些工作、第三年就准备调回"的现象（靳薇，2010）。有些研究者考察了教育、卫生领域对口支援人员的选拔派出机制，发现当中掺杂着非正式性的人事博弈。例如有的地方以承诺解决教师编制为条件动员支教，另一些地方则把超编教师安排到支教岗位，有的地方将业务考核与支教挂钩，规定考核末位者必须支教，有的地方则把支教经验强制性地作为教师晋升高级职务或者年度考核优秀的必要条件,研究者发现以这些形式派出的支教人员感受到的负激励高于正激励(李冰,2011)。

(4)对口支援的效益

由于统计的薄弱,对于对口支援总体效益进行评估的难度较大。有些研究列举了对口支援前后的产业结构比重、地区生产总值、地方财政收支、城乡居民收入、消费变化的数据,但未能准确测算出对口支援的产出(梁福庆,2008;花中东,2010;卢秀梅,2002)。靳薇主持了《西藏援建项目的效益及社会评价》调查,从104个项目中抽取了21个进行经营状况实地调查,抽取了2000人做援藏项目经济和社会效益调查,统计结果显示受访对象对援藏项目的经济社会效益总体评价很高,但社会效益评价高于经济效益评价,不同人群的好评率差异较大,而实地调查结果则显示援建项目处于较好经济状况的只占33.33%(靳薇,2000)。有些研究基于主观性评估,较有代表性的如倪峰、王颖等总结对口支援地震灾区所产生的政治、经济、管理和社会效应(倪峰,2010;王颖,2010)。与上述不同的是,关于某一领域的支援项目效益的研究成果较丰硕,如有的研究对比了援藏项目中现代化程度高的工业项目和技术含量较低的农牧林项目的效益,发现前者能够成功运营的数量明显少于后者,进而提出西藏以"嵌入"方式搞现代工业项目和其他经济项目建设时,其运作方式、内在要求能否与原有的社会政治制度、生产方式、经济结构、文化有一个基本的契合度是项目成功与否的关键(靳薇,2003)。有研究则报告了一些三峡库区对口支援项目完成后在当地政府手中运营失败甚至倒闭的事例,认为这些事件虽然与支援省市技术和管理人员的撤出有一定关系,但更重要的原因是对口支援双方在项目可持续发展安排上的脱节(李盛全,1998)。

在上述研究基础上研究者总结了对口支援政策的完善措施,包括:在受援地区建设有辐射性、拉动性的项目,将受援地区的优势资源转换成投资环境,注重人力资源的援助,通过立法等方式解决对口援助资金来源,清晰划分援建方和支援方的职权,对支援省市参与对口支援人员进行激励等。

上述研究较全面地描绘了对口支援的面貌,分析了为什么会实施对口支援,哪些因素促成对口支援,对口支援应具体实现哪些方面的政策目标,对口支援中各方政府的动机、角色、行为等方面的问题,有助于我们了解这项政策。但上述研究也有一些缺憾,如与国内外相关理论的接轨不够,研究框架构建不清晰,政策过程分析缺乏问题导向,研究方法上比较简单,采用访谈、抽样调查、统计检验分析等实证性研究手段的成果很少,以至于研究多停留在宏观论述层面,研究产生的笼统性、雷同性政策建议居多。

三、从已有研究中归纳出的问题线索

对口支援的政策是中央、支援方、受援方共同推进的,它们组构了一个政策网络,并把受援地区的民众、参与实施对口支援的企事业单位卷入其中。笔者尝试结合对口支援的历史沿革,以对口支援的政策主体为聚焦点,进一步解读和提炼上述研究成果,挖掘出可供研究的问题。

对口支援政策出自中央政府之手,由于此项政策在财权和事权分配方面与平常时期出台的政策有较大的差异,通俗的说法是"政治任务"。在政策合法性较特殊的情况下,中央采取自上而下的方式来推动这项政策。上述对口支援的历史介绍和已有研究中呈现了中央通过会议决议、领导人讲话等方式来发布政策,敦促下级政府执行政策。中央的政治态度是一个值得关注的研究点,从上述研究看,中央在对口支援的决策部署和支援的任务目标方面提出了一些明确的政策期望,而对政策执行过程的过问力度并不大,这对对口支援的实际政策成果是否会带来影响还需要论证。

支援省市是在对口支援中"出钱出力"的一方(主要资源供给者),支援省市的动机、努力程度是对口支援政策目标能否实现的先决性因素。已有的研究对于支援省市对待中央出台政策的态度、支援省市在对口支援中的项目再决策、支援省市的政策执行力、支援省市和受援方之间的关系处理做出了一些梳理,但没有梳理出清晰的头绪。实际上,围绕着支援省市,有两个有研究价值的议题。

一是支援省市和受援方在政策执行方面的表现。支援省市和受援方在发展思路、资源禀赋、管制能力方面的差异是固有的。已有研究揭示双方在对口支援的规划、项目决策、项目建设、后续管理环节等方面存在意见、行动的不一致性,以及一些援助项目未贴近受援地区的真实需求,一些项目的效益与政策设计预期有较大差距,一些项目在建成移交给受援方后出现管理不善、无法维系等现象与双方的固有差异有密切关系。从政府间关系的角度看,两者之间没有行政隶属关系,支援省市不能采取"命令、指挥一服从、执行"式的施政方式。支援省市作为省一级的行政主体,在思维方式、行政风格、政策运作方式上与基层政府相比有很大的不同,更多的偏向宏观决策、指导而不是具体执行。支援省市要推动和保障对口支援的进度,要强化它们所带来的发展观念,必须和受援方进行对话、谈判,寻求合作,双方之间既存在一种"依附"关系,也存在着利益分配上的竞争关系。

二是支援省市与中央之间的互动,支援省市要应对来自中央的督促检查,向中央展示对口支援的政治、经济效果,积累政治声望,同时也需要通过巧妙的游说、适当的谈判、有限的施压等方式影响中央的决策,使自身能在对口支援活动中减轻负担或获得实惠。基于上述议题,支援省市在政策制定过程中如何争取主

动,在政策执行过程中如何有力地推动、如何调适上下关系值得进行系统研究。

受援方属于不发达地区、少数民族地区、发生重大自然灾害地区,它们欠缺从灾害中恢复及自我发展所需的资源、能力,需要从外部导入资金、技术、发展理念、人力资源、管理经验等来改变面貌。以往研究揭示了受援方在福利惠予最大化方面的诉求,这种动机会驱动受援方积极谋求对口支援的决策话语权和管理主导权。以往研究提出受援方对庞大的援助资金、项目存在"政府寻租"的意图,比如在项目布局上偏向中心城市,提议优先实施改善政府人员办公条件、生活条件的项目,受援方的这些诉求和中央、受援省的援助规划、援助重心并不完全吻合,为此受援方需要以恰当的方式进行谈判以"争取政策支持";同时,支援省市采取"嵌入"方式参与受援地区的发展,会导致援助过程中多主体治理的格局。

受援方、当地民众、支援省市三方之间的关系如何呢?过去在一些少数民族地区民众与对口支援的政策内容和实施过程接触不多,关注程度不太高。但随着对口支援规模扩大化、实施常态化,越来越多的项目涉及民生,有些项目在用地、资源开发等方面和受援方当地民众直接相关,民众的支持或者抵触对对口支援能否顺利实施至关重要。这就需要我们深入探究受援方政府传递的诉求,调节矛盾、利益媒介以及对民众参与的态度等方面的问题,以丰富我们对对口支援政策过程的认识。

第三节　与对口支援有密切关联的研究梳理

目前在英文文献中尚未检索到专门研究对口支援的研究成果(检索方法是以对口支援的英译"coordinated assistance"或"counterpart aid"为关键词)。但任何政策都有历史痕迹、制度源流可循,有可关联的研究线索。对口支援本质上是政府对政府的援助行为,在国际关系中,由一国对另一国提供经济、社会援助有久远的历史,这方面的研究成果丰硕。在揭去国际冲突、外交规则、意识形态差异这一层面纱后,我们可以观察对外援助的政策初衷、政策过程、政策主体之间的关系等,从两种政策的互通中获得启发。

一、关于对外援助成因和环境的研究

关于为什么会出现大规模的对外援助,政治学理论有不同的解释。人道义务理论认为对外支援是发达国家及其公民在道德压力下的选择。正义论主张富国向弱国和贫国提供援助,目的是出于国际领域公正分配的愿景。相互依存理论认为,全球范围内发达国家和发展中国家都面临着军事、政治、经济、环境和生态等压力,发达国家援助发展中国家不仅有利于消除由发展中国家带来的

不安全感,还可以从发展中国家的经济发展中获益,从而形成"复合相互依存"。同时联盟国家的战略需要、国家间的竞争等也影响国家对外援助行为(Arnold,1985;Thompson,1980;Vengroff,1982;Beitz,1999)。

在社会学领域,研究者以社会交换理论作为基本的分析框架,研究援助国和受援国之间的互动关系。他们认为国与国之间的交换是战略与安全、政治、经济方面的利益,援助的资金、技术形同于成本,援助国和受援国之间会逐步培育出互动和互惠的关系,会对援助国持续援助带来行为强化。社会交换理论也观察援助国与受援国之间的权力依附问题,指出在交换过程中往往出现一方需要另一方的资源但无法提供相应报酬的情形,只能选择服从另一方。具体表现为受援国服从援助国附加的经济、政治条件。布迪厄从反向的角度看待这种关系,认为这只构成"象征性统治",在援助国无法终结援助的情况下,受援国在交换关系中反而处于主动地位,具有讨价还价的能力。(Bardach,1977;Wittkopf,1972;邓红英,2009;丁韶彬,2010)。

发展经济学理论非常关注对外援助。在如何实现援助政策目标的问题上,补充论者主张通过注入资本来帮助受援国达到目标增长率。减贫论者认为应将援助重心放在与扶贫有关的农业、农村发展和社会服务部门以及技术援助上,放弃单一经济增长论。结构调整论者主张重视发展中国家经济发展的内生因素,帮助受援国转变经济结构和提高政府能力(Millikan & Rostow,1957;Waltz,1979;Hattori,2001;张培刚,2009)。虽然这些理论之间的分歧严重,给援助国设计和执行援助政策造成了困扰,受援国也无法清晰地认知哪些援助才是本国真正需要的,但对外援助的政策设计中依旧渗透了这一系列思想。近年来,制度经济学研究对对外援助的影响越来越大。美国著名经济学家詹姆斯·布坎南提出了救助和援助政策的一个重要命题——撒玛利亚人的困境(The Smmaritan's Dilemma)。另一位经济学家艾莉诺·奥斯特罗姆在研究对发展中国家的援助政策时,就援助动机、援助的可持续性等问题发表了见解,并将其与公共治理中面临的寻租、腐败、集体选择等问题联系起来思考,使得决策者和政策执行者能够从制度和政策的层面来更细致地进行规划,并对援助的过程控制和援助目标无法很好地实现进行诊断,构思更有效率的援助方案。

二、关于对外援助政策执行方面的国别研究

研究者对于对外援助的实施非常关注,研究了不同的国别个案。Knorr 研究了第二次世界大战后美国、苏联实施的 25 个经济援助案例,发现经济援助中成功的仅两例,取得短期成果但又失败的有 1 例,无法确定的有 3 例,而宣告失败的则有 19 例。从失败的援助中可以发现受援方的需求不能被准确认知,援

助所采取的政策工具不能充分发挥出双方的优势,双方政府不能形成有效的合作等因素(Knorr,1975)。OECD 的研究报告通过研究撒哈拉以南非洲 1979 年到 1995 年的经济发展面板数据,发现援助在有些国家取得了成功,这些国家的共同特点是持续实施国际货币基金组织设计的援助规划和经济政策参谋(OECD,2000)。Blessing 的研究兴趣在于援助国通常采取的"胡萝卜加大棒"(将提供或许诺提供援助的积极手段和减少或终止援助的消极手段并用)的政策效果,他发现西方大国通过停止经济援助的手段成功使受援国改变现行的政策和行为的比率约为 55%,有 32%的援助方式改变使受援国国内问题得到了有效的解决,从而增强了依附理论的解释力(Blessing,1981)。

美国一度是世界上最大的援助国,二战后实施的马歇尔计划,"以粮食换和平"援助,对亚洲的韩国、日本以及中国台湾地区的援助都产生了深远影响。但研究者对美国对外援助政策的不同看法很多。斯托克主张美国援助对象应该是为经济的发展作出"额外努力的国家",援助的资源要用于有助于经济发展的特定计划,注重加强政府部门在整个经济活动中的作用。而弗里德曼则认为美国对外经济援助的目标值得赞美,但援助使用的方法与目标不相适应。长期执行这种政策将会阻碍经济的发展,其理由是政府对政府发放援助金实际上是以牺牲私人部门为代价加强了政府部门的力量,受援国政府往往会忽视成本与效率,建设面子工程,对外援助资金应有更大的份额赋予私人企业。美国较早地开展援助效果的评估研究。20 世纪 60 年代初,塔斯卡领导的总统使团花了六个星期对对韩援助做了整体估计,认为受援国的能力和清廉问题以及美援机构在援助项目管理上的问题共同导致了援助定下的目标屡屡落空(Morgenthau,1962;Robert & Nye,1995;程晓燕,2008)。

当今世界上最大的援助国是日本,研究者对其援助历程进行了五段分期,并讨论国内外政治环境变化与援助政策演变的关系,发现随着日本政治经济地位和国家利益重心的变化,它与受援国之间的交往关系也发生变化,逐步从"请求主义"(受援国提出要求,然后再决定是否提供援助)改为"建议主义"(加强政策协商,提高政府开发援助战略利用)。有的研究者考察了日本国际开发援助(ODA)的实施过程及效果问题。认为其有效之处在于内外两方面。在外部,日本注重研究调查受援国的比较利益,提出产业发展方向及配套的咨询与技术训练,旨在减少双方政府在援助中的冲突。在内部,日本精简了对外援助决策体制,减少内部摩擦,且注重发挥海外事业协力基金、国际协力事业团等非官方组织的作用。有研究者审视批评 ODA 的意见,如有偿贷款比例过高,不愿意向受援国转移技术,不愿意培植当地生产商的采购供应网络,压制受援国后发优势发展空间,受援国对援助的好感度低等。提出这与日本信奉的雁行理论以及日本过于强调复制自身快速发展的经验有密切关系,进而得出援助国的国内政治文化、思想和观念塑造着国家的对外援助行为,即"国家内部因素的外化"的理论(石原忠浩,1998;王佳煌,2004;杜浩,2006;王平,2010)。

中国对外援助执行过程也受到研究者关注。根据官方资料,我国对外援助始于 20 世纪 50 年代,先后援助了 146 个国家和地区,援助金额累计突破千亿美元(商务部,2011)。有些研究者总结了 20 世纪 50 年代至 70 年代我国对外援助的一些教训,如援助决策缺乏可行性研究,导致规模过大、承诺任务超重、无偿援助物资和资金被挪作他用或严重浪费,加深了受援国的依赖心理,卷入受援国的政治漩涡等。有些研究者考察了近年来我国对外援助组织体制、实施方式变化情况,提出我国在掌握援助信息和受援方需求渠道、与受援国协商和沟通方面有长足进步,但还存在中央政府层面没有专门部门来统筹管理援助、多个部门分散履行援助承诺、在项目实施上倾向"供给驱动"而不是"需求驱动",援助过程中受援方的参与程度不高、援助项目的效果和持续运营能力并没有预想的乐观等不够理想的方面。有些研究者关注我国对外援助"绝不附带任何条件"的方针,发现西方国家对此的看法与我们差异很大。在西方人的眼中,我国采用的以优惠贷款援建基础设施项目,受援国以矿产或者能源等来偿还贷款的方式是一种"以物易物"贸易,中国在此过程中追求的是互利而非援助效益。研究者也发现,尽管我国的援助没有附加任何条件,但和受援国打交道时还是遇到障碍,如项目建设与当地的劳工、环境政策、法律体系发生冲突,和当地政府和工会组织产生摩擦,项目影响到了当地的政治、经济形势,遭到一些政治派别的抵制等(林德昌,1999;周宏,2002;麦金农等,2010)。

三、对外援助研究的启示

上述研究给我们的启发在于:首先,援助的政策目标及其背后的动机是非常复杂的,受政治、经济、历史、文化等多方面因素的影响,而且具体的子目标之间还不完全一致。其次,绝大多数的援助政策是在复杂的内外部环境下实施的,援助国的援助战略和具体援助方案的制订路径,受到政党轮替、政府机构间的不同主张、利益集团、民众的态度、决策程序等影响,受援国对援助的期望程度、对援助介入的适应能力、对援助项目的管理能力以及国内政治、经济局势等构成了对援助政策的巨大挑战。第三,援助国和受援国之间的关系总体上是不对称的。一方面是援助国对援助附加的各种条件。在经济方面,限定受援国购买援助国的产品、要求受援国进行经济结构调整与改革;在政治方面,要求受援国进行政治改革、实行民主化、改善人权状况等,这种做法会引发受援国的抵制和国际社会的批评。而另一方面,受援国会调整策略、加强谈判来回避附加条件,也会利用有利于自身的国内、国际压力来抗衡和反制援助国,形成一种政策筹码,以争取更大的主动权。第四,影响援助效果的因素众多,除了政策立场上的协调,援助的管理方式和技术值得挖掘。如发展援助委员会起草的《提高援助效率的巴黎宣言》所提出的呼吁各国采取一致的援助效果衡量方法,鼓励援助者和受援者充分进行对话和协调,倡导援助国尽可能使用受援国自己的系统而不是依赖援助国设计的程序,建立同时制约双方的责任机制,加强受援国的政治领导力建设,重视政府与民众的沟通等问题(Venter,2008)。

第四节　小　　结

作为发展中国家的一项内生性政策,在探讨政策的正当性和可持续性时,需要把眼光同时对准内外部世界(王今朝,2005)。在以往研究的支撑下,我们以长时段的视域考察对口支援的历史面貌,从中观和微观的角度审视对口支援的政策片段,在法律上是如何界定政策主体间的权力义务,对口支援政策的实施模式、支援项目选择、项目建设管理方式以及支援效果和影响评价,不同层级政府之间的协同、分歧及其实施政策的效率等方面获得了大量信息。同时,我们也借助国际援助的研究平台,通过对国际援助的肇始动因、动力机制、援助安排、施受双方的关系、援助有效性管理等议题的知识汲取和研究方法借鉴,更加清晰了对口支援政策的解释路径,阐发了有待进一步研究的问题,为研究工作的开展奠定了基础。

概要归纳我们取得的认知如下。

首先,对口支援的核心政策含义是在不同地域、不相隶属的政府之间合作发展安排,这一政策界定了援助目标、资源供给规模、支援受援双方的政治使命、援助内容和实施方式、保障措施等方面。

其次,对口支援政策与其他公共政策的差异不仅表现在政策内容上,更体现在缘于支援所结成的特殊政策网络上,它既离不开中央层面的高位推动,也包含着来自支援方的多部门治理,以及支援方与受援方基于不同行政层次的协调。

第三,在对口支援的政策流程中,政策执行得到了最多的关注,但对这一范畴的探索还需要更大的突破,尤其是需要建立核心的分析概念,以利于将不同时期、不同背景下的对口支援浓缩成具备共性的政策过程,将参与对口支援的各方政策主体行为类型化,站在一般化理论的角度尝试去解释一个或者几个关联性强的问题,如为什么会有对口支援、对口支援如何具有约束性、对口支援主体之间互动基础是什么、影响对口支援效果的控制点是什么,从而使对口支援的研究能够向前推进。

第三章 研究设计

第一节 研究问题的提出

对口支援是一整套政策体系,不可能面面俱到地进行研究,需要在一定的学科领域范围内结合过往研究者讨论和解释的话题,捕捉一个可以令人思考、辩难、适宜提出假设及验证的问题。以往研究讨论较多的是政策的成因、政策的执行和政策的结果三个方面,其中政策的执行居于焦点位置。之所以出现这种情况,首先是研究者意识到像对口支援这种带有较浓厚政治色彩的政策,从制度合法性层面来探讨的空间有限。其次,因为政策执行的顺畅程度和与政策目标的契合度直接影响到政策的效果,并能够强化政策制定者延续这一政策的信心。反之,政策执行中暴露出的问题也为政策制定者调整政策基调、修订政策文本提供了直接的依据。

从研究的视角看,政策执行是一个主题(issue)而非研究的问题,研究政策执行不只是关心政策执行者做了什么,还要提出一个有助于理解执行者如何理解政策内容的模型,依据政策内容来阐释政策执行者的行为,并对执行者行为的潜在变化进行总结(李允杰等,2008)。一方面,对口支援政策主要出自中央政府之手,主要执行者是支援方和受援方政府,是政府在"唱主角"。中国庞大的行政体系中,最具权威的是中央政府,最具活力是基层政府,而省级政府是实现中央集中宏观调控与地方分散管理相结合的中介。三大类型的政府都卷入对口支援当中,虽然它们的规模、权力以及相互间的关系各异,但它们的行为动因中不乏共性的因素,抓住这一因素就能有效地理解政策执行。对口支援政策的面貌描述和文献回顾显示,在对口支援过程中,各方抱有不同的政策期望,而且会利用一定的渠道表达出来。这些期望既有自上而下、自下而上的传递路径,也有体制内外的相互影响路径。政策期望虽然是一种观念形态的概念,但对政策执行的影响是重大的,政策执行的任务就是要把不同主体身上观念形态的东西转换为现实形态的东西。过往的研究涉及但没有清晰描绘在对口支援中出现了怎样的政策期望分布格局、政策期望对政策行动产生作用的机制是什么等问题，而这恰恰可以成为解释对口支援政策的切入点。

对规模庞大、参与方众多的灾后重建对口支援政策而言，其政策执行方式及执行结果必定是多元的。按照公共政策执行的一般经验，有些政策执行方式是贴近政策目标，有助于政策预期结果实现的；而另一些政策执行方式可能与政策预想有冲突，其政策产出与预期存在差距，即研究者曾描述的政策象征性执行、政策选择性执行、政策替换性执行和政策附加性执行现象。过往对口支援研究对这两种情势都有所提及，肯定对口支援政策执行绩效的研究有较为权威的统计数据支持，在此不赘述。而确证对口支援政策执行方式出现偏倚的研究也有较多可采之处，如从整体上看，过去的一些对口支援政策中阶段性、运动式的特征比较明显。中央政府和社会各界在对口支援的初始阶段的关注度较高，但随着时间推移，这种关注度会出现转移甚至下降，政策目标被政策执行方淡化。具体到对口支援的项目确定与管理问题上面，政策执行方式流露出的问题更为明显，可以寻觅的迹象包括：①对口支援的项目撮合方式比较原始，一般是根据受援方提出的需求，而支援方根据对口支援的任务要求来组织资金设备、物资人力。与其他政府投资计划项目相比，配套的规划、论证、招标等项目管理活动在对口支援中发挥的作用不显著，在一些场合就出现了受援方提出超过本地经济社会发展水平的过高期望，支援方"照单全收"的现象。而支援方在对口支援过程中不惜塑造高投资、高规格、甚至超过本省市同类发展水平地区的项目，形成异地"形象工程"，这些现象形同制度经济学所描述的"逆向选择"倾向。②对口支援所缔造的项目一般采取"先建设，再移交"的做法。作为支援一方，主要的约束体现在项目的规模、预算、工期、质量等方面，而对于后续的项目运营、效益产出方面则没有设定或很少设定目标，有些对口支援项目建成后功能欠缺，效益滞后乃至基本上发挥不出应有效益。过往的研究没有详细解剖对口支援的政策执行方式，也没有追溯是什么因素影响着对口支援的政策执行结果与政策目标之间的不一致。这无疑是一个具备理论和实践意义的研究点。

基于上述两方面，我们提出本研究拟解决的问题，即汶川地震灾后重建对口支援政策特殊网络中，政策执行结果与预期的政策目标之间的关系，以及决定着政策执行的各方政策主体的政策期望与政策的执行方式之间的关系。我们还可以将其细化为下列两方面：①对口支援中各方政策主体表达的政策期望和政策执行结果是怎样的。②对口支援政策主体采取了怎样的政策执行模式来实现政策目标。

第二节　核心概念与研究框架

本研究围绕着对口支援政策执行展开,需要界定三个基本范畴。

一、对口支援的概念

官方对对口支援的界定是:国家在制定宏观政策时,为支持某一区域或某一行业,采取不同区域、行业之间结对形成支援关系,通过优势互补、互惠互利、长期合作、共同发展,使双方区位或行业的优势得到有效发挥(国务院三峡办,2008)。依据这一定义,我们对对口支援政策的主要内容加以细化。

1.“援助谁,由谁来援助”的问题——援助方与受援方的选择

从历次对口支援看,中央政府是这方面的主导者,中央政府的职能部门(如西藏对口支援中的国家民委、国家经委,三峡工程对口支援中的国务院三峡办公室,汶川地震对口支援中的民政部和国家发改委)是方案的主要设计者,它们根据掌握的信息,判断哪些地区需要进行政策扶持和外力援助,并且对援助的力度进行一定的测算,对支援方和受援方的结对关系进行撮合,拿出对口支援核心政策草案,由中央最终拍板。

2.“援助多少”的问题——对口支援的资金

历次对口支援资金的主要来源渠道是中央和省级财政资金,绝大多数情况下为无偿提供。中央对支援投入的资金(或支援省市的实物工作量)有一定的要求。

3.“援助到什么程度”的问题——对口支援的建设目标与建设方式

历年的对口支援,其共同主旨是密集地投入资金、设备以及人力,完成受援地区单纯依靠自身力量无法完成或者需要较长时间方能完成的经济、社会发展任务,使受援地区某些方面的面貌发生超常规的跃升。早期的对口支援是全方位的,受援地区缺乏什么,就建设什么,而近期的对口支援比较重视发挥援助规划的指引作用,援助规划由支援方和受援方政府事先进行磋商,规定支援的重点领域、建设方式(交钥匙、交支票、共建、委托建设)、实施时间表等事项。援助的重点以实物为主。包括基础设施、公共服务设施、产业发展设施、生活居住设施建设,也包括产业扶持、智力支持等方面的安排,如协作招商、专业技术人员指导、支医支教、组织异地干部、技术人员培训、吸收受援方学生就学、组织劳务输出、介绍就业岗位、职业培训等。在实体性的援助任务完成后,支援方与受援方之间还就后续帮扶工作采取一些政策措施,提供部分的建成项目运转资金,

项目回访、保修、技术指导,签订《长期合作协议》等。

4. 对口支援的保障措施

这方面政策主要是支援方、受援方的机构组建、人员选派、建设（规划、项目、预算、质量）管控、监督考核、工作衔接等。

在援助机构的组建方面,支援方一般都组建了处于省政府直接领导下的对口支援办事机构,援助机构一般分成领导决策机构、前方执行部门和后方保障部门三大板块。在机构内部进行分工,工作职责有规划建设、基建管理、财务物资供应、其他援助项目管理、新闻宣传、党务行政等方面。按照省一级援助机构的组建模板和分派的支援任务,参加到对口支援的各地级市也纷纷组建类似的援助机构。

在对口支援工作的干部选拔上,各省市制定了一些程序和选拔标准,并对参加援助人员的政治待遇、生活待遇、管理考核等做出配套规定。对口支援干部根据其工作内容和岗位可分为两大群体,一是在援建指挥部工作的干部,主要职责是执行对口支援方案中确定的各项使命,承担援建工作计划拟订、文稿起草、资金供给保障、信息收集、物资调运、招商引资等任务。另一类则是受命到受援地区挂职的干部,由受援方相应安排出任受援地区的领导职务。

对口支援在建设管理上的主要政策规定包括:建设项目的设计、审批、招投标、施工、监理、原材料采购、工程造价、质量检查;援助资金的归集、支出申报、审批、监督、审计等。

上述解构的是对口支援的核心政策和基本构成,在不同的对口支援场合以及不同的支援方和受援方身上,具体政策安排则不尽一致。

二、政策期望的概念

期望源于心理学研究,经托尔曼、弗洛姆之手逐步发展出清晰的概念,指主体对行为所导致某种结果和结果满足需要的概率大小的经验性判断。弗洛姆的期望理论、波特—劳勒的激励模型、马斯洛的需求层次理论都围绕着个人期望及其作用于行动的激励机制开展,对工商管理活动产生了很大的影响。而在公共政策领域,期望又居于何种地位呢?

首先,政策期望的概念源流可以追溯到政治态度。《布莱克维尔政治学百科全书》认为,政治态度是一种内心倾向,它比政治价值特殊、比政治行为模糊,虽不能直接观察,但可以从明显政治行为或政治意见中间接观察,亦可以转化为可见的行动或特定的系统思想和信仰(邓正来,1992)。台湾研究者则认为政治态度是指对政治目标与政治情境的认知、感情与行为倾向。政治态度具有认知功能、价值表达功能、自我防卫功能与适应功能,是影响政治行为的重要因素之一(林嘉诚等,1990)。作为一种概念建构,政策期望可以认为是政治态度在具体公共政策中的映射。

另一个催生及驱动政策期望的概念是政治(政策)理念。在新政治经济学当中,理念是解释政治和制度变迁的一个重要因素。在微观的理性主义分析中,理念指引着对内部环境中的观念互动、利益动机、偏好影响的判断。在中观的社会集体行动分析中,理念所提供的共识性价值和一致性认同被认为是解决集体行动困境的有效方法。在宏观的制度主义分析中,组织和个人的理念和其他变量结合到一起,广泛地解释制度结构的形成和制度效能的发挥,以至于一部分学者主张理念(文化)变量应当属于政治因果关系中的基本原因而不是或有或无的因素(朱德米,2007)。与此同时,理念亦成为一种政策分析路径。基于特定的制度结构下,理念会对政策主体产生观念上的影响,进而影响到政策的推进。研究者在对经济政策的分析中展现了理念对政策的影响,沃尔什研究英国政党政策时发现,政策执行者的权威性强,并且政策受众与前者的理念一致性高的情形下,理念对政策执行的影响力最强。相应的,如果政策执行者的权威性不高或者政策受众的理念共识性低,理念对政策执行的影响力低,政策执行的难度也相应加大(刘圣中,2010)。理念通过一定的渠道进入政策过程时,就成为各方政策主体的一种武器,对于政策的建立、政策主体之间关系的处理、政策的物质利益实现都有着影响,而政策期望所概括的正是理念的一些具象化、利益化表现。

其次,一些政策科学研究者直接使用政策期望这一概念。Kaul 等认为"政策期望"是政策主体表达和聚集对政策的需求,并通过一定的政治程序向外部发出需求的情形(Kaul,2003;赵翡翡,2010)。Deleon 有一个精辟的总结:"政策执行,就是在政策期望与(所感知的)政策结果之间所发生的活动",点明了政策期望与政策执行的密切关系(Deleon,1999;黄健荣,2008)。一批研究者通过政策期望来观察公共政策过程,唐皇凤分析了我国农村税费改革过程,发现在中央的政治重视和权威、地方干部的政绩追求和作为等现象中蕴含着强有力的政策期望,这种局面使税费改革的主要预期目标基本能够实现,但是政策实施的具体后果具有不确定性与多重发展的可能性(唐皇凤,2004)。唐丽敏观察了征地拆迁政策,提出一些政府抱着不适当的政策期望去推动政策,导致利益互动系统受阻、政策矛盾突出的现象(唐丽敏,2009)。而分析公共政策的主要受众——公众的政策期望的研究数量更多一些(曾维和,2009;张备,2010),这些研究都揭示了政策期望的存在以及部分的效价。

再次,政策期望与一些研究中使用的行政压力的概念有异曲同工之处。公共政策主体在表达自身意向时,往往会借用本身拥有的权威或者非正式权力作用在受政策影响的目标团体身上,使得参与公共政策执行的各主体之间形成压力环境。在个体方面,政府的工作人员面临着工作、角色、自然环境、社会环境、行为情境等方面、个人内心的压力。在组织层面,政府组织机构会面对上级的压力、行政负荷的压力、府际关系的压力、决策参与的压力。具体到政策实践中,荣敬本等命名了"压力型行政"的政策现象,即县乡政治组织为完成上级下达的任务,将指标量化分解,层层下达给下级组织和个人,要求在规定时间内完成,并依此进行经济、政治上的奖惩(荣敬本等,1998)。后来,渠敬东等人研究发现"压力型体制"的运作逻辑至今没有发生根本的变化,在运作机制上更为纯熟,如对完成指标的手段进行管理,推行行政问责制,而上级政府下达的量化指标结构也倾向于多元化(渠敬东等,2009;欧阳静,2011)。周雪光的研究发现,在科层制体系中上级(委托方)选择自上而下的运动式政策实施模式时,会向下级(代理方)发出可信性承诺或威胁的强烈信号,从而产生高压的政治环境(周雪光,2011)。冯仕政指出中国的政治发展过程促成了国家能够打破制度、常规和专业分际,强力动员社会资源,发动一种国家运动。在国家运动中,政府担任了动员和组织的核心,社会和民众被"卷入",官僚中会出现"忠诚竞争",各种政策压力成为国家运动得以存续的推手(冯仕政,2011)。

上述研究不但精彩地描述了行政(政策)压力的表征,也可以帮助我们理解期望与压力的同源性。从结构上看,公共政策是政策制定者意志的产物,也是政策主体偏好的集合,政策主体释放压力的本意是实现自身的政策期望或者利益偏好的必然选择。换言之,有期望就有压力。从功能上看,承受政策压力的政策主体的态度或为顺从,或为不顺从。顺从意味着愿意正面接受、配合相关政策的执行,引发政策期望的实现及政策目标的达成;而不顺从则意味着对政策执行抱有抵触、抵制或反对的态度,引发政策期望即政策目标的落空(刘伟忠,2007)。期望和压力的作用方式是重合的,只是政策期望表现得较为隐秘,压力则表现得更为直接。

在此基础上需要进一步辨析政策期望与政策目标之间是怎样的关系。关于政策目标的最简要说法是政策制定和实施期望达到的目的(期望值),或者是某一项政策期望达成的具体的、明确的、可衡量性结果之声明(吴定,2005),它是政策的三大要素之一(其余两个是政策主体、政策工具)。政策目标如何具象化呢? 一般情况下,我们以政策主体提出的政策文本为基础刻画出政策目标的基本轮廓——如果政策文本表达得足够清晰,但这一做法遇到的问题是政策文本是政策主体期望的承载,就像对"恶法非(亦)法"的辩难一样,政策主体的期望,尤其是有些政策主体基于自身的立场、利益而产生的政策期望,是否应该一滴不漏地作为政策目标? 为此,有的研究者思考是否应当以超文本的公共利益的眼光来审定政策目标,刨除政策文本中带有政策制定者个体利益的部分,这又会陷入更富争议的价值判断(吴木銮,2009)。本研究中我们的处理方法是,假定政策主体表达出的政策期望绝大部分是基于公共利益的考虑,可以从政策文本中全面归纳出对口支援的政策目标。对于灾区民众,则综合他们的看法、行为,从中找到政策期望并与政策目标建立对应。延伸到政策执行的环节,那些符合各方政策主体期望的政策执行结果出现即标志着政策目标的实现,那些不符合各方政策主体期望的政策执行结果出现或者出现单纯符合某一方政策主体的政策执行结果则表明政策执行偏离了政策目标。但如果存在更有力的证据表明公共利益有另外的归依,我们也会对部分政策主体蕴含的政策期望与政策目标的关系进行再检视,如下面的等式图所示。

对照上述分析,灾后重建对口支援是由中央政府强力推动,多级政府鱼贯参与,带有国家运动色彩的公共政策过程。对口支援中各方政策主体(主要是中央、支援方、受援方政府)有着内容和程度各不相同的政策期望,与其他公共政策相比,对口支援政策期望的分布和实现程度更为复杂。对这些政策期望进行分析,有助于我们更好地解释对口支援政策的执行结果。

政策期望有强弱之分,也有表达方式、实现程度、反馈等方面的差别,更重要的是,它存在着研究者测定和研究对象自我感知两个不同的尺度。在本研究中,我们采用的政策期望主要是基于研究者所观察到的维度。具体而言,政策期望是指笔者所观察到的对口支援政策执行过程中各级政府、民众对援建目标、援建方式、资源运用、利益分配等方面所产生的认知和行为诉求。

针对灾后重建的对口支援政策,可以将政策期望界分为一定的维度:①从主体划分,可以分为中央政府、支援方政府、受援方政府、灾区民众的政策期望;②从显现方式界分,可以分为外显的政策期望、隐含的政策期望、明确的政策期望、模糊的政策期望;③从对口支援的政策内容上分,可以分为围绕着重建规划的政策期望,围绕着项目建设的政策期望、围绕着援建资金的政策期望、围绕着援建成果的政策期望等。本研究将采用主体这一维度,结合其他维度,对汶川地震灾后重建对口支援的政策期望加以描述。

三、政策执行模式的概念

政策执行是政策执行者通过建立组织机构,运用各种政策资源,采取解释、宣传、实验、协调与监控等手段,将政策观念形态的内容转化为现实的复杂过程。理解政策执行的经典模式有"自上而下"和"自下而上"两种形态,自上而下的模式从政策制定出发,重视政策目标的实现程度、实现时间、实现效果等问题,强调政策制定与执行分离。它看重的是政策制定者的核心作用,其他的政策主体是配合者,双方之间是命令纽带。针对这一模式,研究者多开展规范性研究,从政策制定出发,考察政策性质、类型、执行链条,热衷于找出政策执行不完美的原因。他们主张存在着一种政策执行的最优路径。在解释为什么政策执行过程出现或没有出现预期的结果时,研究者喜欢分析执行官员、标的团体、政策目标等影响政策执行的因素,也注重分析政策的变迁(李倩,2006)。自下而上的模式将起点放在政策参与者身上,主张政策执行成功与否取决于基层。比较看好基层官僚拥有的自由裁量权、接近执行现场等优势,强调政策执行者和各种组织彼此之间谈判、交易达成共识,实现良性互动。承认政策参与者的利益诉求会影响政策执行的进程和效果,支持这种模式的研究者呼吁建立实证网络,按照问题—反应的理路,以政策主体的行动为中心,关注政策中的规则、程序、结构、互动,不用预设的立场去断定政策的有效性(陈庆云,2006;李允杰等,2008)。此外还有从这两大模式中引申出的一些新兴的政策执行模型。

在很多公共政策中,政府是政策推行的轴心,是最关键的执行者。因而,政策执行模式研究者的主要目光都集中在政府身上。同时,公共政策的执行往往为多主体形态,如研究者所言,如果考虑到公共政策中的多个政策主体,政策执行也可以理解为主体为实现政策目标而调整行为模式的动态过程(O'Toole & Laurence,1988)。为此,关于多个政府共同参与政策执行的研究颇具规模。有的研究重在塑造概念,如"府际关系管理"学说和"府际合作治理"学说。前者认为,不同的政府间在政策执行过程当中"分工"与"合作"倾向弱于"竞争"及"冲突"的倾向,威胁、报酬、规范等政策压力手段,市场、博弈、结盟等手段都可能被运用(Bardach,1977;张四明,2001;纪俊臣,2005)。后者也认为,政府在政策执行中要面对权限争议、中央与地方相互信任、财政管理、绩效监测、资源整合,公私部门伙伴事务等方面的问题。政府间需要调整立场、协同治理,形成权力结构、政府结构、私人结构和社会结构的协同互动,才能有效地推进政策的执行(李长晏,2006;王春福,2008)。也有研究提出政府与政府在政策执行上会形成"自主性和控制模型"及"协调合作和竞争性模型"两种模式(Rabin & Bowman,1984),遵循哪种模式与资源的多寡、政策压力的大小、组织协调能力的强弱有密切关系(Thompson & Marie,2006)。有的研究则重视考察政策执行经验。Christensen提出,单一制国家中央政府权力集中,根据国家政治经济的需要或总体资源分配的观点来处理区域性的发展,地方政府大多扮演着配合执行的角色,较少有机会表示其意见及态度,自上而下的政策执行模式处于强势(Christensen,1999)。贺东航等总结出我国大多数公共政策执行需要依赖中央高位推动,"党的引领"、上下级政府间的"多层次治理",多部门之间"多属性治理",交替运用权威、制裁、授益、激励等工具,发生协调、信任、合作、整合、资源交换和信息交流等举动(贺东航等,2011)。周雪光发现在科层制体系中作为下级的地方政府执行与自身预期有差距的政策时,一方面接受自上而下的要求,另一方面伺机进行不规范的政策运作,他还发现不同层级的下级政府之间还可能结成共谋,以应付上级的检查(周雪光,2008,2011)。

再谈一下政策期望与政策执行模式之间的关系。首先,两者统一在政策执行者这一主体身上。政策执行者的角色非常重要,能否实现政策目标在很大程度上取决于执行者在政策实施过程中的态度(Sabatier,1979)。政策执行者会对政策进行丰富的感知、解码、阐释,并将自己的理解与政策执行行为联系起来。如果经执行者衡量,政策确实能增加利益,与自身的期望差距小,则会倾向对政策持"顺从"态度。如果执行者专注于追逐期望中某些利益或者认为政策制定者设计的利益损益关系和补偿关系不符合自身的诉求,则倾向于对政策目标持"疏离"态度。两个以上的政策主体还会衡量彼此之间在政策目标的确立和适应方面的权力,比较彼此的期望诉求的重合、分野情况,会计算取得政策目标要采取行动的付出及对对方的影响,再结合环境、资源等因素,选取某种执行政策的方式,在进入执行政策的实质阶段后,政策主体还会依此程序来解决政策权变情形。其次,由于不同的政策执行模式所承载的相对权力、财政实力、可运用政策工具上的差异,并受到人口、社会文化等方面的影响,因而在实现政策期望的表现上也会有差异。一种结果是各方政策主体寻求某些策略,使各方的政策期望同时得到满足,或者某一主体限制或牺牲一些政策期望,在政策网络产生协同效应,使得政策执行体现出有效性。另一种结果是各方政策主体在利益、权力、资源、价值观、程序、信息等方面的态度存在落差,加上环境因素、组织因素、个人认知等方面的交互作用,在对政策内容的处理和双方互动上采取对立、规避、竞争等方式,使得政策执行出现扭曲。

综合上述关于对口支援政策的执行模式的探讨,对口支援政策的执行模式将中央政府、支援省市政府、受援县市政府以及民众定位在不同的政策执行角色上,着重分析基于各层级政府之间的关系而导致的政策执行过程中不同政策期望的交集、排序和实现程度,以勾勒出不同断面的对口支援政策执行的特质性。

四、研究框架

社会科学的研究,除了找出特定事件或行为之所以发生的原因之外,更在于找出一套普遍法则,使得不论在何时,只要当某些条件成立时,某种行为必然发生,也使得个别行为者的差异性、可选择性让步于能够事先被预测性(萧全政,1988),用章太炎先生的话说就是"趣在求是"。本研究所针对的对口支援尽管开展了较长时间,也催生了一些研究,但探究对口支援的政策期望与政策执行模式之间的逻辑关系还是带有较大的探索性,因而,它需要以公共政策执行的一般性理论为出发点。在公共政策执行过程中,政策执行处于承前启后的地位,它蕴含着较多的信息,对其描述和对比如图 3-1 所示。

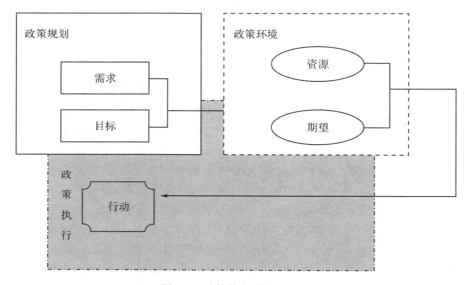

图 3-1　政策执行定位示意图

具体到灾后重建对口支援政策的执行问题,本研究从对口支援启动之始即萌发的政策期望入手,从政策制定议程出发,将研究思路放在政府与政府之间的行为上,观察的范围涵盖了中央与支援方和受援方政府之间、相互之间没有隶属关系的支援方和受援方政府之间的互动,也注意到政府与民众的互动以及上述进程推动的政策执行。研究的基本框架如图 3-2 所示。

对上述研究框架,有几处需要说明。

首先,汶川地震灾后恢复重建对口支援政策出台时间很短,它的政策倡导、咨询直至成型和政策的执行在时间上有一定的重叠,即一旦制定就执行、边执行边充实,在执行过程中还进行政策内容的中期调整,因而在研讨政策执行问题时也不免混合一些政策制定方面的议题,正所谓"政策在执行中建构,也在建构中执行"(黄健荣,2008)。

其次,参加对口支援的政策主体(各种政府)在经济状况、社会文化背景及

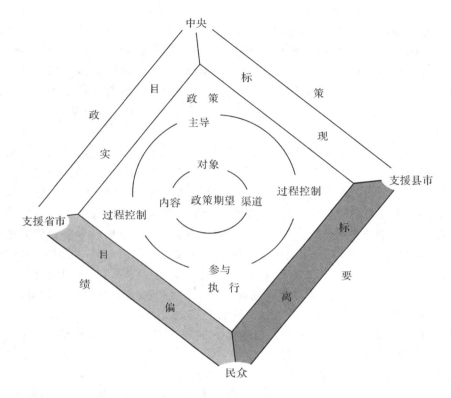

图 3-2　政策期望—政策执行关系

各方面基础条件上参差不齐。在同一类型的政府（如支援方政府、受援方政府）对其政策期望和倾向的政策执行模式有可比较的差异。

再次，本研究界定的政策期望是政策主体向外表达的一种意念，政策主体的成员内部存在着分层，如人、群体、组织，它们的认知是复杂的、多元的，由于科层组织所拥有的资源及由之产生的权力关系主要由组织中的行动者来实践，因此研究所提及的政策期望主要来自于对参与对口支援各方政府工作人员的个体及群体内部（如援建办公室、前方指挥部）的举动的观察、归纳等。与此同时，虽然我们对政策执行进行了是否合乎政策期望的区分，但对口支援是一个政策整体，其政策结果也是整体呈现，这种区分在解释政策现象时只是作为一种工具，而不是一种具有实操性的绩效衡量标尺。

第三节　研究方法

费孝通先生曾说过"对社会制度的功能进行细致的分析，要同它们意欲满足的需要结合起来,也要同它们运转所依赖的其他制度联系起来,以达到对情况的适当阐述。这就是社会科学者的工作"(费孝通,1997)。对口支援是我国针对特殊的政治、经济使命所推动的一项政策,它所处的政治、经济、行政体制、文化和社会心理环境与常态的公共政策有较大差异,对这一政策任何一方面的形势或情况的不准确的阐述分析,无论是对于研究还是研究的社会关切群体都是有害的。因此,我们不能拘泥于固定的研究思维,而应该以行动的眼光、有力的分析工具去分析这项政策。

对口支援是政治和经济同构的制度,既蕴含政治层面的权威、控制、合法性承认问题,也包含经济层面的干预、博弈和理性选择,正如福山所提出的那样,经济学大致可以解释人类行为的80%,而余下的20%必须用政治学、社会学等其他理论来补充解释。因而,对口支援政策的研究适宜走综合性的政治经济学路径。这一路径并不是政治学和经济学的简单融合,而是倡导分析经济问题时至少不把经济制度、政治制度和法律制度排除在分析范围以外(黄少安,2009)。它擅长从经验事实中发现悖论,深入地了解制度的设计逻辑、规则演化。它的洞察力在于将分析建立在对实际变化过程、社会制度与历史背景的理解之上,不断从社会实在出发,再从模式回到社会实在,多次往返,耐心尝试探究经济过程与政治、社会制度的关系,以广泛收集和展现证据、抵制空洞的推理。它不单纯讨论哪些因素或变量重要与否,而是着眼于哪些社会过程和机制对制度变迁发挥作用,对阐释和发展一般性理论有着深远的意义(Walder,1994)。

在以往关于对口支援的研究中,研究方法的单一和薄弱是突出的问题,在做到研究程序规范化的同时,在本研究中我们尝试根据政策的特性以及可利用的研究资料来设计和运用一些研究方法。

一、数据分析

对一项制度的分析很难进行定量化、数理化、形式化的处理(汪丁丁,2004),但数据却最能说明问题。研究中运用的数据一方面来自调研渠道,如对口支援投资总额、分布比例,对口支援项目的规模、造价、功能、参与人员等;另一种是反映灾区经济社会发展和灾后重建情况的年鉴、统计公报、审计报告、地方志、工作简报等。研究将通过对口支援前后、援建不同时段、不同类型的援建方式所积累的数据来呈现对口支援政策过程中政策主体的立场、做法上发生的变化,并将数据转化为一些衡量指标来揭示对口支援的经济社会效果、对比预定政策目标的实现程度,进而证实不同走向的政策执行结果的存在及影响它们的因素。

二、叙事研究

韦伯斯特词典把叙事定义为"用于表现一系列相关事件的一段论述,或者一个例子(利布里奇,2008)"。叙事是人类思维表达的重要形式。它不仅仅表达自我、发挥想象,也可以传达经验、激发行动。叙事本身可以作为研究对象、研究方法或者研究者的自我表现。作为一种研究方法,叙事研究涵盖了任何运用或者分析叙事资料的研究。它可以丰富地呈现研究对象的特性,使事件陈述具有情节,使独立的事件联系成为有意义的整体,进而帮助塑造社会生活。也有学者称赞它"成功地捕捉到个人和社会维度中那些以一般的事实和数据无法定量的东西"(克兰迪宁等,2008)。从 20 世纪 80 年代开始,西方人文和社会科学界出现"叙事的转向"(narrative turn),使叙事研究触及更广泛的经验现象,在解析访谈内容和文献资料时运用叙事研究方法使研究成果能够比较生动地呈现,它也不会受研究者先入为主理论架构的限制(郭承天,2009)。研究者在叙事研究领域发展出了四种分析模式:a."整体—内容"分析法,强调完整分析某个故事,将内容和片段置于整个脉络中来理解整体意义;b."整体—形式"分析法,着重分析故事情节,或梳理出故事的结构,标示出故事的高潮、转折点,提炼整个故事的发展历程;c."类别—内容"分析法,根据研究主题界定类别,摘选文本放置到不同的类别,并探索故事的发展;d."类别—形式"分析法,将形式作为焦点,探索特定的诉说风格与语言特征中的隐喻(黄惠雯,2002)。在政策研究中使用叙事手法,主要不是采取"故事"的形式,而是将政策的片段信息和访谈、田野调查的收获粘贴起来,去发现政策主体认同的是什么,理解了哪些,持有怎样的价值判断,或者根据不同的类别对事件进行多阶段的阐释。本研究将对不同政策主体在政策过程中的认知和行为进行阐释,并且将结构化的政府活动与个体化的政策执行者的观念、心态联结起来,以呈现对口支援中的政策期望。同时,由于对口支援中的政策执行比较敏感,在分析官方文献时不免会遇到一些程式化的政策宣誓,在同政府工作人员的接触访谈中会遭遇到一些受访试探性或者有备而发的答复,运用叙事的研究方法可以在许可的范围内发挥研究者的主观性,更明澈地梳理出政府在对口支援中可能做出的理性选择、推导出政府间的博弈表征,勾勒出政策执行模式的基本轮廓。

三、个案研究

个案研究适宜于对特定的个体、团体、机构、方案的研究,它可以获取研究对象的明确定义与参考资料,避免因使用研究工具不当而产生过度人工化结果,也能够更详尽地检视枝节问题,有利于探究造成特定现象的因素,以增进对因果关系的了解。本研究将以部分对口支援项目尤其是各灾区援建中的标志性项目为研究单位,搜集有关项目的建设背景、建设环境、决策倾向、实施过程、冲突焦点、协调方式等方面的信息,从中探讨本研究设定的逻辑关系。

第四节　数据资料来源

一、访谈和田野观察获得的资料

研究过程中,笔者多次走访了汶川地震的主要受灾地区四川省绵阳市、北川县、安县、江油市、德阳市、绵竹市、什邡市、成都市、都江堰市、彭州市,对山东、辽宁、江苏等省人民政府派驻灾区的对口支援前方指挥部和灾区县市职能部门的官员、灾区部分企事业单位、民间组织、对灾后重建开展研究的专家学者进行了访谈和座谈,并考察了一些对口援建项目。根据不同的受访对象,在访谈前准备访谈提纲,并依现场情况与话题、受访者身份的不同有相应的调整。在访谈过程中,笔者也向受访人士提出请求,请他们核对对口支援的数据资料。在访谈和田野调查的基础上,形成了《访谈记录》和《调查笔记》。除了记录笔者对调查的直接收获外,也汇集了笔者的一些诠释,即笔者所听到、看到的事件和笔者"认为"已经发生的事实。

二、政策文本和文献资料

研究过程中,笔者收集了参与汶川地震灾后重建的18个省在援建过程中形成的政策文本,包括各类规章制度、规划方案、政府工作报告、会议材料、领导讲话材料、审计报告、援建简报、大事记、援建新闻等,同时也收集了中央、四川省、成都市、绵阳、德阳、广元、阿坝等地级市以及受援县(市)制定的对口受援相关政府文献。

笔者也收集了相关学术机构和民间组织编撰出版的关于汶川地震及灾后重建的研究成果,类型包括专著、文章、研究报告、网络出版物等。

三、对口支援数据

笔者收集了18个支援省市在援建期间的主要援建工作量资料、部分支援省市开展援建工作的详细清单、受援地区重建情况报告、受援地区统计年鉴、有关部门编写的《抗震救灾志》等,从中整理出一些对口支援政策数据。

第四章 对口支援中的政策期望(Ⅰ)

对口支援的政策主体呈现出多个群体构成的异质要素网络现象,他们有着不尽相同的愿景,会通过一定的渠道表达出对政策执行过程和政策结果的期望、诉求,在此,主要根据政策主体的不同分别进行描述。本章主要根据汶川地震灾后恢复重建对口支援的政策过程,具体讨论来自中央以及支援方政府的政策期望,并通过此种探究折射其他对口支援政策中的政策期望。

第一节 中央的政策期望

对口支援是一种中央委办事项,中央政府是主要政策制定者,相对中央而言,支援方、受援方政府是政策适用主体,三者之间没有摆脱中央和地方关系的定势。中国政策实践的研究者认为,中国发展出一种独特的纵向民主,处于这一体系中的中央和地方政府之间的关系并不稳定,但两者在某些历史阶段比较均衡,而以长时段的眼光观察,则是失衡多于均衡。尤其自 20 世纪八九十年代以来,在市场经济体制的催化下,地方政府在中国经济生活、社会生活的地位提升,中央对权力边界和理政方式也进行了调整,使得中央与地方政府之间的关系呈现出一些新的格局,在一些具体的政策问题上暴露出中央的执行力不足,而地方政府方面自主性增强的局面(魏红英,2007)。根据这些启示,我们尝试分析居于中央—地方关系格局下的中央对对口支援政策的具体期望。

一、来自中央的政策期望表达渠道

1.通过中央组建的归口指导机构的行动来表达政策期望

汶川地震发生的当日,国务院根据突发事件和重大灾害应急预案成立国务院抗震救灾总指挥部,下设抢险救灾、群众生活、卫生防疫、生产恢复、基础设施保障和灾后重建等 9 个工作组,确定了牵头单位、成员单位及工作职责。总指挥部采取类军事化管理的模式,调动人力物力、统领和直接指挥灾区政府和参与救援的支援方政府的行动,总指挥部的工作持续到 2008 年 10 月 14 日,其存续期间经历了紧急救援和向全面重建过渡的时期,是对口支援的政策布局的最重要推手。

(1)2008年5月12日至6月间,国务院抗震救灾总指挥部紧急从各省市征调消防救援队、医疗队、卫生防疫队、抢险施工队、警力参与搜救被困群众、救治伤员、防控疫情、抢修基础设施、收治地震受伤人员和安排学生异地就学等工作。

(2)2008年5月24日,国务院抗震救灾总指挥部召开全国对口支援地震灾区临时住所工作会议,向各省市分派任务,建设灾区过渡安置的帐篷、板房、与板房配套的学校、医疗、集中供水点、公共卫生间、垃圾收集点、粮食与商品零售点等。

(3)2008年5月27日,国务院抗震救灾总指挥部召开第14次会议,审定了《关于当前抗震救灾进展情况和下一阶段的工作任务》,提出"建立和完善对口支援机制,实行一省帮一重灾县,几省帮一重灾市(州),举全国之力,加快恢复重建"的政策要求。

(4)2008年7月22日,抗震救灾前线指挥部召集广东省和上海市对口支援工作组进行座谈,了解各省市开展对口支援工作进展情况、存在的困难和问题。

2008年11月27日,国务院批准成立了汶川地震灾后恢复重建工作协调小组,由国家发改委主任张平任组长,穆弘(国家发改委副主任)、张少春(财政部副部长)、仇保兴(住房城乡建设部副部长)任副组长,国务院33个部门和单位的负责人为成员。在国家发改委西部开发司内设协调小组办公室,负责灾后恢复重建政策协调、指导规划落实、规划中期评估和总结。协调小组的职责之一就是总结对口支援中好的经验和做法,组织进行交流推广,为对口支援工作创造良好环境。在对口支援政策执行方面,协调小组的主要工作方式有会议、视察等。截至2011年12月,协调小组共召开7次全体会议以及若干专题会议,其中直接介入对口支援政策的会议有三个。

(1)2008年12月27日,协调小组在成都召开汶川地震灾后恢复重建对口支援工作会议,19个支援省市及深圳市对口支援办公室和前方指挥部,四川、甘肃、陕西对口支援办公室,国务院汶川地震灾后恢复重建工作协调小组部分成员所在单位的负责人参会。协调小组副组长穆虹从完善对口支援实施方案、项目启动、有关保障工作、保证工程质量、落实和完善有关政策、加强协调配合等五个方面对推进对口支援工作提出了要求。

(2)2009年10月22日,协调小组在松潘县召开汶川地震灾后恢复重建对口支援工作座谈会,各支援省市前方指挥部,四川、甘肃、陕西省对口支援办公室,建设部、民政部、财政部、国土资源部、银监会、人民银行参会。同时,协调小组还指定了中央各个部门的恢复重建工作联络员,由他们来听取、收集各方反映的归口本部门管理的灾后重建政策问题,向协调小组提交协调意见,报送重建进展情况等工作。

（3）2010年5月四川省灾后恢复重建工作现场会召开，其间组织了对口支援经验交流会，协调小组办公室主任马力强提出参加对口援建的省市与四川灾区在互利共赢的基础上研究建立长效合作机制，延续并开创一条优势互补、互惠共赢、因地制宜、科学发展的新途径。

中央各部门也组建了跟踪指导灾后重建和对口支援的任务型组织，如教育部成立了地震灾后学校恢复重建工作领导小组，下设对口支援工作组，负责国务院抗震救灾总指挥部对口支援决策部署的落实，组织协调教育对口支援工作和高等学校对口帮扶工作。

2.通过出台政策条文使得政策期望成文化

汶川地震发生之初，国家启动了应急响应机制，对救灾和重建有指导作用的政策法规有《防震减灾法》、《破坏性地震应急条例》、《国家突发公共事件总体应急预案》、《国家地震应急预案》、《国家自然灾害救助应急预案》等，为处置这场特大地震，中央及各部门出台了大批政策，其中与对口支援紧密相关的如表4-1所示。

表4-1　对口支援政策文件

发文机关		文件名称
国务院		《关于做好汶川地震灾后恢复重建工作的指导意见》
		《汶川地震灾后恢复重建对口支援方案》
		《汶川地震灾后恢复重建条例》
		《关于加强汶川地震抗震救灾捐赠款物管理使用的通知》
		《关于支持汶川地震灾后恢复重建政策措施的指导意见》
各部委	国家发改委	《关于切实做好学校医院等公共服务设施灾后恢复重建工作的通知》
		《关于做好汶川地震灾后恢复重建规划实施中期评估报告的通知》
		《关于做好汶川地震灾后重建规划项目调整工作的通知》
		《关于加快做好汶川地震灾后恢复重建规划实施工作的通知》
		《关于加快汶川地震恢复重建对口支援工作的通知》
	民政部	《关于对口支援四川汶川特大地震灾区的紧急通知》
		《关于进一步做好汶川地震灾区救灾款物使用管理的通知》
	财政部	《地震灾区过渡安置房建设资金管理办法》
	人社部	《关于汶川地震灾后恢复重建对口就业援助有关政策的通知》
	卫生部	《关于医疗卫生对口支援地震灾区工作方案》、《汶川地震灾区疾病预防控制对口支援工作意见》
	教育部	《关于做好教育系统灾后重建对口支援工作的通知》
	计生委	《人口和计划生育系统地震灾后恢复重建对口支援的意见》

续表

发文机关		文件名称
各部委	交通部	《关于组织全国各地交通部门对口支援四川灾区开展公路抢通保通工作的紧急通知》
	司法部	《关于对口支援四川等地震灾区司法行政单位抗震救灾和灾后重建的通知》
	央行	《关于汶川地震灾后恢复重建金融支持和服务措施的意见》
	建设部	《关于加强汶川地震灾后恢复重建村镇规划编制工作的通知》
	公安部	《对口支援灾区公安机关会议文件》
	科技部	《七省市科技厅（委）对口支援四川七个重灾科技部门安排》
中纪委		《关于加强对口支援救灾款物监督检查的通知》、《关于加强对抗震救灾资金物资监管的通知》、《抗震救灾款物管理使用违法违纪行为处分规定》
最高人民法院		《关于在全国法院开展对口支援四川汶川特大地震灾区法院工作的紧急通知》
最高人民检察院		《关于组织开展对口支援地震灾区检察机关的通知》
中国残联		《关于在全国残联系统开展对口支援灾区恢复重建工作的通知》
全国总工会		《关于开展"抗震救灾，重建家园"十大帮扶行动的实施意见》
团中央		《对口支援灾区工作安排》

可以看到，国家罕有地为一次灾难的重建制定了行政法规《汶川地震灾后恢复重建条例》，行政法规的效力仅次于全国人民代表大会及其常务委员会制定的法律，而高于行政规章及规范性文件，它的威力主要体现在法律责任方面，重建条例中规定了对侵占、截留、挪用灾后恢复重建资金、物资，降低建设工程质量，造成重大安全事故的处罚措施。《汶川地震灾后恢复重建条例》中也提出："非地震灾区的县级以上地方人民政府及其有关部门应当按照国务院和当地人民政府的安排，采取对口支援等多种形式支持地震灾区恢复重建"，使得对口支援具备了法律约束力而不仅仅是政治约束力。

作为此次对口支援核心政策的《汶川地震灾后恢复重建对口支援方案》，一方面吸取了前期出台的各部委对口支援政策安排经验，尤其是民政部提出的对口支援设计的精髓；另一方面，对对口支援各方的权利义务规定得比较详细，如援助期限、投入金额、援助范围、操作方式等，为中央在日后督导、评判支援方和受援方政府的政策表现提供了依据。基于中国当代政治中存在着政策力量丝毫不弱于法律的局面，可以认为，针对灾后恢复重建与对口支援的政策文件所包含的政治和行政权威性是非常刚性的。

3.通过中央会议、讲话、领导视察来表达政策期望

党中央、国务院是抗震救灾和灾后恢复重建的绝对核心,决定政策的走向和政策的强度,在对口支援的酝酿、推出、推动过程中,党中央、国务院采取了一系列的举动来释放政策期望。

在对口支援政策出台过程中,中央召开了多次会议。2008 年 5 月 26 日,中共中央政治局召开会议,肯定了各省市提供的抢险、医疗、物资、资金为支援抗震救灾工作作出的贡献,然后进一步提出要建立对口支援机制,举全国之力,加快恢复重建。6 月 5 日,中共中央政治局常务委员会召开会议,研究部署汶川地震灾后恢复重建对口支援工作。6 月 13 日,中共中央、国务院召开省区市和中央有关部门主要负责同志会议。胡锦涛、温家宝分别就做好抗震救灾和恢复重建对口支援等作了讲话,中央的这些表态使得对口支援由民政部等部门倡导的政策迅速上升成为全面性、顶层性政策。

在汶川地震发生后以及三年重建期间,党和国家领导人密集地到灾区视察,一些离任领导人也前往灾区踏访,新闻报道披露中央领导同志在灾区的活动包括查看灾情、悼念及看望受灾民众、查看重建情况、听取地方政府工作汇报、慰问重建队伍,除了地震初期的视察主要针对救灾外,其余视察关注的都是灾后恢复重建,其中对口支援是他们关心的重点之一。从表 4-2 中可以看出,中央领导视察选点绝大多数是接受对口支援的地区。

表 4-2　中央领导视察灾区情况

中央领导	时间	视察地点
胡锦涛	2008-05-16—2008-05-18	北川、汶川、什邡
	2008-05-31—2008-06-01	陕西、甘肃灾区
	2008-12-27—2008-12-29	北川、平武、汶川、绵竹、都江堰
	2009-05-11—2009-05-12	北川、汶川、都江堰
温家宝	2008-05-12—2008-05-16	都江堰、汶川、北川
	2008-05-22—2008-05-24	北川
	2008-06-05—2008-06-06	北川
	2008-06-20—2008-06-22	陕西、甘肃灾区
	2008-08-31—2008-09-03	青川、北川、汶川、绵竹、都江堰
	2008-11-15—2008-11-16	安县、北川
	2009-01-24—2009-01-25	北川
	2009-09-24—2009-09-26	北川、青川、汶川、绵竹、都江堰、
	2010-08-22—2010-08-23	汶川、绵竹
	2011-05-07—2011-05-09	青川、北川、绵竹、什邡、彭州、都江堰、汶川、茂县

续表

中央领导	时间	视察地点
习近平	2008-05-19	陕西灾区
	2008-06-27—2008-06-29	平武、北川、江油、都江堰、汶川
	2011-08-19—2011-08-22	北川、绵竹
李克强	2008-05-18—2008-05-21	平武
	2008-06-05—2008-06-07	陕西、甘肃灾区
	2008-10-25—2008-10-27	汶川、什邡
	2009-01-15—2009-01-17	甘肃灾区
	2009-05-11—2009-05-12	北川、汶川、都江堰

新中国成立以来,这在基层地方中是绝无仅有的。中央领导的足迹也踏及了四川省8个受援县市中的14个(除理县、小金、黑水、汉源)和甘肃、陕西的受援地区。新闻报道提及了领导层的考察援建情况:

> 胡锦涛来到由江苏省无锡市对口援建的绵竹市汉旺镇重建工地,看望慰问一线建设者,考察新汉旺的建设情况。胡锦涛向工程负责人详细了解新汉旺的总体规划、重建进度和资金到位等情况。总书记对援建人员说,你们积极响应中央号召,不辞辛苦来到灾区,为灾区恢复重建作出了突出贡献。希望同志们不辜负党和人民的重托,不辜负灾区人民的期待,高质量、高效率地完成重建任务,让汉旺镇以崭新的面貌拔地而起。(中国政府网)
>
> 温家宝和对口支援的浙江大学医学院医护人员亲切交谈,询问有关情况,并通过远程会诊系统和浙江大学的李兰娟院士通话,对医护人员一方有难、八方支援的互助精神表示感谢。(中国政府网)

中央领导对援建工作高规格、高密度的考察,其政策意涵远远不只是褒扬、慰问,其中不乏督导之义,也包含着了解援建工作的效能、效率的用意。而这种活动对支援方和受援方政府既是极大的鼓舞,也构成了极大的压力,无论哪一方都不愿领受援建项目执行停滞、相互扯皮所带来的负面政治效果,也不愿在不同地区的援建规模、进度、效果的比较中处于下风。

4.通过灾后重建规划的编制传达政策期望

规划是广义的公共政策的一种,与常规政策文本相比,规划有很强的技术性。重建方面的规划,除了常规政策经常依照的经济学、管理学、法学、政策科学的知识背景,还加入了地质学、环境学、建筑学、美学、医学、心理学等诸多方面的专门技术术语和标准。地震发生后不久,国务院抗震救灾总指挥部内就设立了灾后重建规划编制小组,以国家发改委为组长单位,四川省人民政府、住房城乡建设部为副组长单位,甘肃省人民政府、陕西省人民政府以及国务院 38 个有关部门和单位为成员单位,规划组先期完成了《汶川地震灾害范围评估结果》、《汶川地震灾害损失汇总与评估报告》、《资源环境承载能力评价报告》等技术文件作为规划的信息依据,并在吸收各方面意见后草拟了规划征求意见稿。2008 年 8 月,国务院常务会议审议并原则通过《汶川地震灾后恢复重建总体规划》。同时,国务院还要求和指导灾区政府制定了城镇体系、农村建设、城乡住房、基础设施、公共服务设施、生产力布局和产业调整、市场服务体系、防灾减灾、生态修复、土地利用等 10 个重建专项规划。国务院宣布规划是恢复重建的基本依据,各个部门都应遵守规划,服从规划管理。若需修改规划,需要报国务院批准。灾后重建总体规划 51 个受灾县市整体纳入其中,旨在提供一种可执行、可审查、可问责的重建和对口援建模板,预先防范随意建设、低水平或超标准建设、无序建设的现象,对参与灾后重建的各方政策主体划出了对口支援政策的技术边界。

5. 依托监察、巡视、审计来巩固政策期望

针对恢复重建及对口支援周期较长、动用资金庞大、参与方多的情况,中央运用了纪检、监察、政治监督、法律调查等手段来约束各方政策主体的行为。中央相继成立了抗震救灾资金物资监督检查领导小组、扩大内需促进经济增长政策落实检查工作领导小组,中央纪委、监察部、民政部启动了抗震救灾和灾后重建对口支援资金物资监管,包括救灾款项、物资登记、发放的检查、举报核查、违纪违法处理等,并将重要项目安排、大额度资金调拨使用以及涉及受灾群众基本生活、社会关注程度高等环节作为监督重点。援建过程中开展了检查、巡视,审计署部署了抽查、重点审计、跟踪审计,中组部派出了灾后重建巡回工作组,信访部门开辟了灾后重建信访渠道,公安、司法部门针对危害灾后恢复重建行为开展了专项行动。这些内外部监控措施反映了中央意图对对口支援进行过程监控的愿望。

6. 通过考察、培训灌输政策期望

2008 年 7 月 24 日至 8 月 2 日,中组部会同建设部、外国专家局等举办了汶川地震灾后恢复重建专题培训班,培训班学员是川、甘、陕 30 个灾情严重的市(州)、县党政负责人,培训内容为中央灾后恢复重建工作方针政策讲解,灾后重建理念、规划、政策法律、管理措施和实用技术,并率领学员赴日本对阪神淡路大地震和新潟中越大地震震后恢复重建进行实地考察。其后,中组部又举办第二期震后恢复重建专题培训班,选调对口支援任务省市援建干部参加学习。在经审定的学习班调查报告上,提出大力借鉴日本一些重建经验,如在受损住房

的补助上,按照垮房、修复加固两类为主要标准,结合受灾家庭人口数来确定补助金额;在城镇住房重建中引入和扩大廉租房、经济适用房,给予建房贷款担保和贴息;对农房重建,允许利用宅基地转让、城乡统筹试点等方式进行间接补助等。从这一行动中可以看出,中央对灾后重建及对口支援中可能遭遇的棘手问题,如援建的起点、援建的标准、大宗援建项目——住房等已经有所预判,并形成了一定的政策倾向。通过学习、考察的方式对参与对口支援的支援方与受援方政府发出政策信号。虽然考察活动以及形成的指导文本与正式渠道传达政策、部署工作的力度不尽相同,但中央的重视和带动使得这一活动承载了中央关于对口支援的若干政策期望。

7.通过智库转达政策指导意见,促动支援方和受援方政府正视援建中的问题

在汶川地震救灾及重建过程中,各种智库机构的决策咨询活动较为频繁,如国家减灾委与科技部联合成立的抗震救灾专家组、国务院抗震救灾总指挥部成立的国家汶川地震专家委员会、北京师范大学联合国家减灾委专家委和民政部—教育部减灾与应急管理研究院成立的汶川地震应对政策专家行动组等。这些机构用较短的时间分析地震灾害信息,利用所在部门和单位的人才优势和会商优势,形成了一批综合分析报告和图件,以建议的方式报送相关部门,为政策提供支持。中央对这些智库机构的活动持支持态度,温家宝总理在国家汶川地震专家委员会成立会议上的讲话提出,希望专家委员会能通过调查研究,为制定灾后重建规划提供科学依据。中央也认可了智库提出的研究成果的权威性,一些受重视的政策建议得到了国家领导人的批示,并被传达给各地的政府。如汶川地震应对政策专家行动组提交的《关于汶川地震灾后重建体制及若干问题的研究报告》,将通过调研、座谈所发现的中央部门与灾区地方政府、参与救灾重建的对口支援方之间政策设计方面的配合和互动不足,危房鉴定排险等政策难以得到高效贯彻执行,社会力量参与重建渠道不畅,短期、应急性事务与长期、发展性政策没有结合,各项政策缺乏对社会重建的关注等较急迫的问题,并提出构建灾后重建管理体制和机制等解决之道(张秀兰等,2008)。研究报告得到了温家宝总理、马凯秘书长的批示,这种方式让灾区和对口支援方政府感受到中央认同的政策立场,中央领导的批示能引起对口支援双方政府的格外重视,促动上述政府在政策执行中正视智库所发现的一些问题。

二、中央政策期望的内涵

此次地震灾情是新中国成立以来遭遇到的最严重的自然灾害,受灾面积、受灾人口、重建难度等因素使中央意识到由灾区自主重建不是最可行、最有效

率的政策选择，中央青睐的模式是吸纳各省市对灾区进行援助，既弥补中央和灾区筹措重建资金的缺口，同时也带来成熟的技术、管理、发展方式。同时，中央对以往在民族地区发展、移民、教育等领域实施的对口支援政策的效果以及存在的问题比较明了。结合这两方面因素，中央对对口支援政策的主要执行者——支援方和受援方政府表达的政策期望有以下几方面。

1. 确保援建进度，在规定时间内完成对口支援

地震后，中央的处置行为具有浓厚的应急管理色彩，对一些政策的执行规定了严格的时限。在过渡安置阶段，中央曾要求各省市在 1 个月内准备帐篷 90 万顶、篷布房材料 80 万套，3 个月内建成活动板房 100 万套，并筹备后续 50 万套板房。中央的政策期望十分具体，希望承担建房任务的省市做到包生产、包运输、包安装，保质量、保数量、保进度，同时要求灾区政府能够选好址、配好套、管好用，确保送达的活动板房快接收、快分配、快使用。

《汶川地震灾后恢复重建总体规划》正式宣告我国准备在 3 年内完成灾后重建任务，相比我国台湾地区"9·21"地震以及日本阪神地震的重建规划，我国确定的 3 年重建时间是非常紧迫的，除了资金、建材等物资保障外，对执行重建任务的政策主体、建设施工队伍以及其他方面重建的机构、人员的要求也非常高。温家宝总理 2008 年 11 月到灾区视察时征询支援方政府 3 年援建任务能不能提前到两年完成。国家发改委随即于 2008 年 11 月发出《关于加快汶川地震恢复重建对口支援工作的通知》，提出了对口支援进度方面的强烈政策期望：

> 各支援省市人民政府要加强领导和组织协调，把加快对口支援工作的措施落到实处。支援省市要参与和协助受援县（市、区）做好实施规划编制，提升实施规划的质量水平和可操作性。各支援省市要尽快制定并细化对口支援实施方案，抓紧安排援建项目年度计划，落实建设资金；要优先实施灾区急需的民生项目，加快援建项目工作进度，尽早开工建设；援建项目要讲求实效，确保工程质量。同时，受援省要积极配合，为对口支援工作营造良好环境和有利条件。

在 2009 年的《政府工作报告》及胡锦涛总书记在纪念汶川地震一周年讲话中提出加大力度、加快速度、攻坚克难，力争用两年时间基本完成原定三年的目标任务。为顺应这些决策要求，国家发改委、教育部、城乡建设部、民政部以及受援省方面将这些政策期望加以细化，提出了一些对口支援时间进度控制点，如表4-3、表 4-4 所示。

表 4-3　四川省地震灾区恢复重建对口支援进度安排

重建内容	完成时限
县域村镇体系规划	2008 年 10 月底前完成
镇乡规划	2009 年 6 月底前完成
村庄规划	2009 年底前完成
农村住房维修、加固	2008 年 12 月 31 日前完成
农房永久性住房重建	2009 年 12 月 31 日前完成
城镇居民住房	2010 年 9 月 30 日前完成
学校全面复学复课	2008 年 9 月 1 日
大部分学校在永久性建筑恢复正常教学	2009 年 9 月 1 日前
所有学校校舍重建	2010 年 9 月 1 日前完成
建立县、乡和灾民安置点医疗服务体系,开展基本医疗服务	2008 年 7 月底前完成
建设县、乡临时医疗机构,基本恢复正常医疗服务秩序	2008 年 9 月底前完成
灾区医疗服务体系全面恢复,临时业务用房、基本设备和技术人员配备比较齐全	2008 年底前完成

表 4-4　甘肃省地震灾区恢复重建对口支援进度安排

重建内容	完成时限
农村受灾群众的住房建设	2009 年入冬前全部完成
基层学校、医院等公用设施的重建	2009 年年底前全部完成
县级以上的公用设施重建	2010 年 9 月底前全部完成
公路、电网、水利等大型基础设施重建	2010 年 9 月底前全部完成
灾区群众居住有房屋、上学有校舍、看病有医院、出行有道路、水电有配套	2010 年 9 月底前达到基本目标

　　对对口支援的时间进度做出调整,一方面是本着灾区民众的迫切需求,另一方面,是由于我国受国际金融危机的影响,保增长、扩内需成为政策主基调。调整后,对口支援的节奏更加紧迫,支援方和受援方政府对于中央的诉求有着不一样的反应。由于受援方政府还承担着自身恢复重建的目标任务,要面对两类内容不同的考核,在进度掌控、重建资源分配上不太可能做到两者均摊、一视同仁。因而,受援县市面对增强的时间压力,除了加快自身工作进度外,还会在项目建设、管理事项分配上与支援省市重新分工。而支援方政府则会在建设项目审批、招标、建设承揽、资金调付、建设保障等环节上加以运筹,设法消化这些压力,双方政府便有了在保障项目进度方面进行协调合作的余地,这也是中央所乐见的。

2.确保援助资源的投入，满足恢复重建需要

从公共财政的角度看，对口支援可以视为中央从经济发达地区汲取资源挹注到需要得到额外支持的地区。先来看灾后重建的整体情势，摆在重建面前的第一道难题就是资金。按照汶川地震损失的统计和重建的规划，灾后恢复重建所需资金达到了万亿元的规模。中央提出重建资金来源分为几类：一类是靠中央、四川省地方财政、支援省市援建资金；另一类靠社会力量集资、商业信贷，通过资本市场筹集资金，利用国外优惠紧急贷款，动员企业、居民自筹资金，采取创新性融资以及其他渠道等。按照《汶川地震灾后恢复重建对口支援方案》设想，19个支援省市可以为重建注入资金700多亿元，虽然在1万亿的资金盘子里并不特别突出，但这是除中央承诺拨款2000亿元之外，来源渠道最稳定的一笔资金。而要顺利实现这种资金汲取，则面临着制度性和现实性的影响因素。

首先，在制度方面，对口支援中相互平行的省级政府机构的一方向另一方输入资金，必然涉及省级政府财权与事权划分的法制。新中国成立以来，各级政府的财政资金收入和支出安排政策屡有调整，比较贴切的比喻是从"同灶吃饭"逐步变成"分灶吃饭"，比较大的政策举动有两次：一次是1980年，国务院《关于实行"划分收支、分级包干"财政管理体制的通知》规定了中央和地方政府各自的财税来源和事权范围，其中有一项内容值得注意：

> 少数专项财政支出，如特大自然灾害救济费……支援经济不发达地区的发展资金等，由中央专案拨款，不列入地方财政包干范围……对于边远地区，少数民族地方、老革命根据地和经济基础比较差的地区，为了帮助他们加快发展生产，中央财政根据国家财力的可能，设立支援经济不发达地区的发展基金，此项基金占国家财政支出总额的比例，应当逐步达到百分之二，并由财政部掌握分配，实行专案拨款，有重点地使用。

另一次是1994年实施的分税制，对地方政府的财政收入来源和事权范围进行了重新规划，确立了中央政府以纵向财政转移支付的方式来满足需要援助地区发展要求的制度。从两次变动的结果看，省一级政府的财政义务中并不包含支援落后、有困难的"兄弟"省市这一项，在法律体系当中也没有确立省际正式性横向财政转移支付制度。相比2008年6月国务院向全国人大常委会提请审议调整当年中央财政预算、新增灾后恢复重建基金的行为，对口支援的财政合法性较弱，只能是通过政治手段来筹集资金。

其次，在现实环境层面，我国省级政府的财政收支情况并不乐观。从数据

中可以看出,2008 年 5 月,多达 12 个省市的财政收支处于赤字状态,尤其是一些中部省市的财政非常不宽裕,如表 4-5 所示。2008 年下半年我国又受到国际金融危机的冲击,支援省市的经济增速、外贸形势严峻,财政收入也出现下滑,要令支援省市不打折扣地按照对口支援方案要求将援建资金快速、及时地注入重建所实施的各种项目中,存在的困难是不能低估的。

表 4-5　支援省市(含深圳市)2008 年 1—5 月财政收支完成情况　　　单位:亿元

地区	预算收入	预算支出	2008 年度应投入援助金额	地区	预算收入	预算支出	2008 年度应投入援助金额
北京	937.53	626.35	14.9	河北	427.13	518.27	7.8
天津	287.83	271.39	5.4	山西	365.35	345.26	6
上海	1123.74	641.16	21	辽宁	527.52	590.39	10.8
江苏	1162.32	889.34	22.3	吉林	159.43	346.58	3.2
浙江	946.08	727.58	16.5	黑龙江	245.10	422.91	4.4
山东	850.54	847.30	16.7	安徽	308.49	451.51	5.4
广东	1456.67	1166.71	27.8	福建	377.03	359.76	7
深圳	418.74	275.65	6.5	江西	197.49	344.48	3.9
湖南	290.78	535.24	6	河南	421.34	715.89	8.6
重庆	241.79	282.81	4.4	湖北	291.92	470.93	5.9

数据来源:国家统计局. 2007 年国民经济与社会发展统计公报. 中国网 http://www.china.com.cn/economic/txt/2008-02/28/content_11012100.htm

　　面对这种形势,中央在对口支援政策出台时就向支援方政府提出了预先确定好援助资金总额度的期望,并安排了援建资金的调剂渠道——要求各支援省市压缩行政办公经费。在对口支援实施过程中,国家发改委的有关负责人在会议、文件中继续强调援建资金的到位意义问题:

　　　　各对口支援省市要讲政治、顾大局,按照党中央、国务院的部署,尽心、尽力、尽责实施对口支援。做到决心不变、力度不变、目标不变,努力压缩本地行政开支,确保援建资金及时到位。(马力强,2009)

　　国家发改委还要求支援省市对援建资金到位情况进行月报、季报,并组织转变经济增长方式与扩大内需,加快灾后重建的专题巡视。援建中针对援建资金的使用额度,审计署安排了跟踪审计,中央组织了新闻媒体对援建资金、援建项目的投资力度进行了大范围报道。这一系列的政策安排都体现出中央的用意。

恢复重建需要的资源还包括设备、技术、人员和重建管理方面的支持。救灾阶段来自各省市和军队的设备、物资、专业技术人员就已先期进入灾区。在紧急救援阶段结束后，解放军、武警救援力量、各省市抢险救援队撤出了灾区，相应需要补充符合重建需要的建筑装备，需要充实房屋鉴定、规划设计、施工监理方面的人员，并带给灾区重建需要的支撑技术，支医、支教、支警人员、心理帮扶人员也要适时轮换。另一类恢复重建资源是作为行政管理角色的对口支援干部，由于依靠灾区政府自身资源和项目建设管理经验来独立完成浩大的重建任务是不现实的，加上地震给灾区基层干部造成了较严重的人身伤亡和财产损失，他们本身也是灾民，也需要救助。救灾过程中部分灾区政府在校舍等受损房屋责任认定、救灾物资分配、群众对其工作满意度方面出现了一些"信任失分"。因此，中央对外来的支援干部寄予很高的期望。对于这些资金以外的重建资源，中央将其概括并列举在《汶川地震灾后重建对口支援方案》当中，不仅要求支援省市作为主要资源主要供给方，也要求受援县市妥当地接受、调配、运用好这些资源。

3. 政策执行不出现偏差，政策目标能够落实

中央没有专门为对口支援设定量化的政策目标，在《汶川地震灾后恢复重建总体规划》中提及的"家家有房住、户户有就业、人人有保障、设施有提高、经济有发展、生态有改善"是对口支援的评估尺度。具体到支援省市和受援县市的政策行动，中央表达了以下一些诉求。

（1）按照总体规划以及本地灾后重建对口支援规划的内容执行

中央对于重建规划的期望非常高，国家发改委专门下发了《关于加快做好汶川地震灾后恢复重建规划实施工作的通知》，通知中蕴涵着明确的政策立场，即对口支援双方政府要接受重建规划的约束：

> 灾区各级政府的恢复重建实施规划和年度计划是及时启动和实施恢复重建的关键，灾区省级人民政府要组织专门的人力、物力，指导帮助县（市、区）政府做好实施规划的编制工作，并做好相关规划的衔接协调。要完善规划实施工作机制，务实高效地做好规划计划、政策指导、资金落实和监督检查等工作。中央各有关部门要根据灾后恢复重建规划安排的重点，在项目和资金安排上给予倾斜，协助灾区全面落实和完成规划任务。

受援县市的重建规划一般是由支援省市派出技术力量，提出参考意见或者起草规划草案，由四川省人民政府审定后执行。中央期望援建能够确保援建重

点是恢复灾区的经济功能、公共服务功能的精神,尽可能多地满足灾区民众的基本生活和生产需求,避免援建资金被挪用于建设灾区当地党政机关、楼堂馆所等,或者在受援地区掀起开发区建设热、招商引资热等无序竞争现象。同时,中央也期望援建能体现出合理的建设水平和规模,防止盲目建设,过于超前。国家发改委有关负责人的讲话中就表达了这些政策期望:

> 对口支援要坚持以人为本、尊重自然、统筹兼顾、科学重建的指导思想,急灾区人民之所急,不超标准、不盲目攀比、不铺张浪费,切实做好并保质保量完成对口支援各项任务。(穆虹,2009)

(2)保证安全和建设质量

鉴于地震中住房、学校等设施因为抗震标准低、建筑质量差而出现的恶性伤亡在灾区引发的剧烈声讨,中央希望重建中援建双方政府要特别重视安全和质量,在选址方面尽可能地避让危险地质条件、预防次生灾害,避免对自然环境特别是饮用水水源、自然保护区、生态脆弱区域造成再次破坏;在公共服务设施、基础设施、住房建设上提高设防级别,杜绝偷工减料、违章施工等造成的质量隐患。为了强化中央在这方面的要求,《汶川地震灾后恢复重建条例》专门做出了规定:

> 在地震灾后恢复重建中,有关地方人民政府及政府有关部门⋯⋯明示、暗示设计单位、施工单位违反抗震设防要求和工程建设强制性标准,降低建设工程质量,造成重大安全事故,构成犯罪的,依法追究刑事责任;尚不构成犯罪的,对直接负责的主管人员和其他直接责任人员,由任免机关或者监察机关按照人事管理权限依法给予降级、撤职直至开除的处分。(第74条)
>
> 在地震灾后恢复重建中,建设单位、勘察单位、设计单位、施工单位或者工程监理单位,降低建设工程质量,造成重大安全事故,构成犯罪的,依法追究刑事责任;尚不构成犯罪的,由县级以上地方人民政府建设主管部门或者其他有关部门依照《建设工程质量管理条例》的有关规定给予处罚。(第75条)

中央也意识到,灾区自然条件差、建设工期进度紧张、各种施工力量良莠不齐会对工程质量造成负面影响。因此,中央利用各种场合发出政策信号,提醒对口支援双方政府重视质量问题,如国家发改委负责人的讲话中提到:

　　当前灾后恢复重建及对口支援工作正处于攻坚阶段,特别是冬季马上就要来临,实际工作中还要面临施工期紧迫、施工条件艰苦、交通运输困难、地质灾害频繁等很多困难和问题。这就要求我们要继续加强组织协调,继续保持高昂斗志,继续发扬伟大抗震救灾精神……确保质量安全、施工安全。(马力强,2009)

　　尽管中央对灾后恢复重建中的建设品质发出强烈的政策信号,但由于项目建设特别是基础设施类建设的固有规律性,导致建筑质量和工期要求之间总存在着一定的矛盾,对这两种政策期望交集的情形,将在后文中进一步分析。

　　(3)注重援建的效益

　　在地震灾害发生后的紧急救援阶段,中央曾经多次提出"不惜一切代价打通道路"、"千方百计救人"的口号,中央领导在视察时也责成灾区政府和参与救援的外省市政府要保障灾民有饭吃、有衣被穿用、有干净水喝、有临时安置住所。中央还决定向灾民免费发放生活补助、米面粮油等物资。各省市政府也表示将全力以赴帮助灾区,如广东省委书记汪洋表态:"灾区需要什么,我们就支援什么,要人派人,要物给物,要钱给钱,要血献血。"这种紧急状态下的行政风格一方面有效地实现了紧急救援和安置,另一方面,也令灾区政府和群众产生了高度好感和期望。而进入灾后恢复重建阶段后,如果继续执行这种无偿化、不考虑成本的援助方式,不但无法控制援建成本,也会造成灾区对外界援助的依赖,过往对西藏等少数民族地区的援助也存在着类似教训。基于此,中央在对口支援的政策基调中,援建效益的地位被提升。在对口支援经验交流会上,国家发改委副主任穆虹就表示:

　　　　要体现大局意识,把对口支援作为重大历史使命,坚持制度建设,统筹安排各项重点任务;坚持以人为本,优先解决涉及民生的重大问题;着眼长远发展,努力增强灾区发展的动力与活力;坚持密切配合,充分发挥援受方两个积极性。对口支援省市与四川灾区在互利共赢的基础上,积极探索巩固援建成果的长效合作机制,延续并开创一条优势互补、互惠共赢、因地制宜、科学发展的新途径。(穆虹,2010)

　　从上述讲话中可以分析出中央的几方面政策期望。一是在援建项目的数量、投资预算上加以控制,节约资金、避免豪华建设。特别是对需要整体重建的乡镇,中央提出按照灾后重建规划布局和建设标准组织论证,尽可能地进行就地重建,减少异地重建引发的土地资源紧张、拆迁安置等新矛盾。二是援建既能够使灾区民众的生产生活尽快恢复到灾前水平,为灾区带来当前的实惠,还能利用援建使处于中低度发展水平的灾区和处于较高发展水平的东中部省市建立对接平台,使灾区有机会吸取资本、技术、发展经验,使灾区的产业、就业、生活保障水平能够在重建告一段落后继续保持增长态势,即将"输血"和"造血"结合起来。同时,中央也期望支援省市能从灾区寻找到一些互补方面和发展机会,对扩大内需、保增长形成贡献,解决本省市经济发展的结构性、长远性制约问题。三是既解决地震灾区的恢复重建问题,同时也帮扶在此次地震中受灾并处于较不发达状态的少数民族聚居地区。此次地震受灾地区中居住着羌族、藏族等少数民族,他们的发展水平逊于周边地区,长期依靠国家和省级的财政补贴。过往中央在扶贫攻坚工程、西部大开发战略中就曾安排浙江等省市进行对口支援,此次地震造成的毁灭性打击更使得少数民族聚居灾区很难恢复元气,因而中央希望通过对口支援,解决少数民族群众在住房、公共服务、交通出行等方面的困难,也冀望通过援建来扶持少数民族地区发展旅游、文化、特色产业等,改变其不发达面貌。

中央关于对口支援整体效益的期望与其他几方面的期望相比,其紧迫性算不上很明显,而且中央所定位的效益与支援省市和受援县市所理解、所需要面对的考核并不完全一致,因而,中央在援建效益方面的政策期望表达力度不是较强。

4. 廉洁援建

汶川地震灾后恢复重建影响力大、时机敏感、国内外媒体、民众的关注度高,灾民的诉求和反应非常强烈,处于这种环境之下的对口支援无疑会引发诸多关注。对口支援中动用的资金、物资数额庞大,地理距离远,经手的政府部门、环节多,支出的速度快,会计、审计难度大,资金安全、合法运用的风险客观存在。中央针对这些方面推出了多个政策措施。

首先,在援建开始前对反腐治贪的地位进行定调,表露中央的决心。2008年6月,中央出台的《汶川地震灾后恢复重建条例》预先考虑和规定了惩治援建中可能出现的违法违纪现象,并且将援建重建中的政治责任和法律责任进行了从严的规定:

> 有关地方人民政府及政府部门侵占、截留、挪用地震灾后恢复重建资金或者物资的,由财政部门、审计机关在各自职责范围内,责令改正,追回被侵占、截留、挪用的地震灾后恢复重建资金或者物资,没收违法所得,对单位给予警告或者通报批评;对直接负责的主管人员和其他直接责任人员,由任免机关或者监察机关按照人事管理权限依法给予降级、撤职直至开除的处分;构成犯罪的,依法追究刑事责任。

中央纪委、监察部在 2008 年 5 月就发布了《抗震救灾款物管理使用违法违纪行为处分规定》，提出从严从快重处违法违纪使用救灾款物的行为，并比较详细地规定了截留、挤占、挪用救灾款物，私分、克扣、贪污救灾款等不同性质案件的追究标准，还提出对出现严重违法违纪案件的单位部门实施领导干部责任追究的措施，大力宣示了中央层面的保障援建廉洁的决心。

其次，中央提出了建立廉洁援建防控监督体系的设想，要求各支援省市落实为具体的措施、规则，以减小违法违纪行为滋生的空间。中央提出各省市在领导层面要建立"谁主管、谁承担责任"的负责人抓廉洁的制度，在执行层面要形成"横向到边、纵向到底"的全面覆盖监督格局，每一笔对口支援救灾款物和援建支出都要有负责单位和人员，发现问题时可以将责任落实到人。在监督检查的重点方面中央给予详细的指导，要求各支援省市对工程规划立项、工程招标投标、大宗物资采购和工程建设质量强化监督检查。

再次，援建过程中中央持续关注着援建监督检查制度的执行情况，保持着较强的廉洁援建压力。贺国强、何勇等中央领导先后视察灾后重建现场、出席抗震救灾和灾后重建监督检查工作总结会、发表讲话，要求各支援省市和受援县市要确保对口支援款物真正用于灾区、发到受灾群众手中，提醒各方政府要注重援建资金物资使用的公开透明性，提倡各方政府营造好监督检查的社会氛围，主动接纳群众参与。胡锦涛、温家宝等党和国家领导人也对监督检查工作作出批示，提出希望：

> 监督检查工作扎实有效，确保灾后重建工作顺利进行。望认真总结经验，继续抓好其他重大工程、活动的监督检查工作。（胡锦涛）
>
> 监督检查对汶川特大地震抗震救灾和灾后重建工作发挥了重要保障作用。其工作和经验值得认真总结。（温家宝）

中央在强调廉洁援建的同时，还要求各支援省市开展效能监察，使得援建款项能够被合理安排，防止盲目建设、低效建设。这些举动表现了中央在对口支援廉洁性方面的强烈政策期望。同时我们也发现这些政策期望主要沿袭的还是自上而下的监督、内部制度建设与外部案件查处的思路，对于民众参与对口支援的监督方面虽然有一定的政策倡导，但还缺乏明晰的操作指导意见。

综上，对口支援政策过程中，中央主要表达了四个方面的政策期望，如图 4-1 所示。

上述研究主要围绕中央对对口支援的主要政策适用主体——支援方政府的态度进行，那么中央对于受援方政府的期望又是如何呢？两者在对口支援中的地位和角色是有差别的，但站在中央的角度，两者是执行对口支援政策的共

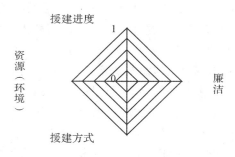

图 4-1　中央关于对口支援的政策期望

同体,双方的异质性并不影响中央关于援建进度、资金、援建方式、廉洁性的态度立场。也就是说,中央不会针对受援方降低在进度、援建内容、廉洁方面的政策要求。稍有不同的地方在于对口支援的资源供给方面,受援方政府是无须履行政治责任的。除此之外,中央对受援方还抱有一些政策期望,希望受援县市能够更多地为对口支援创造好的行政环境,发挥好服务职能。国家发改委对口支援协调小组组长马力强在对口支援经验交流会上就谈到"灾区省要进一步为对口支援各项工作创造有利条件"。同时中央也冀望受援方政府能够通过对口支援逐步积累过往在经济、社会建设方面所欠缺的要素,如管理经验、人力资源、技术等,使得对口支援结束后受灾地区能够很好地自我规划、自主发展。基于此,可以将中央对受援方政府的政策期望归结为保障援建进度、创造援建环境、科学实施援建、廉洁援建四个基本方面。

正如制度经济学所信奉的合约理论,无论什么合约,一旦订下来,卸责的意图就存在。不同的合约安排有不同的卸责意图,而订约各方的卸责意图的比重,也因为合约形式不同而有所转变(张五常,2000)。中央和支援方政府、受援方在对口支援上的政策安排也可以视为一种合约,而中央对于这份合约的政策期望,归纳起来亦是避免支援、受援双方政府发生"卸责"行为。

第二节　支援方政府的政策期望

一、支援方政府政策期望的表达渠道

1. 支援方政府组成代表团,到灾区考察、洽谈,表明政策立场

对口支援启动后,在支援省市内部组建了高级别的灾后恢复重建对口支援工作领导小组,由省市主要党政领导任组长,见表 4-6。

表 4-6　支援省市灾后恢复重建对口支援领导小组负责人情况

省市	负责人	职务	省市	负责人	职务
辽宁	陈政高	省长	吉林	韩长赋 竺延风	时任省长 副省长
广东	黄华华	时任省长	湖南	于来山	副省长
浙江	赵洪祝	省委书记	河北	杨崇勇	副省长
黑龙江	吉炳轩	省委书记	江西	吴新雄	时任省长
北京	刘　淇 郭金龙	市委书记 市长	河南	陈全国	时任省委副书记
山西	薛延忠	省委副书记	上海	韩　正	市长
福建	黄小晶	时任省长	江苏	梁保华 罗志军	时任省委书记 时任省长
重庆	王鸿举	时任市长	湖北	李鸿忠	时任省长
山东	姜大明	省长			

　　随后每个支援省市的党政领导奔赴灾区，了解灾害损失情况，听取受援县市的援建需求，并向灾区各级政府介绍本省市的援建思路、援建方案，在援建过程中，支援省市领导继续保持密集的灾区行程，出席各种开工、竣工仪式，督查、慰问援建队伍，同时也就对口支援政策执行中的重点问题与灾区政府交换意见，表达己方的政策立场，这是在以往对西藏、三峡库区等地区的对口支援中所没有的。如：

　　　　梁保华书记、罗志军省长第一时间亲赴绵竹，调查研究，慰问群众，共商恢复重建大计。梁保华书记、罗志军省长在援建各个关键阶段及时作出重要批示，对城乡住房重建、工程建设质量、经济恢复发展、审计工作、援建队伍建设等方面多次提出明确要求。史和平副省长先后 10 多次赴绵竹指导工作，每次都是利用节假日，每天工作都在16 小时以上，解决援建过程中的具体问题。（《绵竹市调查笔记》）

　　　　2009 年，青川县共接待了包括浙江省委书记赵洪祝，省长吕祖善，浙江省委副书记夏宝龙，浙江省委常委、宣传部长黄坤明，浙江省政府副省长王建满、茅临生，杭州市市长蔡奇，宁波市市长毛光烈，浙江省科技厅长蒋泰维，绍兴市委书记张金如，嘉兴市委书记陈德荣，温州市委书记邵占维，丽水市委书记陈荣高，杭州市委副书记叶明和交通、水利、农业、教育、卫生、城建等各级各部门领导以及浙江企业家来访 300 余批 8020人次。（《青川县对口支援办 2009 年工作总结及 2010 年工作打算》）

各支援省市的省级领导到四川视察、检查时,四川省均有相应的省级负责人以及各省辖市、受援县市的党政领导陪同,双方政府的领导层之间利用这种场合表述各自的政策态度,其政策影响力是非常直接的。

2. 利用中央、四川省领导视察、参观援建的机会提出政策意向

在上一节关于中央对对口支援的政策期望中介绍了中央领导密集视察受援县市的情况,在此不赘述。四川省党政领导对于属于极重灾区和重灾区的受援县市也保持了很高的关注,根据《佛山市对口援建水磨镇工作大事记》的记载,四川省委书记刘奇葆先后 6 次到水磨视察援建工作,听取广东省援建工作组的工作汇报和情况介绍。根据四川省人民政府网站的报道,2011 年四川省省长蒋巨峰先后 11 次到灾区考察、调研或陪同中央领导、支援省市领导到灾区视察。各支援省市在筹备上级领导视察过程中除了报告援建的进展、成就外,也会总结归纳援建的主要做法和蕴含在其中的一些政策倾向,并反映援建中遇到的困难和解决思路。通过这一渠道,支援省市的意见能够为中央、四川省的高层领导所知晓,进而被纳入对口支援政策推动和调整的决策活动之中。

3. 利用各种会议阐述政策立场

对口支援实施期间,支援省市参与的会议类型主要有四种:一是中央主持召开的会议,如灾后重建座谈会、总结表彰大会、配合中央领导视察召开的专题汇报会,国家发改委灾后重建协调小组举办的对口支援座谈会、经验交流会,中央纪委举办的灾后重建物资资金监督检查会。二是四川省以及各省辖市组织的各种灾后重建工作部署会、现场工作会。三是支援省市在本省市召开的省市委、省市政府会议,各支援省市灾后恢复重建对口支援领导小组及其办公室召开的工作会议,各支援省市省级职能部门如发展改革、财政、建设、审计等部门召开的对口支援工作会议。四是各支援省市驻灾区前方指挥部与受援县市对接机构召开的联席会议、专题会议、例会等。表 4-7 所列是广东省佛山市对口支援期间所召开的部分会议。

表 4-7　广东省佛山市对口支援期间会议安排

时间	会议安排
2008 年	广东省对口支援新老工作组工作交接会议,汶川县灾后恢复重建对口支援工作动员大会,汶川县水磨镇领导班子与佛山市工作组全体成员见面会,佛山市对口支援工作组工作会议,广东省对口支援工作组工作会议,佛山市委市政府对口支援汶川县水磨镇恢复重建工作会议,水磨镇重建工作座谈会,汶川县地震灾后水磨镇恢复重建规划暨实施规划评审会,水磨镇概念性城市设计方案招标答疑会,广东省对口支援四川省汶川县 2008 年度总结会议

续表

时间	会议安排
2009 年	佛山市第一批援建项目初步方案汇报会，佛山市工作组，水磨镇政府与监理、设计、造价咨询、施工单位、电信、供电协调会，汶川县第二中学工程施工协调会议，佛山市工作组与汶川县政府援建项目推进会，汶川县三江水磨教育和旅游服务区建设指挥部专题会议，佛山市工作组与西南设计院沟通协调会，佛山市工作组项目进展情况汇报会，佛山市工作组援建中心全体成员会议，佛山市考察团与阿坝州及广东省工作组座谈会，四川省发改委考察座谈会，广东省工作组全省前方援建工作会议，汶川县政府与佛山市工作组援建队员座谈会，水磨羌城奠基仪式和誓师动员大会，阿坝州宣传采访团与佛山市工作组座谈会，佛山市工作组与援建水磨镇施工单位全体领导座谈会，广州市工作组与佛山市工作组座谈会，佛山市团市委与汶川县座谈会，阿坝州与佛山市工作组座谈会
2010 年	佛山市工作组完善工程程序和加快工程结算联席会议，江苏省南京市援建指挥部与佛山工作组座谈会，广东省编撰《灾后重建志》动员暨培训工作会议，四川省灾后恢复重建现场会，广东省援疆办公室与佛山工作组座谈会

在这些频繁召开的上下级以及横向的会议中，支援省市就对口支援的政策本身和执行中的问题提出看法、方案，了解各方的立场，进而表达其在对口支援执行过程中应采取的政策态度。

4. 借助新闻媒体的报道阐述援建的政策思路

对口支援引发了中外媒体的广泛关注和多方位报道，而作为对口支援主要执行者的支援省市处于新闻报道的中心，根据上海市对口支援都江堰灾后重建工作领导小组办公室的统计，先后有《人民日报》、新华社、中央电视台、《光明日报》、《经济日报》、《中国青年报》、中国政府网、《科技日报》、《工人日报》、《农民日报》、新民报业、《解放日报》等媒体报道了上海对口支援工作。（《上海市对口支援都江堰灾后重建工作领导小组工作简报》）。而广东省方面则先后接受了来自美联社、共同社、《赤旗报》、朝日放送、时事通讯社、《大公报》、《南华早报》等境外媒体的采访（《佛山市援建工作小组大事记》）。不少支援省市在灾区的前方指挥部专门安排工作人员负责采访接待、援建资料数据提供等事项，通过新闻媒体，外界对支援省市在对口支援政策上的基本立场、活动方式、政策掌控能力等方面的信息有了比较清楚的了解。

5. 通过对口支援前后方办公机构与受援方政府密切接触表达政策期望

对口支援开始后，各支援省市形成了对口支援的领导或协调体制，并安排了前后方的机构布局。在后方，各省市的对口支援领导小组（江西省成立的是共建家园领导小组）中有一名副省级领导亲自过问对口支援，领导小组下设办公室。在前方，支援省市则向受援县市派出援建工作机构，一般称为前方指挥部或工作组，由省政府派出一名厅级干部任前方指挥长（总指挥）或工作组长，并设若干副职，对口支援的政策执行事宜均由对口支援工作领导小组及其派驻机构管理。对口支援灾区的 18 个省市援建工作机构基本情况如表 4-8 所示。

表 4-8　支援省市援建工作机构情况

省市	省市内部对口支援机构情况	派驻灾区机构情况
重庆	对口支援指挥部，设规划、建设、资金、社会帮扶、驻崇州协调组	前方指挥部，负责人陈晓儒，马开宇（驻四川办事处主任）
湖北	抗震救灾对口支援领导小组办公室	无专门机构，负责人尤习贵（省政府副秘书长）
吉林	援建工作领导小组办公室	前方指挥部，负责人张宝田（省发改委主任）
湖南	对口援建领导小组办公室	重建工作队，负责人张银桥（省发改委副主任），下设办公室、综合组、项目一组、项目二组、项目三组、项目四组、财务组
河北	对口支援平武县地震灾后恢复重建办公室	前线指挥部、住建厅工作组、交通厅公路项目办公室、审计厅资金审计办公室、水利厅技术工作组，负责人张平军（省发改委副巡视员）
安徽	省对口支援领导小组办公室，下设综合协调组、资金保障组、规划建设组、产业发展组、监督检查组、组织指导组、宣传报道组、人才智力组	驻松潘援建办，负责人孔晓宏（省发改委副主任），下设综合、宣传、规划、建设、保障小组
江西	支援灾区共建家园领导小组办公室	对口支援现场指挥部，负责人陈俊卿（建设厅厅长），设综合协调、规划设计、工程管理、费用控制、资金管理、对口协作、后勤服务、美汗路项目、安全保卫小组，成都联络处
辽宁	对口支援领导小组办公室，设综合组、生活救助组、城乡建设组、交通建设组、教育文化组、农业水利组、资金管理组、生产恢复组、人力智力组、劳务输出组、宣传组	前线指挥部，负责人陈建安（省政府副秘书长）、张征（省总工会副主席）
浙江	支援青川灾后恢复重建办公室，设项目资金组、产业智力组、综合宣传组	重建指挥部，负责人谈月明（省建设厅副厅长），下设办公室、规划项目组、工程建设组、资金管理组、产业发展组、综合支援组

续表

省市	省市内部对口支援机构情况	派驻灾区机构情况
广东	省对口支援地震灾区灾后恢复重建工作领导小组办公室	省对口支援工作组,负责人颜学亮、陈茂辉(省政府副秘书长),设综合协调部、信息宣传部、规划设计部、建设管理部、财务后勤部、督查办、总工办
山东	省援川办,设综合组、计划组、协调组、资金组、信息组	省北川工作指挥部,负责人张传亭(省政府副秘书长)、徐振溪(潍坊市副市长),设办公室、新县城建设组、园区建设组、乡镇建设组、工程质量监管组
黑龙江	省对口援建领导小组办公室,设综合计划组、资金筹措组、信息宣传组、监督检查和审计组、交通建设组、水利建设组、教育建设组、卫生建设组、市政基础设施和房屋建设组、民政救济组	对口援建四川剑阁县前线指挥部,负责人刘国会(省发改委副主任)
北京	重建办、资金办、救灾办、人力资源办、项目规划分指挥部、建设分指挥部、前线分指挥部	对口支援指挥部前线分指挥部,负责人栾德成(市建委主任)、刘永富(市政府副秘书长),设工程管理部、财务审计部、项目规划部、办公室、宣传外联部、工程建设部、质量安全部、规划设计部、组织人事部、纪委、党办
河南	恢复重建指挥部,设综合规划组、协调服务组、工程建设组	前线指挥部,负责人张国晖(省政府副秘书长)
山西	对口支援茂县灾后恢复重建领导小组办公室	前线指挥部,负责人段进存(省发改委副主任)
江苏	援建办公室,设财务审计组、项目协调组、规划建设组、经济协作组、综合联络组	恢复重建指挥部,负责人梁学忠(省发改委副主任),设办公室、综合处、项目实施处、财务审计处
上海	对口支援办公室	上海指挥部,负责人沙海林、薛潮(市政府副秘书长),设综合计划、项目建设、经济发展、联络保障、社会工作等专业小组
福建	对口支援彭州市灾后恢复重建领导小组办公室	省前方指挥部,负责人庄稼汉(省政府副秘书长)、余军(省发改委副主任),设综合协调组、规划建设组、项目对接组、资金管理组、监督检查组

　　援建过程中,各支援省市前方工作机构与受援方政府的接触最为频繁。笔者在走访中发现,山东省驻北川指挥部、福建省驻彭州指挥部、江苏省驻绵竹指

挥部、辽宁省驻安县指挥部均与当地政府在同一幢建筑中办公。前方指挥部和受援方政府及其多个职能部门都要打交道,在援建方案编制和调整,建设项目立项、审批,用地、建设管理,竣工移交和财务等方面的行政流程是相互连接的,支援方政府借此向受援方政府说明和执行本省市关于对口支援的政策立场和诉求。支援省市的后方指挥机构掌握着支援项目决定权和资金划拨权,受援方政府的一些援建活动和资金需求需要由其验证、审批。通过这些活动,支援方关于对口支援的政策期望被传达给受援方,并可以及时得到政策反馈。

6. 通过制定各种方案、规章制度系统表达政策期望

中央对口支援方案提出了多个政策目标,但将具体的政策执行方式交由各个支援省市和受援县市协商确定。对部分支援省市而言,过去没有参与过对口支援行动。因此,各支援省市都十分重视对口支援政策执行方案的设计,企图通过制定各种对口支援的子政策来实现对援助资源的掌控使用,并且设定与受援方、参与援建的其他方面的主体之间的行动规则、权利义务、责任划分等,因而支援省市的政策文本最集中地反映了自身的政策期望。笔者将从各种渠道得到的支援方政策文件进行了归集,见表 4-9。

表 4-9　支援省市制定的援建政策情况

省市	政策文件名称
重庆	《对口支援总体实施方案》、《关于建立重庆市主城九区对口支援崇州市重灾乡镇地震灾后恢复重建工作机制的通知》
福建	《对口支援工作方案》、《项目建设规划》、《关于加强援建项目概算管理的通知》、《关于加强援建工程项目廉政监督工作的意见》、《工程施工管理暂行规定》、《工程质量安全考核评价办法》、《监督检查实施方案》、《监督检查组工作职责》、《干部管理暂行办法》、《关于持续做好援建彭州工作的通知》
上海	《项目资金管理办法》、《项目审计工作方案》、《项目管理规程》、《专项资金使用管理实施细则》、《援建专项资金网上监管办法》、《合同管理办法》、《财务监督管理实施细则》、《卫生人才培训实施方案》
江苏	《对口支援工作方案》、《工作指导意见》、《项目管理办法》、《援建指挥部基本建设工作规程》、《创建廉洁示范工程实施方案》
山西	《对口支援框架方案》、《资金管理暂行办法》、《资金物资监督管理工作规则》
河南	《关于河南省对口支援江油市恢复重建工作领导小组办公室主要职责及机构设置的通知》、《关于做好"交钥匙"项目招标投标工作的通知》、《关于筹集对口支援江油市恢复重建资金有关问题的通知》、《河南省对口援建江油市"交钥匙"项目管理办法》、《河南省对口援建江油市"交支票"项目管理办法》、《河南省对口援建江油市灾后重建项目管理办法》

续表

省市	政策文件名称
北京	《关于北京市对口支援地震灾区指挥部工作机构设置的通知》、《指挥部工作制度》、《对口支援工作方案》、《智力援助方案》、《关于做好对口支援地震灾区重建项目和资金管理工作的通知》、《财务审计部工作岗位职责》、《财务管理内部审计规定》
黑龙江	《关于切实做好对口支援四川省剑阁县灾后恢复重建工作的实施意见》、《项目资金管理实施办法》、《办公经费管理办法》、《项目工作流程图》、《项目工程款拨付暂行办法》、《项目变更管理暂行办法》
山东	《对口支援工作方案》、《事故应急预案》、《安全生产处罚细则》、《临时用电施工组织设计》、《安全生产目标考核责任制》、《援建项目建设检查考核评比办法》、《援建项目"十个一"质量管理办法》、《援建工程创优要求及统一做法》
广东	《对口支援工作方案》、《项目管理暂行办法》、《工作组干部选派方案》
浙江	《对口支援方案》、《项目管理办法》、《资金管理办法》、《项目年度实施计划》
辽宁	《对口支援工作方案》、《生产恢复工作实施方案》、《援建项目计划》、《企业恢复生产工作实施意见》、《工作经费使用管理暂行办法》、《专项资金使用管理暂行办法》、《对口支援工作领导小组及办公室工作规则(试行)》、《有关单位和人员的考核办法》
江西	《对口支援三年规划实施方案》、《现场指挥部领导成员分工》
湖南	《对口支援援建方案》、《重建资金筹措和管理办法》、《重建项目三年总体规划》、《工作规则》、《聘用人员管理办法》、《财政财务管理制度》、《工程项目管理制度》、《工程材料准入制度》、《安全施工管理制度》
河北	《房屋建筑及市政基础设施工程项目建设管理办法》、《医疗卫生对口支援工作方案》、《重建资金筹集方案》
安徽	《对口支援工作总体方案》、《对口支援工作规则》、《项目管理办法》、《资金管理办法》、《灾后恢复重建实施方案》、《国际旅游胜地建设战略思路》、《医疗卫生对口支援工作方案》、《医疗卫生队工作规则》、《人才智力工作实施方案》

　　上述支援省市制定的政策中有一些共同点,如根据中央对口支援方案进行细化,进而形成各省市的支援方案,根据中央的精神布置对口支援的资金物资监督检查等。同时我们也发现,这些政策文件主要适用对象分为两种:一种是帮助支援省市内部的各种参援力量熟悉规则、统一做法、监控行为;另一种则是针对援建中与受援方政府交往中需要确定的政策标准、政策界限而设计,尤其是援建的资金和工程项目管理方面。从文件名称和内容方面也可以看出,各个支援省市的政策处理手法有所不同,显示出不同的政策风格和期望内容。

　　7.通过干部挂职和培训发表政策期望

　　对口支援中援川干部挂职非常普遍,大多数省市采取"双轨制",在组建驻对口支援管理机构的同时,另行安排干部挂职。如北京市累计派出53名干部到什邡乡镇政府、交通、旅游、卫生、教育等部门进行为期一年的挂职。而广东省的做法则较为特殊,广东省援建汶川前线工作组有14人,由组长(级别为厅级)挂职担任汶川县委副书记,副组长挂职担任汶川县副县长,省辖市的援川各乡镇工作小组组长(级别为县处级)分别挂职担任汶川县受援乡镇的党委副书记。各支援省市干部的挂职时间一般为一至两年。挂职干部也多被安排在与重建关系紧密的工作岗位上,挂职干部对支援省市援建的动态和政策意图比较熟悉,能够有效充当支援省市制定的各种政策的宣贯者、游说者,利用自身的便利条件向受援方政府以及灾区当地民众传播支援省市的政策意图。

援建中也出现了受援地干部到支援省市交流任职,以及支援省市组织灾区当地政府官员培训、参观考察等做法,如山东省在鲁川两地分别举办了农业产业化、城乡规划建设、工业园区建设、文化旅游产业、计生管理服务专题党政干部培训;辽宁省则组织23名安县干部接受培训,安排10人到辽宁的5个市的县(区)挂职锻炼;浙江省设计了"十百千万智力支援工程",其中的"千"是指组织青川千名干部赴浙培训;安徽省接受了28名松潘干部到安徽挂职,安徽行政学院举办了两期100名松潘公务员的培训班;江西在援建过程中资助了小金县71名县、科级干部赴江西开展为期两周的培训、考察。这种渠道能令受援方干部身临其境地了解支援方的政策风格,从而影响灾区当地政府的思维和决策方式,在一些援建项目的具体环节,这种培训考察方式所产生的效用是直接的。如在汶川县水磨镇援建中打算将老街改建成主题景观街,但当地的镇、村干部对于建设景观街区抱有疑虑,佛山市援建工作组组织镇领导、各村村支书、村委会主任去丽江、成都洛带等地考察,从侧面向灾区当地灌输支援省市的政策理念,减少援建推行中的阻碍(刘宏葆,2011)。

二、支援方政府对中央的政策期望

1.给予政治声誉

对口支援的政策出发点是支援省市以单方惠予性、无偿性为主的方式向受援方投入资源,不谋求经济上的对价性。正如万里同志曾说:

> 对口支援是支援性的,经济发达的省市支援落后地区,眼光看得更远一点,着重考虑将来、考虑整体,暂时会有点牺牲,或者保本薄利,或者保本无利。这似乎不符合经济规律,但对整个国家发展将起重大作用,从长远看,对支援者也是有利的。(万里,1983)

中国的政治传统使得作为省市一级的支援方政府和中央之间并不是纯粹意义上的委托—代理关系，省市级政府存在着自利性的诉求，政治利益和经济利益同样被重视，在一些运动式治理中，政治忠诚和政治声望甚至超越了对经济利益的追逐。因而，支援省市除了依照"一方有难、八方支援"的行动逻辑之外，也存在着以经济投入换取政策声誉的诉求。这种诉求发展出两种方式：一是各个支援省市共同向中央表达。对口支援中各省市所属媒体竞相对本省市援建的资金投入、项目成果、灾区群众满意度、援建人员敬业表现进行了大幅报道。在迎接中央领导视察、参观等场合和汇报援建情况时，援建省市都积极展示出援建成果、援建亮点，各支援省市也纷纷打造标志性援建工程。二是省际竞争。每个省市的援助管理机构纷纷总结出内涵相近但表述不一的"援建精神"、"援建模式"，都大力宣扬本省市援建中的"第一"、"首先"等元素。如：

> 把城乡住房重建作为重建中的重中之重加以推进。共安排城乡居民住房援建资金 43.1 亿元，在各个援建省市中属第一。（《江苏省对口支援四川省绵竹市地震灾后恢复重建工作汇报》）
>
> 至 2010 年 6 月 20 日，在 18 个对口援建省市中，福建率先完成交钥匙项目建设，得到国家、省、市的充分肯定。（《彭州市对口支援办公室关于福建省对口支援彭州市工作情况的汇报》）
>
> 在 19 个援建省市中，上海承担的都江堰重建是实物工作量最大的，总建筑面积达到 150 万平方米。（上海市对口支援都江堰灾后重建工作领导小组办公室《对口支援工作简报》第 219 期）

支援省市承担各类建筑工程项目系数竞逐国家级的"鲁班奖"、四川省级的"天府杯"以及受援县市所属的地级市的"芙蓉杯"、"绵州杯"、"旌湖杯"的评选，如：

> 我市 16 个乡镇援建项目全部荣获"绵州杯"奖，桂溪中学工程获得了四川省结构优质工程和"天府杯"金奖。（潍坊市援川前方指挥部《潍坊市援建工作情况汇报》）
>
> 我市援建及承建的所有新县城项目全部通过山东省、四川省"安全文明工地评选"，并全部获得"四川省优质结构工程"和"四川省优质工程天府杯奖"。援建北川新县城的 3 个项目全部获得山东省"泰山杯"奖。（《关于威海市援川工作情况的报告》）

在国务院组织的汶川地震灾后恢复重建先进集体和先进个人评选中,我们也可以看出各支援省市对政治声誉的重视和竞争。同时,这种竞争还深入到各支援省市参与支援的地级市之间,如山东省 15 个参加援建的地级市中有 5 个地级市获得先进集体称号,江苏省参与援建的 13 个省辖市和 7 个省管县级市中有 5 家获得表彰,如表 4-10 所示。

表 4-10　支援省市获中央表彰情况

省份	获表彰先进集体		获表彰先进个人		省份	获表彰先进集体		获表彰先进个人	
	总数	其中政府部门获奖数	总数	其中政府工作人员获奖数		总数	其中政府部门获奖数	总数	其中政府工作人员获奖数
山东	8	5	11	10	山西	3	1	5	1
广东	10	9	16	12	湖南	4	1	5	3
浙江	8	5	11	8	吉林	3	3	4	3
江苏	8	6	11	6	安徽	3	1	5	3
北京	6	2	9	3	江西	3	1	4	2
上海	7	2	11	2	湖北	4	4	4	4
河北	4	4	5	2	重庆	3	1	5	2
辽宁	3	1	5	3	福建	4	2	5	4
河南	4	2	5	0	黑龙江	3	3	4	4
天津	3	1	5	2	小计	91	54	121	74

数据来源:作者根据四川省人民政府办公厅四川灾后重建网刊登信息自行整理,见 http://www.sczhcjw.cn/

2.容许对口支援执行中的自主行动空间

中央对口支援方案提出对口支援的任务量按照不低于本省市上年地方财政收入的 1% 来核定。援建的具体内容和方式由支援省市和受援方协商,这意味着在"援助谁"、"援助哪些"、"援助到什么程度"等问题上由中央确定政策基调,而在援助的具体方式、资金物资的具体配置使用方面则赋予支援方政府很大的行动空间。支援方政府虽然获得了自主决策援建方案的授权,但在涉及对口支援核心要素的援建资金方面,支援省市面临三个悬而未决的问题。首先,面对中央提出的 3 年援建期间每年拿出百分之一的本级财政收入的要求,支援省市遭遇到一些困难。中央提出的方案没有清楚规划这个"百分之一"应出自何处,只是要求压缩行政办公经费,而单纯靠压缩行政办公经费是难以达到百分之一的筹资要求的,这迫使各省市缩减其他领域的预算支出计划,有些省市甚至要通过一些融资平台来借贷资金。其次,地震后,各省市政府根据中央的部署动员为灾区输送了大量的人力、物力资源,如山东省抗震救灾期间支出 4.2 亿元,过渡板房建设投资 3.86 亿元;江苏省投入板房建设资金为 2.6 亿元。由于对口支援内容和计划的一再调整,各省市对前期救灾投入资金、物资、援建板房的开支应该如何核算有所期待。再次,地震发生后,各省市接受的民间性捐赠源源不断,据统计,31 个省(自治区、直辖市)和新疆生产建设兵团直接接受救灾捐赠款物 513.1 亿元,除了用于救灾,这部分捐款还有结余,该如何运用、由哪一方来管理这部分资金还没有明确。基于以上几个方面,支援省市意图向中央表达的诉求包括:承认各支援省市参与前期紧急救援的支出为对口支援资金或实物工作量的一部分,允许支援省市主导或管理本省市筹集的捐赠资金,利用这些资金并结合本省市的人力、技术来参与援建,认可支援省市以多种形式、多种渠道将援建资金投向灾区,比如以实物的方式。在考虑总体出资规模安排的同时,支援省市对项目个体的经济效益也有相应的考量,希望中央认可支援省市以本省市的力量为主来开展援建,为本省市的技术设计、施工队伍、建材供应单位提供项目订单。这方面的政策诉求归结起来主要有:减少对援建资金投入的"硬约束",允许各种替代性出资措施,认可本省市以自有力量来承揽对口支援。

三、支援方政府对受援方的政策期望

对口支援期间 19 个支援省市共拿出 805 亿元资金,开工建设了 3646 个项目,支援省市先后有 12 万人的援建队伍在灾区工作。两年多时间里要完成如此大的项目工作量,管理巨额的资金、庞大的人员队伍,投入到援建前方的干部又不可能太多,支援省市面临的难度可想而知。同时,对口支援中支援省市的绝大部分政策执行过程都会与受援方政府的认知和行动存在交集。因而,支援省市对受援方政府抱有很强的政策期望。

1. 规划好援建中的分工,界定清楚双方的权力

支援省市在援建中需要构思援助机构组建、人员选派、援助规划设计、援助资金的投向领域、项目建设的方式、项目建设与进度管理、资金项目监督检查、支援省市方后方工作衔接、支援方与受援方工作对接等方面的政策措施。为此,支援方希望与受援方形成有效率的分工。具体而言,第一,在规划编制上,希望受援方能够提供准确的信息和工作协同,早日上报并确定灾后重建援建的规划。第二,在援建项目清单方面,希望受援方提出具体、可行的援建项目需求,将中央对口支援方案中提出的八个方面内容涵盖进去并合理确定规模,以便支援省市的最高决策机构早日拍板定案。第三,在项目的建设方式和资金的

匹配上,希望和受援方政府进行合理的磋商,以确定"交钥匙"、"交支票"以及其他建设方式各自所占的份额,并明确各种建设方式中双方的权力、义务。第四,在工程援助项目推进过程中,希望和受援方政府划定各自的职责范围,使立项、可行性论证、概算、审批、设计、招标、合同、施工、监理、质检、竣工、决算、移交等各个环节有清晰的管理规程,避免出现多头管理或无人管理。在非工程类援助项目的实施上,希望受援方政府在援助目标确定、受益群体筛选、资金物资预算、时间安排、场地安排、人员安排、实施方式上形成具体的安排,以便支援方调配资源。第五,希望受援方政府构建好政府间协调沟通的渠道,方便双方的日常联络,希望双方能够确立议事规则及解决争议问题的原则、方法。

支援省市带来了数百亿规模的资金,这在灾区政府过往财政账面上从未有过。因而,围绕着援建资金的管理和支配权力,支援省市希望和受援方之间形成清楚的划分。支援方希望握有援建资金的主导权,希望在分给受援方政府适宜比例的资金支配权后,受援方不再提出过分的资源分享要求。对可能施加于支援方参与援建的企事业单位的行政许可、行政调查、行政处罚、司法裁量活动,支援省市希望和受援方政府之间进行一定的权能划分,在执法尺度和力度上保持一致性。

2. 争取政策优惠

《汶川地震灾后恢复重建对口支援方案》中提出,只有中央有权力制定对口支援的优惠政策,各个支援省市和受援县市在对口支援过程中要执行统一的政策标准。这个政策的用意为何?笔者的理解是,基于以往各个地方在招商引资方面的误区,以及在三峡库区对口支援中出现的支援方青睐向受援地区投放有偿援助项目,而受援方盲目竞争,赢得项目但不能取得经济效益的教训,中央意图在灾后重建对口支援中限制灾区政府开出各式各类优待条件以吸引支援省市多投资金,多上经济项目的局面,也约束支援省市,使其将援建重点放在重建规划上,而非把援建当作有偿投资。

但在中国当代体制中,企业家政府的色彩比较浓厚。作为地方政府,在积极完成中央下达的经济管理、社会管理和政治任务时,都在努力争取获得更多的资源激励。如果从中央政府那里能够获取激励的机会减少,地方政府会更多地投向市场经济,在不违背"政治正确性"的底线的同时更加关注政策执行中的"经济合理性",更倾向于自我利益导向。因而,支援方政府在积极执行对口支援政策任务的同时,谋求经济利益的激励的动机多多少少是存在的。在对口支援过程中,支援方政府围绕着这一目标向受援方政府表达了一些诉求。第一,简化一些援建项目的审批程序,放宽招投标限制,让更多的支援省市建设单位参与援建。如将项目审批权尽可能地下放到市级、县级政府,交钥匙项目主要在支援省市后方招标、允许免于招标、实行比选或直接认定承建单位。第二,中央面向灾区提出的行政规费减免、信贷支持、税收支持、土地使用限制放宽、交通运输支持等政策优惠,支援方的援建单位也能够享受。与灾区企业合作经营的支援省市企业能享受营业税、城市维护建设税、教育费附加、增值税、所得税减让和信贷授信额度。同时,支援方政府希望受援方政府能够减免一些地方性行政事业性收费项目。第三,鼓励受援方政府就兴建产业合作平台——开发区、工业园进行规划,并对支援省市投资办厂客商给予土地、税收、行政审批、知识产权方面出台专门政策、采取一事一议等做法。

3.希望受援方营造便利的援建环境

一是保障工程建设的顺利。支援省市在援建中承受着中央、四川省各级政府以及灾区民众对于援建进度的殷切期盼,很多支援省市的工作总结中提到他们采取"五加二、白加黑"的工作方式,除了支援省市组织和投入充足的人力、资金、设备,强化工程管理外,还需要受援方政府提供保障和服务。支援省市在灾区援建项目实施中遇到的最头疼的问题是迟迟无法开工。有些工程是由于自然、地质条件的限制,需要得到明确的技术结论后才能动工。有些工程则是因为人为因素,主要是土地征用、居民厂矿搬迁等延误建设周期。支援方政府在援建中没有行政强制力,因此,支援方政府期望受援方政府能够高效、彻底地解决建设场地的权属争议、受影响对象的补偿,向支援方提供三通一平等建设施工的基础条件。支援省市在对口支援中建设的交钥匙项目多为体量大或施工难度较大的工程,刨除立项审批、设计、招投标时间,有些项目工期非常紧,像佛山市援建的汶川第二中学,实际有效工期只有两个月。支援省市希望受援方能够动用行政权力和影响力,采取措施保证工期,在一些工程中,建设单位不惜采取边审批边开工、先建设后立项的做法。对于这种行为,支援方和受援方都没有明令禁止,表明了支援方希望受援方放宽建设行政管制的态度。施工过程中支援省市也希望受援方政府出面帮助消除影响工期的因素,如确保道路、供电、供水畅通,减少耗时长的工程的现场和书面材料检查、维护好治安环境、查处阻扰施工的行为、安抚好对工程建设有抱怨的民众、解决好上访问题等。灾区重建和援建中遭遇建材价格大幅上涨的景象,除了供需矛盾外,也有一些是人为性抬价。因而,支援省市希望受援方政府能够出面干预,管制和平抑建材价格,保证建材供应。

二是宣传报道,表彰支援方的先进事迹。支援省市的援建工作要接受中央、四川省的检视、评估,支援省市前后方援建干部也要接受本省市组织的考核、监督,同时民众也会对对口支援进行评价。因而,支援省市希望受援方能够动用行政资源报道宣传支援省市的无私援助、对口支援干部的工作热情和精神风貌,对支援省市援建干部、参与援建的建设单位、支医支教专业技术人员加以褒扬、奖励。一方面,提高支援省市的政治声誉,刺激援建人员的积极性;另一方面,也为援建队伍在灾区累积良性的社会资本,有助于一些深度触动灾区民众利益的援建项目的开展。

4.希望妥善处理双方在援建中的分歧

支援方和受援方政府之间没有行政隶属关系,受援方政府不需要无条件服从支援省市的政策,而援建过程无论是针对项目还是针对参与援建主体的行为,双方之间出现意见分歧是难以避免的。分歧的本质是一种冲突。冲突是一个复杂的情境,从主观知觉的角度理解,冲突源于个人或群体对目标的认定不一致。从主体互动的角度看,不同主体之间存在需求、资源、目标、权力、利益的差异,会引发彼此思想、情绪、行为方面的矛盾、对立,进而去影响、排除预设结果(Robbins,1994)。马丁代尔指出,每个社会都有它的各种冲突,有些场合下冲突并非独立事件,而是一组相关的事件,其中有些冲突是潜在的,而另一些是明显化的(于海,1993)。冲突也是一个循环的历程,一波冲突事件的结束,可能就是另一波冲突的开始(林振春,1993)。不同国家和社会的历史传统和民族特征、政治理念下,冲突的表现形式和程度亦会不同(韩经纶,1994),政策执行中最常见的冲突当属利益冲突,它意味着政策执行者的个别利益(通常是经济上的利益)与公共利益出现不一致(Wilson,1989)。政策的冲突受到多种因素的催生,如任务的依赖性、主体地位的不平等性、权限模糊不清、沟通出现问题、有限的共同资源、缺乏统一绩效标准、组织和个人间存在的差异等。借助上述理论去观察,可以发现支援方和受援方政府之间冲突的蛛丝马迹。比如受援方提出高标准、高预算的援建项目需求,而支援省市不认同这一方案。又如支援省市希望援建活动以本省市企业为主,受援方则坚持将订单多交给本地的产业。作为支援方,首先希望通过各种机制与受援方开展沟通,或者由权威力量进行仲裁,帮助双方达成必要的妥协,或者一方做出适当让步,以解决分歧,避免拖延和破坏对口支援政策的执行。但是如果双方的立场差距太大,无法有效撮合,支援方不会再期望能与受援方达成妥协,而是会继续按照自身意愿去推动政策,其结果会是耗费更多的资源或者单方面修正政策目标。同样的道理也发生在受援方政府对待冲突的态度上,在后续政策执行的分析中,笔者还会详细讨论。

第五章　对口支援中的政策期望(Ⅱ)

本章主要描述汶川地震灾后重建过程中来自受援方政府和灾区民众的政策期望。在对口支援政策制定过程中,这两种期望可能被顶层设计者所关注,将其中的一部分融入对口支援的政策目标之中。同时,两种期望也有体现政策主体个别化利益,有别于政策目标的部分。

第一节　受援方政府的政策期望

一、受援方政府政策期望的表达渠道

受援方政府作为县一级的基层政府,其管理权能范围和影响力较有限。在地震紧急救援阶段,原有的行政层级和信息传递方式曾一度被打乱,灾区政府的曝光度骤然提高,涌现出一些"明星"灾区和"明星"官员,也使得受援方政府意识到可以运用更多的渠道来争取外界关注,表达政策期盼。

受援方政府的政策期望表达渠道主要有以下几方面。

1. 通过重建规划、政策规章的制定表达期望

受援方政府未能参与对口支援政策的初始决策,因而,在政策执行和反馈阶段受援方想积极表达自身的意愿,促请上级政府吸纳。灾后恢复重建规划的编制提供了良好的机会。在国务院灾后恢复重建总体规划之下,极重灾区、重灾区还要制定本区域恢复重建规划及相应的子规划,这部分规划是受援方和支援方共同完成的。在这项工作中,受援方的主要任务是确定灾害损失,提出各项援建需求,如汶川县在重建规划编制启动前,收集到汶川重建需要的建设支持、物资支持、智力支持等共六大类近百个小项。受援方政府出台了一些政策性文件,确立己方在援建过程中的职能、确定部分援建资源如"交支票"项目的资金、确定资源的运用方式,对支援方和外界参与援建建设施工的队伍实施管理,确立与支援方政府交往的规则等。这当中既有受援方政府单独制定的,也有受援方政府与支援方政府联合发布的。通过这些政策的制定,使外界知晓受

援方政府的政策倾向。有关受援县市制定的政策如表 5-1 所示。

表 5-1 受援县市制定的对口支援政策情况

县市	单独制定的政策	与支援省市联合制定的政策
崇州	《崇州市灾后重建对口支援建设项目管理办法》、《崇州市承接重庆市对口援建项目目标考核办法》	《重庆市对口支援崇州市协议》、《重庆市对口支援崇州市资金管理协议》、《重庆市对口支援崇州市工作长效合作机制的框架协议》
彭州	《彭州市人民政府关于加快推进福建省援建项目建设工作的通知》	《关于加强对口救灾捐赠物资管理工作的通知》、《资金物资监督检查联席会议制度》、《对口支援物资联合检查制度》
茂县	—	《山西省、茂县对口合作框架协议》
小金	—	《江西省小金县对口合作长效机制框架协议》
都江堰	《关于进一步做好上海对口支援工作有关事宜的通知》、《关于规范上海市对口支援来访接待及赴上海市学习考察工作的通知》、《关于切实做好上海市区县对口支援我市乡镇领导来访接待有关工作的通知》	《上海市对口支援都江堰项目意向书》、《上海市都江堰对口合作长效机制框架协议》
绵竹	《绵竹市关爱援建人员工作方案》、《关于推进江苏援建项目竣工验收备案工作的通知》	《江苏省对口支援绵竹市（2008—2010 年）框架协议》、《江苏省支援绵竹市项目协议》、《共建产业园区框架协议》
江油	《河南省对口支援江油市抗震救灾资金物资和灾后恢复重建项目监督管理联席会议制度》	《河南省对口援建江油市总体框架协议》、《河南省援建江油"十件实事"、"八项工程"协议》
什邡	《什邡市抗震救灾指挥部关于对口成立北京支援我市相关办公室的通知》	《北京市什邡市灾后恢复重建对口支援（2008—2010 年）总体框架协议》、《北京—什邡 2010—2013 年合作框架协议》
剑阁	—	《黑龙江省与剑阁县实施长期合作的框架协议》、《黑龙江省教育厅、卫生厅与剑阁县实施教育长期合作的协议》
北川	《关于成立北川新县城工程建设指挥部的通知》、《北川新县城工程建设指挥部工作方案》	《山东—北川工业园合作建设框架协议》、《山东省援建北川县项目交接备忘录》、《山东省—北川羌族自治县合作协议》
汶川	《汶川县灾后恢复重建接受对口支援初步实施意见》	《粤汶长期合作框架协议》

续表

县市	单独制定政策	与支援省市联合制定政策
青川	《青川县切实做好关心爱护浙江援建干部工作责任方案》、《对口援建服务工作整改责任方案》	《关于商贸业对口援助灾后重建合作协议》、《广元青川川浙合作产业园建设实施方案》、《广元青川川浙合作产业园投资协议》、《浙江省长效帮扶青川县专项资金援助项目实施协议书》
安县	《关于加强援建项目管理的意见》、《关于重申和规范涉及援建工作相关规定的通知》、《关于迅速建立灾后恢复重建对口受援工作对接机制的通知》、《关于调整对口受援办公室人员分工及工作职责的通知》、《关于成立安县灾后恢复重建对口受援工作领导小组的通知》	《辽宁省安县对口合作协议》
理县	《理县桃坪羌寨新村规划区房屋拆迁安置暂行办法》	《关于建立对口合作长效机制的框架协议》
平武	《平武县灾后重建中小企业发展基金使用管理办法实施细则》	《河北省对口援建平武县框架协议》
松潘	《关于印发安徽省援建项目整体移交工作方案的通知》、《松潘县地震灾后恢复重建资金管理暂行规定》、《松潘县安居住房建设管理实施细则》、《松潘县灾后重建建设工程质量管理实施办法》	《安徽松潘关于建立对口合作长效机制的框架协议》

　　除受援县市拟定的政策规章外,四川省以及作为受援县市上级的省辖市也出台了关于对口支援的政策规定,如《四川省关于灾后重建国家投资工程建设项目招标投标工作的通知》、《关于灾后重建国家投资工程建设项目招标投标工作的补充通知》、《四川省汶川地震灾后恢复重建对口支援实施意见》、《绵阳市关于灾后恢复重建对口支援的实施意见》、《绵阳市灾后恢复重建对口支援项目审批暂行办法》等供受援县市对照执行。这些政策文件中包含的政策诉求与受援方政府的期望一致,有些则是站在省、市一级的立场,意图统筹对口支援的全盘工作,维护政策的统一性。四川省、省辖市的相应政策规章被受援县市吸纳为本级政府政策系统,向外发出受援县市政府所期望的政策信号。

　　2.通过对口受援工作平台表达政策期望

　　上一章关于支援方政府表达政策期望的渠道描述中介绍了支援省市前后方指挥机构与受援方政府的互动情况,这同时亦成为受援方政府发表政策见解的渠道,兹不赘述。在此需要补充描述的是灾区的省、地级市、受援县市三级政府共同组构的与支援省市交往的网络,四川省把它称为"对口受援"工作体制。具体内容包括:四川省在"5·12"抗震救灾指挥部设立灾后恢复重建对口支援组,由副省长王宁任组长,负责全省对口支援工作的统筹协调、工作指导和监督检查。同时,四川省发改委设立对口支援办公室,具体负责对口支援日常工作的衔接、协调和接待,了解工作进展情况,提出解决突出问题的对策建议,实施对口支援工作的监督检查。四川省安排省发改委等18个省直部门各自联系1个对口支援省市,在对口支援组的统一指挥下,负责支援省市与受援县市的衔接、协调和接待工作。省直部门的分管省领导则负责接待对应省(市)来川领导的相关活动。四川省召开了汶川地震灾后恢复重建对口支援工作会议,还先后举行了四次对口支援省市驻川工作机构负责人座谈会,请各支援省市听取四川省灾后恢复总体安排部署,将各受援县集中反映的重建交通保障、技术力量支持和对口支援实物工作量计算等方面的问题拿到会议上进行对话,专题解决在援建项目对接、援建项目建设标准方面的政策疑问。四川省对口受援工作体制情况详见表5-2。

表 5-2　四川省对口受援工作体制情况

受援方	支援方	四川省对接方	受援方	支援方	四川省对接方
北川	山东	省发改委	彭州	福建	省劳动保障厅
汶川	广东	省交通厅	茂县	山西	省水利厅
青川	浙江	省建设厅	理县	湖南	省农业厅
绵竹	江苏	省经委	黑水	吉林	省林业厅
什邡	北京	省国资委	松潘	安徽	省商务厅
都江堰	上海	省教育厅	小金	江西	省文化厅
平武	河北	省民政厅	汉源	湖北	省卫生厅
安县	辽宁	省财政厅	崇州	重庆	省环保局
江油	河南	省国土资源厅	剑阁	黑龙江	省广电局

在四川省要求下,辖有受援县市的地级市也形成了对口受援机制。绵阳市灾后重建委员会办公室的"规划实施组"同时冠名为"对口支援办公室",由市发改委牵头,负责与对口援建单位的日常联系、协调、服务,掌握援建项目的推进和援建工作信息、数据的收集、整理、统计、上报事项。办公室督导组中专门有一个组负责受援的四个县市的重建工作督导。绵阳市安排四位市级领导联系受援的四个县市,市发改委联系山东省援建指挥部、市民政局联系河北省、市财政局联系辽宁省、市国土资源局联系河南省。受援县市每日报送对口支援信息、工作进展情况及存在的主要问题,编印成工作通报送交支援省市政府。此

外,绵阳市每月都召开1～2次全市对口支援联席会议,邀请支援省市、绵阳市、受援县市区、省级对口支援联系部门参会,共同商讨重大援建事项,协调解决对口支援工作中的重大问题(《绵阳市调查笔记》)。成都、德阳、阿坝、广元等市州政府也采取了相似做法。

尽管四川省三级政府都面向支援省市开展对接工作,但《四川省汶川地震灾后恢复重建对口支援实施意见》中提出"各受援县(市)是对口支援工作的责任主体和实施主体",要对受援县市进行对口支援目标责任制年度考核。因而,四川省对口受援工作体制是围绕受援县市构建的,受援方政府利用它来传达关于对口支援的政策期望。

3.利用上级视察、回访支援省市等机会表达政策期望

关于中央、四川省、支援省市各级领导到受援县市视察、调研的情况,前文已做了描述、归纳,在此不赘述。作为东道主的受援县市在接待上级过程中,除了努力展示本地恢复重建及对口援建亮点以外,也提出丰富援建内容、调整援建方式等方面的政策期望。如:

> 2010年7月6日,辽宁省推出了援建安县新增项目表,决定新增14个援建项目,援建资金近5亿元。辽宁省前方指挥部介绍,2010年5月,辽宁省委书记王珉率党政代表团访问四川,到安县视察援建情况,辽宁省副省长许卫国与四川省副省长魏宏共同签署了《辽宁—四川经济社会战略合作协议》,这次新增援建项目就是落实协议的重要举措。(《安县调查笔记》)
>
> 2009年12月,广东省委书记汪洋到汶川考察广东省援建情况,阿坝州委书记侍俊全程陪同。在水磨镇,双方领导听取了水磨羌城的建设情况汇报,参观了佛山援建工作组拿出的六个住宅样板间方案。侍俊提出,这些样板间不太符合羌族"立木为柱,夯土为墙"的建筑风貌特征,希望佛山援建组能够到茂县、北川等地去调研,多了解羌族建筑理念,拿出更好的方案。佛山工作组几经周折,找到了茂县的汪斌、伍鹏程两位画家兼设计师,为了让阿坝州领导和民众满意,对水磨羌城的风貌改造耗费了近5个月的时间,才有今天的效果。(刘宏葆,2011)

对口支援期间,受援县市在频繁接待外来慰问、考察的同时,也利用地震带来的知名度提升机会组团到支援省市以及经济发达省市答谢、招商。四川省人民政府也组织灾区县市赴外省和港澳地区访问,通过对外交流活动,受援县市展示本地的资源、特色产品、旅游优势,提出招商引资的优惠条件,同时也介绍

灾后恢复重建的进展，重建中的困难、民众的生产生活状况以及对外来援助的政策需求。如：

> 绵竹市政府承接对口支援办公室的工作人员谈到，以前市里也组团出去招商引资，但是影响很小，一般连（外省）市一级领导都很难见到。现在情况不同了，我们市委书记带队去招商，当地的省委书记、省长都见面了，效果明显比以前好。（《绵竹市访谈笔记》）
>
> 省对口援建领导小组组长薛延忠、省对口援建领导小组副组长牛仁亮会见了四川省茂县县长高加军一行，高加军对山西省援建中的援建规划、项目安排、资金落实、工程管理、组织协调、智力支持工作和取得的成效给予高度评价和衷心感谢。会见中，双方还着重研究了下一步援建工作的重点。（《山西新闻网》）

4. 借助媒体、民意渠道间接表达自身的政策期望

对口支援过程中，媒体聚焦的主要是支援方政府和灾区民众，相比之下，受援方政府的"上镜率"并不高，但是受援方政府可以利用媒体渠道间接表达自身的政策愿望。一个典型的例子是，震后围绕汶川县城、青川县城、北川县城是原地重建还是异地重建的问题，政府、援建方、学术界、民众都卷入了大大小小的争论，2008 年 7 月 6 日，中央电视台《新闻调查》栏目播出的一期"汶川：重建的选择"节目，通过采访规划、地质、建设方面的专家和灾区的政府官员，比较各种观点。节目传达的主要信息是部分专家认为，地震后汶川县内有 3900 多处地质灾害点，不能承载这么多人口，需要在重建规划时加以考虑；当地政府官员的想法是希望上级考虑将汶川县城异地重建，搬迁到安全的成都平原地区。节目也报道了对异地重建持反对态度的专家提出的见解，但这部分意见显得很薄弱，证据不足，让人缺乏信任。节目播出之后，主张汶川县异地重建的声音大涨，直到中央和四川省最终确定汶川县城就地重建、缩减人口承载规模的方案后，这场争论才算告一段落。针对上述新闻媒体的节目，一些观察者提出质疑，首先是新闻媒体是否预设了立场，或者不知不觉钻进了力图支持某种政策主张的力量设下的"圈套"。其次是在报道两种不同意见以及措施的处理时，媒体没有遵循平衡的原则，在报道中未深入了解民众的想法等。连中央级媒体都存在这种倾向，灾区地方媒体被借用来传达受援方政府的政策主张更是易如反掌。

受援方政府间接利用民意渠道来表露政策期望在少数民族地区援建中表现比较明显。研究者针对茂县太平镇的调查发现，由于外界对羌族群众受灾的高度重视，灾区当地政府开始煞费苦心地包装羌族传统文化，突出羌族语言、服

饰、歌舞、手工艺、建筑、宗教信仰的特异性。2009 年年初,各个羌寨都不准备过羌历年,但在县政府的大力组织下,在三龙乡合兴坝举行了盛大的新年庆祝活动,邀请了新闻媒体前来拍摄报道。乡村干部带领各个村寨围绕着传统文化的正统性展开竞争,特别是在媒体和外来援助者踏足的场合,而这种文化宣扬背后则是政府的明确想法,即对援助资源的追逐(何坤,2009)。

二、受援方政府对支援方的政策期望

1.希望支援省市提供充足的资源,尽力而为

汶川地震灾区处于西部地区,在财政汲取能力、技术转化生产力能力、资本运营能力方面与东部发达地区存在着差距,特别是灾后,财政紧张状况更加明显。整个灾后重建所需的 1 万亿元资金,相当于四川省 2007 年的国内生产总值的总量。而资金筹措的情况如表 5-3 所示。

表 5-3　汶川地震灾后重建筹资情况　　　　　　　　单位:亿元

类型	金额	类型	金额
中央恢复重建资金	3003	社会捐赠	536
对口支援资金	805	特殊党费	97
港澳援助资金	130	国外优惠紧急贷款	80
四川省筹资	400	小计	5141
财政部代发国债	90	资金缺口	4859

注:汶川地震接收到的社会捐赠资金总额为 700 亿元,其中用于紧急抢险救援 174 亿元,其余部分用于灾后重建。

数据来源:作者根据四川省人民政府办公厅四川灾后重建网刊登信息自行整理,见 http://www.sczhcjw.cn/

而灾后重建的实际开支已超过预先设想,四川省花在灾后重建和发展上的资金达到 1.7 万亿元,由此可以想见灾区政府在重建资源方面的极度缺乏和强烈渴求。

四川省方面强调受援县市要积极吸纳对口支援省市的资源,用好用足各种优惠政策,在受援方政府看来,"政策就是项目、就是资金"。一方面,受援县市期望支援省市能够使重建急需的项目顺利启动起来,如住房、道路、供水供电基础设施、学校、医院等公共设施。在一些项目中,受援方希望支援省市先垫资建设资金,待中央及省级重建资金到位后再把支援省市资金置换出来,帮助受援方解决资金周转难题。在此基础上,受援方政府还希望援建活动不但能解决灾后重建的紧迫需求,也能解决灾区在产业、就业、财政、投资方面的燃眉之急。受援方政府积极向支援方推介能产生经济拉动效应的项目,如汉源县政府推出

了 5 个矿产资源和 1 个农副产品加工合作项目,包括 5 万吨锌合金加工项目,资金需求量 3600 万元;5 万吨电解铅项目,资金需求量 3 亿元;磷钾矿综合开发项目,资金需求量 8500 万元;菱镁矿系列产品开发项目,资金需求量 2820 万元;电石生产项目,资金需求量 2 亿元;无蒜味大蒜素系列食品生产线,资金需求量 4000 万元(《汉源县基本概况和请求支援的经济合作项目情况》)。受援县市也强烈希望支援省市帮助发展旅游、商贸设施,形成新的产业增长点。

另一方面,四川省也告诫受援方政府不能"狮子大张口"、盲目提要求。四川省领导发表讲话:

> 个别地方要纠正上报项目投资太大、不实事求是的倾向,有的县提出要建县级医院,预算资金报了好几个亿。这种"狮子大张口",支援方感觉很难接受,项目难以落实,同时还影响其他支援项目的开工建设,影响四川省的整体形象。(蒋巨峰,2008)

但从受援县市提出的诸多援建需求中看,援建资金多多益善,援建项目数量要多、起点要高、设施要先进的倾向是带有共性的,如汶川县领导在接受采访时说:

> 我们跟广东这边协调,希望超过 1‰财政援建的范围。就是再多要一点钱,然后再向省里、州里要一些。(《瞭望东方周刊》,2009)

而《汶川县灾后恢复重建接受对口支援初步实施意见》中载明的请求广东省援建的项目,总体规模和金额达到了 229 亿元(如表 5-4 所示),与广东省承担的支援任务相比,高出了近 150 亿元。

表 5-4　汶川县请求广东省对口支援项目金额情况　　　　　　单位:亿元

援建类别	资金需求	援建类别	资金需求
住房	65	教育	12.8897
市政商贸流通	52.55	卫生	2.4404
交通	11.861	文化体育	10.2429
农业农村基础设施	14.006	广电	0.8275
工业园	13.4	社会保障	0.23
农业	8.181	后续项目	38.25
小计			229.8785

数据来源:汶川县政府. 汶川县灾后重建接受对口支援实施意见. 汶川县人民政府网站 http://www.wenchuan.gov.cn/p/st_news_items_i_x634086674948437625/

2.争取更多的援建话语权

四川省提出的受援指导方针是"自力更生与接受外来援助相结合,以受援县市为主,主动提出援建需求及建设思路,不等不靠不要,避免出现对口支援省市全部包揽重建工作,代替受援方决策的一边倒局面"(蒋巨峰,2010)。政策执行中受援方政府在自力更生与外来援助的消长上有一定的矛盾心态。一方面受援方政府力图掌握规划编制的主动权,将本级政府的重建意图写入灾后重建的执行规划中。重建中规划由谁做,怎么做相当重要,掌握了规划设计的话语权对于选择建设单位、安排分配资金项目等后续政策安排有显著的影响。受援方还对工程立项、可行性报告评估、土地划拨、招投标条件、施工许可证照手续、工程建设七通一平、工程建设标准、建设规模、装饰装修标准、功能定位制定了规程,希望更多地参与援建工作管理。图 5-1 通过项目生命周期图示来反映受援方的政策态度。

图 5-1　受援方对援建项目的管理期望示意图

受援县市还向支援省市提出要求,希望将部分援建资金和项目划拨给受援方,以"交支票"、"合作共建"的形式来完成项目。整个援建中"交支票"项目数量达到了 1991 个,合作共建项目 234 个。受援方也要求支援方的施工项目在支援省市和灾区当地同时招标,建筑工程项目多从灾区当地招募劳动力等。

另一方面,受援方政府会进行权衡,倾向于将资源要求高、推进难度大、上级考核严、涉及群众利益多的援建工程托付给经济资源和行政能力强过一筹的支援方政府,去啃"硬骨头"。如浩大的灾后住房重建工程,据估计,城镇区域住房的受损面积有 2.26 亿平方米,需要重建 97.8 万户、加固 113.75 万户,按照建设部等三部委提出的《关于汶川地震灾区城镇居民住房重建的指导意见》,住房重建的方式包括安居房、廉租房、商品房、居民自建房。在建设主体方面,安居房、廉租房等循惯例由灾区当地政府组织建设,政府可采取招投标等方式选择房地产开发企业建设安居房,政府可自行投资集中建设廉租住房,也可以要求经济适用住房和普通商品住房建设项目中配建廉租住房。受援方政府要在短时间内寻找到有意愿、有资质、有实力、有信誉的承建方,有着很大的难度。中央对口支援方案中要求支援省市帮助建设和修复城乡居民住房,因此受援方政府转向期望支援方政府来承担此项工程建设。最终商定的结果是支援省市负责建设安居房和廉租房,不参与其他户型、价位的普通商品房开发建设。在基础设施建设方面,受援方政府提请支援方承建的大型工程、关键项目也比较多。如广东省援建了汶川县规模最大的建筑——汶川一中,吉林省负责打通黑水县省道 302 线垭口山隧道。在北川新县城建设中,绵阳市、北川县两级政府共同参加的北川新县城工程建设指挥部向山东省援川办提出要求,希望将北川新县城部分自建项目委托给山东省承建。

3. 希望对口支援能服务于灾区长期发展战略

受灾地区原定的发展战略中有两个方面值得注意。

(1)完成"十一五"规划任务的愿望

2006 年四川省确定的"十一五"规划目标是国内生产总值年均增速在 9%左右,到"十一五"末期国内生产总值达到超过 12000 亿元,人均国内生产总值14000 元以上。2006—2007 年规划执行情况良好,国内生产总值增速分别达到了 13.5%、14.5%,国内生产总值也在 2007 年首度突破了 1 万亿元大关。而2008 年的汶川大地震造成了巨大的损失,在地震直接经济损失 8451 亿元中,四川省的损失额占到了 91.3%(史培军,2008)。四川省 2008 年 5 月、6 月的经济出现负增长,主要经济指标明显回落,受灾严重地区的经济社会发展情况更不乐观。四川省人民政府决定对"十一五"规划主要发展指标不作调整,而是通过年度计划进行细化和完善,因而对受灾严重的地区而言,灾后重建的首要任务是保证"十一五"规划能够如期实现。四川省和受援县市政府看重对口支援能够直接促进城镇化进程和提升社会主义新农村建设水平这两方面的功能。在城镇化方面,截至 2007 年,四川省城镇化率为 35.6%,在全国处于落后地位。四川省的计划是在 2015 年达到 48%,接近全国水平。城镇化牵涉到基础设施、公共服务设施配套、社会保障、农业人口转移就业等多个方面,其中硬件建设的难度最大,而对口支援的建设重点在交通、通讯、供水、供电基础设施,医疗、卫生、教育、文化等公共服务设施方面,形成了一种替代性投入。在新农村建设方面,对口支援准备在农房重建、供水、电力、水利、道路、垃圾处理、环境整治、学校、卫生院、福利机构、集镇商贸设施等方面加以投入,对于整治村容村貌、完善设施、提高防灾水平上能够发挥显著的作用。因而,灾区政府希望借助对口支援的机会,帮助灾区提升城镇化率、促进新农村建设,亦使得当地政府可以更专注地去冲击 GDP 方面的指标,以确保在"十一五"规划完成情况考核中不处于落后。

(2)扶贫开发和少数民族地区的发展战略

此次地震灾区中,黑水县是国家级贫困县,北川、平武、汉源、青川、剑阁、小金、茂县、松潘等县曾经或仍属于省定贫困县,不少县同时是革命老区。根据四川省的统计,地震灾区39个极重灾县、重灾县有2516个贫困村,一般受灾县有5810个贫困村。在个体方面,国家认定的四川省贫困人口约500万,地震后全省贫困人口与上年相比增加了22.34万(胡彦殊等,2011),还出现了新的困难群体,包括主要劳动力遇难和伤残家庭、新出现的"三孤"、因灾失地失业农民、因灾致贫学生、偿还农房重建贷款困难农户、需继续接受医疗救治的地震伤员、需康复的残疾人。四川省委、省政府下发了《关于促进汶川地震灾区扶贫帮困的意见》,编制了《地震灾区贫困村灾后扶贫总体规划》,提出到2020年要基本消除此类贫困现象。灾区各级政府希望以对口支援为契机,多引入外来资源来完善贫困地区的基础设施以改善投资环境,通过农产、矿产资源的推介吸引外地客商前来投资,通过旅游开发、劳动力输出等手段来丰富贫困地区居民的收入来源,通过技术支持、劳动力培训来弥补经济发展的人力资源短板,建成一批小康村、社会主义新农村示范点。地震灾区中包括了藏族、羌族等少数民族聚居区,近年来针对少数民族聚居的阿坝等地区,四川省推出了《四川省"十二五"旅游业发展规划》、《四川省民族地区教育发展十年行动计划(2011—2020年)》、《四川省藏区扶贫开发规划(2011—2015年)》,提出优先安排少数民族地区上马国家投资项目,支持少数民族地区壮大特色优势产业,建设民族地区农村寄宿制学校建设工程、农村中小学现代远程教育工程、民族地区基层卫生保障工程、乡乡通公路工程、行政村通广播电视工程、游牧民定居点建设工程等。地震的破坏影响了这些安排的如期实现,因而,四川省方面期望对口支援省市在制定对口支援方案时将这些已启动的计划吸纳进去,利用援建资金和技术帮助受援方实现这些设想。

上一章笔者分析了支援方政府对受援方政府的政策期望,结合本章的分析,支援省市和受援县之间的政策期望能够形成呼应。通过记者记录的2009年初广东省广州市援建工作组与汶川县级威州镇召开的一场联席会议,我们可以直观地看到双方政府的政策期望交会的情况。

对话(1)

【支援方】广州市援建住房安全专责小组组长甘永佳:"我们开展城镇房屋安全鉴定,需要汶川县合作的是,街道的居民开门,带队入户,进行调查。因为县城有些居民住在都江堰,能不能尽快通知他们,明天之前把发下去的县城居民住宅登记表收上来?今天晚上我们又要从广州过来一个58个人的专业鉴定人员队伍,加上以前过来的共80多人,耽误一天都是很大的浪费。"

【受援方】威州镇党委书记傅剑:"带路没问题,安排了10个志愿者。"

汶川县委副书记张通荣:"一两万户居民,这几个人怎么够?每个社区至少要十几个人,把大学生都发动起来。"

汶川县委书记:"给你们三天时间,1月25日之前要看到房屋安全鉴定报告"。

【支援方】广州市援建住房安全专责小组组长甘永佳:"要讲客观,讲科学。可以提供一个统计数字,正式的报告恐怕出不来,数据要验算。"

【受援方】汶川县委副书记张通荣:"25日前必须要结果,不讲客观。"

对话(2)

【支援方】广州工作组工程协调部部长徐明贵:"援建项目招投标要公开发布信息到四川建设网上,挂网要求立项批文,阿坝州的批文提法不一致,必须更正过来才能挂网。"

【支援方】广州工作组组长李俊夫:"今天县发改委要发一个函给我们,把这个程序问题协调好。"

【受援方】汶川县委副书记张通荣:"我来签。县里能做的事情,不要总是请示州里面。"

【支援方】广州工作组工程协调部部长徐明贵:"明年建设需要大量的红砖和沙子。"

广州工作组组长李俊夫:"要注意价格问题,如果他们哄抬物价就有大麻烦了。"

【受援方】汶川县委副书记张通荣:"进行公开招标,允许汶川的三家企业参加。广州也允许三家参加,不能都是本地的,要限价。"

【受援方】汶川政府工作人员:"按照市场价?"

【支援方】广州市工作组组长李俊夫:"不能按照市场价,一定要有指导价。"

【受援方】汶川县委副书记张通荣:"县物价局要作指导价规定。"

对话(3)

【支援方】广州工作者工作人员:"汶川县第一小学、第二小学及幼儿园的工地还没有完成拆迁。"

【受援方】汶川建设局负责人:"二小那里还有36户人搬迁不下去。原来供销社的住房,给了他们钱,但是他们暂时还是找不到住的地方,找了一处,还需要加固才能搬进去。因为拆到哪里,就要安置到哪里。"

【支援方】广州工作组组长李俊夫:"汶川县委书记要求汶川学校重建要在 2009 年 8 月完工"。

【受援方】汶川县委副书记张通荣:"七天之内要拆完。必须完成,落实。"

【支援方】广东工作组工作人员:"松苑宾馆还没有拆,延误了工期。没有拆,我们怎么进行地质钻探啊?"

【受援方】汶川县委副书记张通荣:"说松苑宾馆没拆影响工期,不客观。"

【受援方】汶川县建设局负责人:"可以在大厅里面(钻)?"

【支援方】广州工作组工作人员:"在房子里面怎么钻!"

广州工作组组长李俊夫:"(你们)要给我们一个时间表。我们广州也会全力提供资料,为当地政府负责。"

【受援方】汶川县委副书记张通荣:"我们要全面投入,尽快拍板,确保不延误工期。"

(《瞭望东方周刊》,2009)

从上述实录中我们可以确证,支援方政府向受援方政府提出的一些政策期望,如对话(1)中包含的做好双方政府责任分工、受援方政府提供援建环境保障,对话(2)中包含的为支援方本省市企业争取优惠条件,对话(3)中则包含着一些双方政府在援建项目实施看法上的纠纷以及力图解决冲突的期望。这些讲话也比较集中地反映了广州支援方对于时间进度和效率的重视。

上述谈话也反映了受援方政府的政策诉求。在面向支援省市方面,在对话(2)中受援方显示出了对援建中沙石、红砖定价话语权的期望,对话(1)(3)则反映了受援方政府在很多援建工作上希望支援方政府尽力而为。从这些讲话上,我们可以看出受援方政府对援建程序和利益的重视。

从双方政府政策期望交互的结果看,支援方在援建政策中处于更为主动有利的地位,广州市援建工作组组长李俊夫说:

按照中央的政策,我们是在当地党委政府的领导下开展援建工作,我们是配角,他们是主角。但是当地政府很难做到,因为他们从来没有面对这么大规模的重建,忽然与一个现代化的城市合作,会感到力不从心。(《瞭望东方周刊》,2009)

双方的地位差异影响到双方期望的实现可能性大小和实现程度多少,进而影响到双方之间的协同深度以及可能产生的冲突激烈程度。由于政策内容的趋同性,这个案例中双方政府的相互关系模式也可以推衍到其他的对口支援结对关系中去。

三、受援方政府对受援地区民众的政策期望

灾区民众是地震最直接、最主要的受害者,援建牵涉到他们多方面的利益,但关于受援方政府对民众的政策态度的官方资料很少,只能借助一些研究和新闻媒体报道的线索加以间接地推理。灾区群众在灾后恢复重建与对口支援过程中,除了感恩与拥戴外,也涌现出不同的声音。在紧急安置阶段,灾区群众对救灾物资的分发问题、领取生活补助费问题、帐篷和临时板房占用耕地和分配问题、地震垮塌学校遇难学生的抚恤问题等存在较大的意见。在城镇住房重建推进过程中遇到棘手问题,比如北川县政府要求原住在老县城的居民签署财产处置方面的协议,将受损建筑及埋在废墟中的财产无偿转让给政府,以换取在新县城的安置房。由于老县城房屋产权情况较复杂,一些原先未办理房屋产权证的住户在有房户、无房户界定以及享受重建安置房相应补偿面积的问题上出现僵持。在农房重建中,有些灾区民众在每户受损或垮塌房屋的补偿标准、分户依据、宅基地置换与转让、自建与统建的方式选择、贷款条件等问题上与基层干部相持不下,在已建成的安置房分配原则、建房成本差价补交等方面也与政府出现分歧。在基础设施与公共服务设施、产业援建领域,灾区当地群众对于征地的补偿问题、失地后的社会保障问题、工矿企业搬迁后的就业问题、援建施工单位的用工倾向问题等向政府讨要说法。对此,四川省方面的看法是,灾后重建将面临社会矛盾多发期、过激期、高危期,涉灾信访尤其是涉房、涉地、涉校、涉法等方面信访数量将会增长,对社会局势稳定形成挑战(刘奇葆,2010)。在此背景下,受援方政府对民众的主要政策期望是服从对口支援大局,节制个人利益。具体表现为:

1. 希望民众协同受援方政府做好房屋拆迁、土地征用、工程建设等工作,保障援建进度

对口支援中各方政府都非常看重对口支援的进度和完工期限,而这些压力大部分被压到受援方政府身上。如重建用地问题,根据《汶川地震灾后恢复重建总体规划》,四川省重建将新增基础设施建设用地1.6万公顷、城镇建设用地2.3万公顷。这些用地中有相当一部分归属于对口支援工程建设,土地的来源主要是征用村集体建设土地、占用耕地、拆迁城镇单位、住房用地,这些任务都要由受援方承担。因而,受援方政府希望民众接受政府安排,腾让出土地,为援

建项目及时开工、按时竣工"让路"。援建项目施工也会对民众生产生活造成影响,比如为追赶工期,青川县城乔庄镇援建项目采取边腾挪板房、边进场施工的方法,3600套板房的民众需要在几天时间内全部搬离。而汶川水磨镇禅寿老街实施改造时,采取的是挨家挨户民居改造,不集体搬迁的做法,将重型施工机械直接开到居民住房周围,日夜施工,受援方政府希望民众能理解、配合,不延误援建施工进度。

2.希望民众执行政府的援建方案,减少对峙和信访事件的发生

援建中受援方政府对于民众找政府感到"头疼",比如紧急安置中,过渡安置板房的数量有限,板房区的生活设施不够完善,政府要安抚灾区民众,希望他们克服暂时生活困难。民房重建中,为了使农民接受统规统建、统规自建、合作建设等建设方式,确保如期开工、完工,政府要向民众施压督促。在统建房、安置房、廉租房分配上,政府要向民众解释说明建设成本、分配的程序和标准,说服民众理解居住方式变化等。受援方政府在推动对口支援方面采取了一些非常规措施,如农房重建中有些受援县市的基层干部驻村,由专人督促、"监视"重建进度慢的农户,将农房重建补助掌握在政府手中不直接发放给农民,要求民众限期搬出板房等,这些都引起了民众的不满。因而,受援方政府期望民众减少对援建工作的怀疑和向外界"爆料"、揭发检举。受援方也希望民众不要将支援省市和受援方政府的工作方式、工作绩效进行过度的对比,从而滋生出对受援方政府更强的不满意、不信任感。

3.希望民众通过各种方式解决生计,不要对重建和对口支援产生依赖心理

比如希望民众能够参与对口支援推出的农业技术推广、劳动力培训、农业产业化建设、就业帮扶等活动,希望民众爱护和配合政府运营好援建新增的公共服务设施、生产生活设施,减少损耗和维护的开销。

需要指出的是,作为基层政府的受援方政府,过往在民意疏导、民众满意度维护方面的表现参差不齐,在一些明星灾区,当地民众和政府之间就地震责任、援建政策诉求方面的立场差距很大。因而,不同受援方政府对当地民众的政策期望的重点和期望的强度、反馈性也存在着差距,影响着对口支援政策执行的整个过程。

第二节　受援地区民众的政策期望

一、受援地区民众政策期望的表达渠道

在汶川地震灾后重建的几年时间里,我们观察到受援地区民众的政治、政

策诉求主要有以下几个渠道出口。

1. 向上反映自身的诉求

灾区民众向上表达政策期望,被认可的渠道是序贯经过村(居)、镇、县政府各个职能部门,如果超越了这个层级,就会被认定为越级。作为基层自治组织的村集体(居委会),在救灾和重建中的权力大幅膨胀,村(居)委会干部负责全村(居)救济物资发放、损失认定、人口户数认定、困难户资格推荐权、建房方式建议和选择权、宅基地核定权、建房质量检查权、建房补助发放条件认定权、集体土地征用的谈判代表权等,他们充当着灾区民众的代言者和政策执行的"临门一脚"。因而,村级组织是灾民发表诉求的重要渠道。乡镇是最基层的政群组织,在灾后救援和安置阶段是最主要的执行者,有些乡镇还曾直接听命于中央、省一级政府调遣,显示出较好的动员力和执行力。乡镇对于本区域内对口支援的信息和政策尺度掌握得比较清楚,对口支援实施的乡镇基础设施、公共服务设施、安居房建设项目当中,支援省市的援建队伍是直接与乡镇打交道的,一些乡镇干部也谈到"手中管着几百万的重建资金,这在以前是想都不敢想的"。灾民意识到这一点,就选择向乡镇干部表达对口支援的看法和诉求。

而灾区民众向县一级及以上政府表达诉求,最可行的渠道就是信访。在整个重建和援建期间,涉灾信访令四川省各级政府承受了极大的压力,尤其是在一些维稳的关键时点,如北京奥运会、世博会、中央领导来灾区视察期间。通过信访,灾民虽然能够让一些政策诉求公开表达出来,但政策期望表达的成本及对灾区民众后续影响确实是不可忽视的。

灾区民众也会寻找机会,直接向支援方政府提出对于援建的政策诉求。佛山市援建工作组组长刘宏葆记录了一个故事:

> 汶川县水磨镇连山坡村村民程林祥和妻子刘志珍背着在地震中遇难的儿子走了五十里山路回家安葬一事,被《中国青年报》记者记录报道,为全国人民所知。事隔不久,程林祥的父亲又在家门口的山路上出车祸遇难。佛山援建工作组去程家慰问时询问有什么困难,他们提出帮助修路的要求。这条村内道路并未列入援建规划,佛山市工作组挤出 30 万元工程抢险经费,交由村民自主管理、自行施工,修出了1000 多米长的"佛缘路"。(林天宏等,2008;刘宏葆,2011)

灾区民众直接向支援省市反映政策并不完全是冲着援建资源而来,另一种动因是民众对灾区当地政府缺乏信任、满意度下降,而支援省市政府在民众心目中有着"青天"式的好印象,这两者共同决定了民众表达政策诉求的对象选择。

2. 通过媒体表达政策期望

媒体对灾区民众的报道,关注的多为灾区民众自力更生重建家园以及民众生活状况变化等方面,关于民众对重建援建政策的态度、立场、诉求则涉足不深。2010年5月,香港《明报》报道了《豆腐渣工程再现北川重建房》,《南风窗》杂志刊发了两篇关于灾后重建民生的报道,分别是《地震重建房质量问题如何终结?》《北川重建民居质量争议》,这些采访揭露了灾区住房重建中出现的一些质量个案,并忠实地记录了灾区民众的诉求,如:

> 薛天文说,我们的房屋从2009年6月开始盖,差不多一年了,不但没有盖好,而且还出现了质量问题,我已经向村里、乡里反映,不要他们的所谓统建了,我要求把我集资的10万元还给我,把国家该给的补助发给我,然后让他们把房子拆掉,我自己按照规划图纸在原地重新盖,但是他们一直不同意我的意见,只愿意修补加固。(尹鸿伟,2010)

中央级媒体中国之声《央广新闻》报道了甘肃文县将8000万元产业重建资金变成借款的事件,并采访记录了当地企业对于重建援建的诉求。中央级媒体《人民日报》刊发了《"震后三年四川地震灾民仍住帐篷"说法不实》,澄清了什邡市少数涉及水库移民的居民真实住房状况的传言,但同时也让外界知道了这批居民对于政府重建工程项目安排的看法。灾区民众对媒体的采访报道表现出热切的期盼,甚至表示愿意凑钱帮助记者将当地的情况"反映上去"。因而,媒体的报道虽然多为个案、局部性事件,但其中呈现出的民众诉求是实实在在的。

3. 通过非营利组织、志愿者、研究者的渠道向外传达期望

地震发生后,很多非营利组织、志愿者进入灾区参与救援和重建,形成蔚为可观的公益效应,非营利组织及志愿者与灾区民众有广泛的接触,他们的工作方式、服务重点非常贴近民众,民众也敢于、乐于向他们倾诉诉求,争取支持和认同,因而他们能够获取并通过自身的渠道来传达民众的声音。如2008年11月,北京师范大学、香港大学征得德阳市政府支持,在绵竹市剑南镇板房区建成剑南社区服务中心作为直接提供社区服务的操作性平台。社工站长期坚守灾区,关注灾民的生活状况,培育其重建能力。广东省、上海市在援建过程中也采取了政府购买服务的方式,派遣社工队伍到灾区倾听、疏导、帮扶灾区民众,还有一些民间志愿人士在灾区走访调查,记录灾民的真实心声,编写出了《灾区行》等写实性读本,这些渠道收集到的灾民期望通过出版刊物、行业论坛、网络

等途径传播,使外界知晓了灾区民众的感受和愿望。

国内外学术机构针对地震的应急救援、灾后恢复倾注了大量的精力,他们当中的有些研究本着服务于灾区民众、服务于公共政策的宗旨开展,收集、整理了大量的灾区民众在应对灾害、恢复重建中的信息,其中也包含着灾区民众的政策诉求。北京师范大学的研究团队在地震救援伊始就进入灾区,针对灾民开展了大量的访谈、问卷调查,收集了灾民关于救灾物资分配、灾后生计变迁与恢复、灾后健康状况等方面的第一手资料。中国科学技术发展战略研究院开展了"汶川地震灾区居民需求快速调查"、"汶川地震灾区重建恢复情况跟踪调查"等,这些学术成果中凝炼了灾区民众的真实政策诉求,使政府、社会增加了了解这方面信息的可靠渠道。

4. 通过群体性行为提出政策主张

在政治学视野中,群体性事件是一种"对抗的政治",解释它的成因的理论包括"利益结构失衡论"、"制度供给不足论"、"心理落差论"等(唐伟,2009)。利益结构论对当下的中国群体性事件较有解释力,灾后恢复重建作为一种制度安排,需要设计好关联主体的利益结构,并保持较高的均衡。如果参与其中的一些主体的被剥夺感和挫折感不断积累,就会造成对政策的不满,进而自发行动起来,形成社会抗议和社会冲突的根源。灾后重建涉及的利益复杂,各级政府及工作人员的政策执行能力、公共关系协调能力、危机处理意识存在短板,很难避免群体性事件的发生。出于维护良好援建环境的需要,国内的正式信息渠道对群体性事件披露得很少,我们从港台研究者的文献以及网络途径获得一些线索。例如 2009 年 10 月间,什邡市洛水镇板房安置区居民曾经因为住房分配的谣言而聚集在镇政府周围不肯离去。2009 年 2 月底,绵阳市安县宝林镇民众不满地震补贴款疑被挪用而发动堵路抗议,并与派出所民警发生争执。2010 年 6 月底,绵竹八角井镇数千灾民质疑东方汽轮机厂赔补款项分配问题,造成了成绵高速公路堵塞(林宗弘,2012)。在网络论坛上,也有关于北川电力公司职工、绵竹清平磷矿职工围绕灾后重建的房屋价格和分配援助而采取抗议行动的报道。

这些群体性事件更多地表现为利益之争,与所谓的社会权力、民众自主无关。参与群体性事件的灾区民众所提出的经济诉求、行政诉求并不都是针对对口支援政策,但是与受援县市整个重建活动密不可分的对口支援会成为事件的压力载体,也可能成为灾区民众诉求的参照系。如一些事件中灾民关注的安置房即由援建方负责建设,一些住房重建补助款的源头也来自于支援省市,而在一些场合流传着类似的言论,即对口支援省市援建的项目质量好、规模大,而灾区政府自行组织重建的项目则信不过。因而,表面上和对口支援活动没有直接关联的群体性事件中挟带的灾区民众的政策期望亦对对口支援政策的执行产生影响。

二、受援地区民众对各方政府的政策期望

灾区民众对于各方政府期望的核心是重建援建政策的制定和执行过程中能充分照顾他们的利益，也担心在政策过程中被边缘化。具体的期望内容有：

1. 全面、长期、公平地享受援助

灾害暴露出社会的脆弱性，灾区民众在地震中损失惨重，希望得到全面的援助诉求是普遍性的。概括地说，受灾民众希望有房住、有衣穿、有学上、有工做、有医就，生活能恢复和超过灾前的水平。也有研究者将其归类为基本生活需求、住房修建需求、就业生产需求、公共服务需求、伤残救助需求、心理疏导需求（陈升等，2009）。中央、四川省、各支援省市、社会公众在紧急救援中的政策宣誓和强力援助行动给灾区民众带来了深刻印象。在恢复重建和对口援建中，灾区群众乐于这种援助模式和力度能够延续下去。具体的表现为：

（1）希望能够获得充足的资金、物资援助以及灾害损失的各类补贴、补偿

遭遇灾难沉重打击的灾区居民对于政府补贴的期望值是非常高的，希望补助的类型丰富，补贴时间长、金额多。根据《汶川地震灾后居民需求快速调查》的数据，受访的失去住房农民大多希望政府直接发放高档次的重建永久性住房补贴，其中希望获得每户 8 万元以上补贴的占 40.7％，希望获得 5 万元以上补贴的占了 25.3％，期望补贴数额在 3 万元以下的占 20.8％、2 万元以下的占11.0％、1 万元以下的仅占 2.2％（王奋宇等，2009）。灾民期望得到的物资和资金援助中，有些是以对口支援资金为来源，如农房重建、加固补助，生活物资补助；有些由对口支援各方政府来负责实施的，如帮助建房、特殊党费建设工程。因此，我们可以将灾民对重建的需求和对对口支援的需求同等看待。平素灾区居民的政治参与度较低，但在涉及援建物资分配多寡和能否从援建中受惠时，灾区民众的表现变得活跃。一方面，民众普遍对补助的种类、补助的规模、获得补助的条件、不同人群间及不同区域间补助的标准方面比较关心，希望得到详细的信息，为此民众间互相打听，或者到村、乡、县级政府和对口支援指挥部去询问。另一方面，灾区民众也希望了解物资、补助的发放程序和过程，希望能够对负责该工作的灾区基层政府进行监督，对发放补助中的不合法行为加以追惩。在认为物资、补助分配不符合自身期望时，有些灾区民众会去交涉、请愿，也有少数民众认为不能得罪村乡干部，免得以后"被整"而采取沉默。需要指出的是，灾区民众对于中央、受援方政府、支援方政府的诉求重点有所不同。根据一些灾后重建调查数据，灾区民众对中央政府的满意度最高，对四川省人民政府的满意度次之，而对于当地政府的满意度最低，而且随着时间推移，对基层政

府的满意度呈下降趋势(王奋宇等,2009)。关于灾区民众对支援方政府的满意度测度,笔者没有查阅到具体的研究结果,但从对口支援的舆论环境和在灾区调查走访时的自身感受来看,灾区民众虽对支援省市政府的活动了解不多,但满意度比较高。满意度中包含着信任的成分,灾民对于当地政府不满意的重要诱因是对受援方能否公平地分配援建资源抱有疑问,而越是不满意,灾区民众就越会密切关注受援方政府的举动,也会发出更多的政策批评声音。而对支援方政府而言,在物资分配公平性问题上则不必面临灾区民众的特别压力,而在援助物资的充分性方面,援助省市之间、援助省市内部各城市之间则面对着灾区民众的期盼和检视。

(2)希望援建的基础设施、公共服务设施、住房能够比灾前更安全、更完善

中国已经逐步进入民生发展时代,提升民生水平、拓展民生内涵、扩大民生空间、提升民生质量成为全社会关注的话题(赵凌云,2011)。接受对口支援的四川省18个受援县市以及陕甘灾区由于经济实力的限制,在民生方面的投入较少,特别是农村地区的道路、供水、供气、学校、医疗卫生设施方面的"欠账"很多。地震中这些地区的一些基础设施、公共服务设施被严重损毁,不但造成了重大伤亡,也丧失了服务功能。灾区民众对这方面的怨言极强。因而,规划这些设施的重建时,灾区民众有着强烈诉求。他们盼望这些设施能够坚固、安全,未来再发生灾害时这些设施不至于脆弱到频频夺人性命,也能为人们提供避难场所;希望这些设施更为舒适、便捷、卫生,使民众的生活质量跨上新台阶。同时,灾区民众了解到援助的义务性、无偿性,因而不太考虑经济方面的因素,而更看重这些设施是否"巴适"。灾区民众的希望存在梯度,身处乡镇的灾区民众希望新建设施能够和县城的设施水平相近,而生活在县城范围内的民众则希望新建设施能够和比较发达的县市甚至和地级市的设施水平看齐。民众的总体看法和政府规划的缩小城乡差距、地域差距的大方向相吻合。同时,灾区群众的分配公平意识也在援建需求中体现出来,如希望本地也能兴建其他地方上马的设施,希望本地的支援省市的建设标准、档次不低于其他支援省市。

但是,上述设施的援建也存在"与民争利"的现象。在汶川,规划中的都汶高速公路的兴建、水磨镇老街风貌的改造使得刚刚完成重建的居民住宅面临再次拆迁。什邡、北川等地由于水库兴修和堰塞湖治理,使得周边的民众无法建设永久性住宅。被卷入这些事件中的民众面临艰难的选择和未确定的生活前景,很难用单一的立场去表达他们的政策期望。

受援地区的居民住房是对口支援中牵涉面最广、关切度最深的问题。灾区民众在住房方面的政策期望相当复杂,在下文中将专门加以讨论。

(3)希望收入和就业能够快速恢复提高

　　灾后恢复重建秉承的是投资拉动型路径,通过中央、地方政府、社会资本的密集投入,刺激经济回到增长轨道。以四川为例,2007 年该省全社会固定资产投资规模为 5842 亿元,2008 年灾后重建启动后达到 7587 亿元。2009—2011 年是灾后重建不断升温的时期,固定资产投资规模逐年攀升到 12020 亿元、13581 亿元、15141 亿元,五年中增长了 3 倍。从固定资产投资的强度上看,2007 年四川省国内生产总值 1 万亿元做比较,当年的固定资产投资规模约为 GNP 的 56%,而 2011 年这一比例则上升到了 75%,比同期全国固定资产投资水平高出近 10 个百分点。过去偏于一隅、获得投资机会较少的灾区如阿坝地区,这几年的投资力度前所未有,据统计,阿坝全州获得了 6000 多个项目投资,投资超亿元的项目有 281 个。灾后 4 年的固定资产投资额是从建州到 2006 年的 53 年总和的 2.7 倍。在自治州内部,包括受援地区在内的 8 个重灾县最受青睐,固定资产投资规模比 4 年前增长 3.1 倍,而其余 5 个县的增幅为 2 倍左右(数据综合自全国、四川省、阿坝州《国民经济和社会发展统计公报》)。受援地区在接纳本省投资的同时,还接受了来自支援省市近 800 亿元的直接投资,同时支援省市当地企业赴受援县市投资意向金额达到 2800 亿元,一跃成为“投资高地”。在此背景下,受援方民众希望参与到重建和援建中,实现就业增收的愿望。如希望农产品、特色产品能够被介绍和引入到支援地区销售;希望从大量开工建设工程中找到人力、机械、原材料、配套服务方面的机会;希望得到支援方的帮助,实现工业、商业、养殖加工业早日复工复产,恢复原有工作;希望支援方企业到当地来投资,实现在家门口就业;希望从支援方技术援建中得到有效培训;希望通过支援方就业帮扶牵线促成到支援省市务工。有些灾区的民众将就业增收的愿望和住房重建结合起来,希望支援方帮助规划、设计的住房能够有经商的空间,或者开展“农家乐”营业项目。有些灾区的民间产业和资本则希望能够获得支援省市的资金、管理、市场开发支持,借助支援的时机撬开支援方市场。高“含金量”的对口支援不但对本地群众的就业有吸引力,还吸引周边的群众、产业过来寻找机会。

　　需要指出的是,对口支援热度的减退使灾区民众对从对口支援中获得增收机会充满着担忧。在笔者访谈中,一些从事服务业的灾区民众提到,“现在(指 2010 年)比 2008 年的时候人少了,生意差一些了”、“对口支援结束后生意就更不好做了”(《彭州市访谈笔记》)。那些家庭生计与对口支援政策密切相关的灾区民众无疑会期望对口支援带来的就业增收效益能够持续下去,也非常关注支援省市和受援县市能不能开展后续的合作。而与对口支援关系不很紧密的灾区民众的政策依赖心理就会弱于前者。

　　谈到此处,有必要触及关于这方面的不同观点,一些观察者发现,国家在帮助灾民建房的时候,灾民却在一边打麻将的现象。以及部分灾民戏谑的"地震之前打小麻将,地震之后打大麻将",提出要重视灾区民众对外来支援出现依赖的问题。依赖首先源于心理层面,中国科学院研究人员对什邡市洛水镇居民灾后的社会支持系统进行了测量,并与温州地区遭遇飓风后的情况对照,发现一方面灾区群众原来习惯的人情支持源受创严重,供给难以满足需要;另一方面,来自外界的政府、社会、社区等方面的社会支持蜂拥而来,将灾民们罗织其中。因而汶川地震灾区群众的人情支持分明显低于温州地区,而社会支持分则高于后者。从研究者绘制的灾区社会支持网络密度图可以看到,灾区民众的社会支持网络密度较小,群众寻求社会支持的范围比较大。在政府支持、民间近邻支持、外地支持等维度中,灾区群众更依赖于向政府寻求支持(辛玖岭等,2009),这种支持需求可能演化为依赖。其次,灾民的心理期望有着文化、经济、环境方面的诱因,灾区民众因灾损失的多少和灾后恢复的能力各异。以建房为例,有些灾民出于对余震、次生灾害的恐惧,以及建材、人工的价格迅速上涨,在选择建房时机上有自己的考虑,他们不希望重建的房屋再次受损,或者担心抢着建房会加大花费、因而会观望、等待政府出台可信赖的信息,这种情形不能视为依赖。而有些灾民则同政府形成博弈,希望政府能够加大补助力度,或者对政府包揽重建事务采取非对抗方式应付。另一些进入观察者视域的灾区民众对自我重建抱消极态度,甚至无谓耗费援助资源,造成了依赖局面。因此,在灾后重建的特殊环境下,上述行为表象背后有着心理、生理动因和经济、政策因素,需要慎重的判断。

(4)希望得到心理、文化、科技、教育等公共服务的软援助

对于灾区原先比较缺乏或水平不高的心理、文化、教育、科技等方面的公共服务,民众的需求比较强烈。支援省市及其援建人员给灾区带来一些观念、机制、技术上的冲击,加强了灾区民众此方面的期望。灾区民众希望支援省市、受援方政府在援建中规划并提供上述方面的公共产品与服务,重建援建的硬件达到相适应的水准。灾区民众也希望各方政府重视灾区乡土性、民族性的文化传承和推广,乃至形成有回报性的产业。在此有必要提及灾区民众对公益的愿望,紧急救灾和重建中涌现的公益暖流对灾区民众的支持是巨大的,建立了民众对公益的深厚好感。民众期望来自于社会、与政府关怀不同的公益活动能够在灾区生根发芽,并有不少民众加入社会化公益的行列。在援建过程中,有的公益性组织和政府联合,借助支援省市和受援方政府的协助来开展援助活动。如中国残联援建的北川中学由山东省负责建设,中国扶贫基金会开展的一些援助活动得到政府有关部门的认可,这种类型的公益事业实际上被各方政府整合到对口支援当中,成为政策成果的一部分。灾民关于这方面的期望也可以向政府表达。

2. 对援助保持一定的政治参与,抗衡政府包办

广义的政治参与是普通公民通过积极作为对公共政治生活及公共政策产

生直接或间接的影响。政策参与存在着不同的分层,与广东、厦门等地民众集体觉醒,反对政府在当地修建垃圾焚烧厂、高危险化工厂相比,灾区民众的政治参与还不活跃。由于对口支援政策出台的紧迫性和很高的政策层级,灾区民众难以参与到该政策的制定当中。因而,灾区民众诉求的基本面是对口支援政策具体规则的确立和执行中能充分照顾他们的利益,在接受政府领导参与援助的同时能够保持一些自主建设家园的诉求,而不是由政府全盘包办。

灾区民众的这种诉求在房屋重建问题上尤为突出。抗震救灾初期,中央领导在灾区视察时表示"要让灾民有房住、有衣穿",鼓舞了灾区民众,也提高了他们的政策期望。进入重建阶段后,中央和四川省人民政府依然十分重视灾区的民生问题,责成灾区当地政府将其列为"一把手工程"。中央和四川省出台了农房重建与城镇住房重建相关的政策,提出农房重建按照"政府组织、灾民自建、社会支持的原则,让受灾农民早日住上经济、适用、安全的永久性住房"。城镇住房重建按照"政府主导、市场运作、政策支持、群众自助原则,让受灾城镇居民早日住上安全、经济、适用、省地的住房"(《住房重建规划》)。这一政策的初衷是国家适当补贴与公私合作建设,但"一把手工程"的压力使得灾区政府对住房重建高度包揽起来。就灾民而言,首要的政策期望当然是各级政府能够尽力补偿和帮助他们重建住房,但由于巨灾保险的缺失和农村、城镇住房产权制度的差异,加之灾区住房、城乡住房所受的巨量损失,中央和灾区当地政府无力也无据承揽住房重建的全部责任,只能退而求其次。在无法得到政府全责援助的信息后,灾区民众的期望集中在安全性、经济性与适用性方面。

灾区民众对于安全性的政策诉求与各方政府的立场是接近的,灾民希望加固房屋和重建房屋时得到技术支持,希望非自建的房屋在严格的质量标准下建设。基于地震的痛苦经历,灾区民众更期望各级政府多关注、多约束房屋开发者的建房行为。在这种高度关注情绪下,灾区民众容易围绕房屋质量问题与外界发生冲突。如在一些村集体组织建设的农房中,民众根据经验和观察提出房屋建设偷工减料、有安全隐患,希望政府出面阻止,拆除不合格建筑。但有些个案中当地政府派员检测结果房屋质量是合格的,民众的诉求被回绝(《成都市调查笔记》)。此时民众的不信任感和集体行动感就会迸发,即质疑政府的检测结果,认为是官官相卫,并进一步反对村集体统一建房,认为建房被政府包办,少数人从中图利,要求退出并拿回自己的补贴款。相比之下,灾区民众对支援方政府建设房屋的信任度要高过当地政府,即支援省市方面"技术好,做事会认真一些,他们不想挨老百姓骂,也怕中央批评他们"(《安县访谈笔记》)。

在建房的经济性方面,灾区民众的反应最为激烈。如果单从修、建、购房花费与补贴水平的对比来看,补贴的力度并不大,更大份额的重建金额需要灾区民众自行设法解决,但关于补贴的政策举动却牵一发动全身。首先,民众普遍关心自身的住房重建被归于哪一种建房类型,能够得到政府的多少补贴。民众希望灾区当地政府在核定补贴标准时能够考虑到灾民的实际家庭情况、人口情况、损失程度,也希望在补贴享受上做到公正分配。民众对不同受援地区各方政府给予的补贴数额非常在意,除了羡慕享受高补贴地区的民众外,也怀疑本地政府是否侵占了可能属于自己的补贴。建房的另一个重要资金来源是贷款,少数民众因为家庭条件、过往信用记录等原因无法获得贷款,这部分群众会认为受到政府的刁难,进而希望向当地政府讨要说法。其次,民众希望建房补贴金额能及时、如数发到自己手中,但在农房重建中,灾区政府为了催促民众尽早建房,采用了按建房进度拨发建房补贴的方法,如旧房拆除时发放 30%,房屋封顶时发放 40%,搬离临时安置所入住新居时再发放剩余部分。还有些地方村的集体干部以统规统建的名义直接将应发放给民众的建房补助摊到集体建房成本中,使民众拿不到现金。在都江堰、彭州、崇州一些地方,由于城乡统筹政策的优惠和宅基地的流转,受灾民众可以免费享受人均 30 平方米的新建房,剩余面积则需补充差价,上述三种做法都不同程度地引发了老百姓对重建住房经济性的关注和疑虑。第一种情形中,有些群众认为统建的房子价格高,质量又不能保证,进而对自己参与统建房感到后悔,对村乡集体包办建房感到不满。第二种情形中,民众希望了解中央和支援省市提供的建房补助会不会被当地政府挪作他用,同时也对自己被剥夺了建房补贴的管理控制权感到不满。第三种情形应该是老百姓受惠最直接的,但在补交超面积房款时,灾区民众也有疑虑,他们希望了解房屋的建房成本,希望政府确定的售房价格比较低廉。

在建房的适用性方面,民众的期望具体而广泛。在农村地区,农户面临着加固还是拆除、选择心仪的房址、房屋结构和功能、今后生活需要、社区口碑、同类家庭之间的对比等方面的考虑。如有些居民希望新建房宜住宜商,有些希望为今后子女婚姻、人口增加预留空间,有些希望保持已有的生活习惯、"前坝后圈周边有菜地"。在自建房屋时,民众希望得到建房方面的技术指导,但部分民众对政府提出的房型设计方案褒贬不一。一部分地区的房屋被要求进行民族化、历史化的风貌改造并由政府给予补助,但民众对此不以为然,认为这是政府在搞面子工程,希望自主决定房屋的风貌,希望政府重视房屋功能的建设而不是风貌改造。对于统建的房屋,民众希望能够有完善的生活功能,但有些房屋基于集约用地的考虑没有设计院落,也没有建设牲畜用舍;有些房屋的户型及面积比较单调,距离民众的期望有一些差距,部分民众就认为统建房不如自主建房好,对政府硬性要求统规统建表示不满。

灾区民众是对口支援政策瞄准的对象,站在完美行政的角度看,对口支援的政策目标应该充分照应到灾区民众的期望,两者基本上是等同的。但从前述分析中我们看到,灾区民众的期望中有些部分高于或异于政策目标,有一些更属于不可能实现的部分,如获得长期、不间断的援助,由政府百分之百补偿。因而可以推论,对口支援政策执行欲满足灾区民众的所有期望是不现实的,民众的期望没有实现不必然代表政策目标未能实现。

第三节　小　结

在对口支援中,各方政策主体的政策期望表达渠道是多元的,政府作为主要的政策者,通过常规的会议、规章规则文本、政策检查以及非常规性的领导视察、会晤、挂职等渠道发出政策诉求。一些体制外力量也成为政府传达政策期望的媒介,如民意渠道、智库机构、媒体、学术研究者。在对口支援过程中,灾区民众一度成为各方关注的焦点,一方面,民众将政策期望直接反映给身边的支援方、受援方政府;另一方面,民众也通过媒体、非营利组织、学术研究机构来间接递送想法、诉求,甚至通过群体性事件来曝光诉求。

在研究中观察到各方政策主体的政策期望分布及内容情况,如图 5-2 所示。公共政策过程的时间空间延展性决定了各方主体的政策期望并不是只存在于对口支援政策酝酿和推出的初期,而是持续于整个援建过程。也可能并不局限于援建,而是横向扩展到整个灾后恢复重建,纵向扩展到中央和地方政府的关系处理、民众与政府的关系等宏大领域。

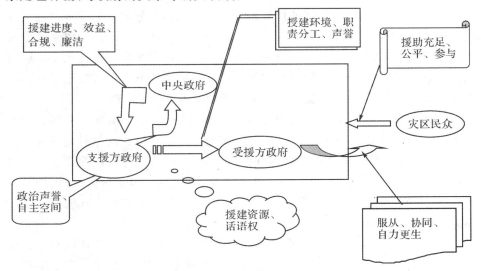

图 5-2　援建中各方政策期望示意图

　　通过上面的图示，我们形成的初步判断是，首先，中央的政策期望中蕴含着对口支援政策的主要政策目标，简而言之，就是以令人满意的力度、速度、效益进行对口支援，将支援的重心放在民生领域，同时保持援建的廉洁性。但中央对对口支援政策的期望中也可能存在超公共利益限度部分，需要我们进一步的分析。其次，支援省市和受援方的政策期望可以大致分为两个部分，一部分是契合中央政策期望的，另一部分是代表本方利益的。再次，灾区民众尽管未能充分参与对口支援政策的规划、酝酿，但他们的政策期望被有效地吸收到中央的政策决策之中，因而灾区民众的政策期望基本上转换为了政策目标。但由于个体的差异性和自上而下的制定政策，有一些灾区民众的高期望、个别性期望未被纳入政策目标。在此基础上，我们尝试对政策期望加以更全观的分析。

　　第一，上面讨论的政策期望是平面化的。事实上，根据迦卡·加塞罗提出的模糊期望、显性期望和隐性期望分类（张欢等，2008），任何一个主体的政策期望都是有层次区分的，其中的模糊期望是主体自身也无法清楚描述但又确切存在的期望。在回忆救灾过程时，有些乡村干部谈到，"灾民不知道该怎么办，能够想到的就只有找我们了"（阿建，2009），正是这种模糊期望的写照。受援方政府在追逐援建话语权的同时，对伴随着控制权而来的对口支援进度、质量要求亦表现出一定的焦虑，这同样是一种模糊的期望。

　　政策主体有意识、主动地表达的显性期望，存在着可以实现的期望（现实期望）和不可能实现的期望（非现实期望）的界限。对口支援中双方政府、民众的期望中都存在着非现实的层面，受援方政府希望援建一举实现过去想干却干不了的政策蓝图，民众希望能够仰仗外来的支援有如彩票的效应。随着对口支援的推进，政策主体会逐渐确认一部分诉求更接近于不现实的期望，如受援方对援助金额和权力的过度索求，中央冀望援建中违纪违规现象的低发生率。同时也会有新的不现实期望出现或加强，如中央期望加快地方政府援建进度的同时不破坏重建规划的权威，支援方政府希望斩断受援方政府对援建的依赖性等。

　　隐性期望是非常明确的、没有必要给予描述的、一定会实现的期望。这些期望被网络关系中的主体视为理所当然，如支援方在对口支援项目建设方的选择中最信任也最优先考虑的当属本省市企业，而受援方在考虑援建资金投向领域、项目与灾后恢复重建全盘任务，最早想到、最快拍板的是如何用多、用足支援方所能提供的资源和优惠政策。如果这样的期望不能被满足，那政策主体的不满意程度是可想而知的。

　　第二，讨论政策期望还必须结合非常态化的政策制定、执行环境和各方政策主体的特质。作为对口支援政策主要制定者的中央政府，尽管在政策制定初期锁定了主要期望，但这种吻合是概括性的、原则性的，而非针对性的。如果政策制定者和政策执行者之间缺乏长效沟通机制，顶层就无法得到政策执行底层的反馈信息，难以把政策调整到精细化。作为主要执行者的支援方、受援方政府，面对概括的政策需要自由裁量、实现政策的操作化，援建进度的紧迫使政府只部分地顾虑灾区民众的反应，主要以自己擅长的方式，根据自己的期望来执行政策，甚至变通或者扭曲政策。灾区民众的期望与其自身处境相关，根据脆弱性理论，越是弱势群体，抵御灾害的能力和恢复难度也越大，而且他们更缺乏利益诉求的表达渠道，政策制定者和执行者难以知晓他们的高度政策期望。但是，任何援助政策带给民众的都只能是有限利益，在那些受灾严重的群体眼里，对口支援政策的设计可能不够好，即使百分之百地得到执行也难以满足他们的期望。而对于受灾不太严重的群体而言，对口支援政策制定和执行则可能达到了他们的期望，赢得了他们的满意。

　　第三，各方政策主体所抱有的政策期望与援建的内外部环境不完全适应，各方的政策期望中也有不一致的成分，如表5-5、表5-6所示，这些将考验对口支援政策的执行。

表 5-5　援助期望与外界因素关系

政策期望类型	期望的焦点	局限因素
中央—支援方 民众—政府	援助进度	自然环境、人为因素的阻碍
受援方—支援方 民众—政府	高额援助 长期援助	资源总量的限制 政策的阶段性
中央—支援方 受援方—支援方	义务援助	政治、经济利益的追求

表 5-6　政策主体之间的期望交叉

		政策期望的主体			
		中央	支援省市	受援方	民众
政策期望的受体	民众	服从大局，节制个人利益			——
	受援方	按照规划严格实施	权力、职责分配	——	享受充分援助、拒绝包办
	支援省市		——	争取援建资源、话语权	
	中央	——	援建中的自主行动空间		

对此，一方面，中央、支援方、受援方政府自觉或者被动地启动自我调整的再决策机制，导致对口支援的政策执行做出调整。在紧急安置阶段，四川省提出的板房援建需求很快就暴露出高昂的成本和占地、配套等问题使各方却步，参与板房援建的支援省市就提出自身的想法。如山东省临沂市认为，援建板房和重建砖木结构住房的成本相差不大，板房适用期限有限而且拆除后利用价值不大，最好是尽可能利用帐篷作为过渡居所，只将板房用于政府机关、医院等部门，把资金节省下来用于永久性住房建设，其他支援省市也应和这一动议，加上部分灾区群众就地取材，建设出简化的过渡性住所，结果促使中央和四川省对援建板房的政策踩刹车。根据四川省建设厅数据，原先提出需要援建 90 万套板房，后来调低为 62 万套。另一方面，各方的期望互相比对和竞争会形成对峙局面。推及政策执行阶段，各方政策主体，尤其是支援方与受援方，两者的政策期望无法同时得到实现，这种情境对对口支援以及灾后重建总体规划的相关政策目标的实现会造成影响。

第六章　对口支援政策执行模式分析

作为一个范围广、时间紧，牵涉人口、资源、环境、经济、社会等多个领域的庞大援助计划，对口支援政策的执行过程、执行方式、执行结果等与常规公共政策相比，有不一致的地方。由于汶川地震灾后重建对口支援是近期实施的，关于这方面的统计数据、研究资料还不充分，本部分在已有资料的基础上初步分析对口支援政策执行模式的问题。

第一节　对口支援政策执行过程

在讨论对口支援政策的执行模式之前，对政策执行过程加以探究是非常必要的。因为两年多的对口支援政策执行过程中包含了非常多的政策细节，"魔鬼藏在细节中"，正是这些细节积聚起来并最终决定了政策模式的走向。以中长时段的眼光来看，汶川地震灾后重建对口支援政策的源头即地震发生后的紧急救援，整个政策过程分为五个阶段，这一时段内对口支援政策的发展和调整情况如下：

一、第一阶段

2008年5月12日至2008年5月19日，各省市在国务院及各部委组织下参与紧急救援。

这一阶段的政策执行过程是以天为单位变化的。2008年5月12日14时汶川大地震发生后，中央层面通过国务院抗震救灾总指挥部统一指挥，要求各省市调派医疗人员赶赴灾区。国家地震局依照《国家地震应急预案》规定启动了Ⅰ级响应，调集四川、甘肃、陕西、重庆、湖北、云南、青海省等省现场应急工作队赴灾区开展应急工作。国家减灾委根据《国家自然灾害救助应急预案》规定于15时启动了Ⅱ级响应。当天22点，国家减灾委将相应级别提升至Ⅰ级响应。全国各地的1030支医疗队、282支疾病控制队（含军队方面）、消防、武警、特警部队奉命进入灾区，参与搜救被困群众、救治伤员、防控疫情、抢修基础设施。当时各省市在灾区的救援工作是分散开展的,如都江堰市就有来自上海、重庆、山西、安徽、河北等五省市的救援队和医疗队,而广东省方面派出的公安、边防、消防、武警、医疗、建设、水利、地质、地震等各类专业救援队 6108 人,分散在德阳、阿坝、成都、绵阳等地。在后方,各省市发动各界向灾区捐款,筹集、调运帐篷、药品、救援器械等救灾物资。这一阶段由中央直接决策,通过各部委来实施"条状"管理,各省市主要按中央指令开展救援工作,同时也照应到实际灾情和灾区政府的请求来确定和调整援助的重点,援助省市和灾区之间形成临时性的"多对一"、"多对多"援助关系,援助省和灾区之间的正式的协作机制还未形成。

二、第二阶段

2008 年 5 月 19 日至 2008 年 6 月 18 日,从围绕紧急安置开展小规模的协作到正式确定对口支援。

5 月 19 日,中央确定汶川地震灾区的主要工作转为安置受灾群众,解决安置住房和保障群众基本生活。为了充实安置和重建的资源和人力,将前期救灾中各省市的职能、职责正式化,国务院各部委陆续制定了本系统内的对口支援制度安排。首先拿出政策方案的是民政部,民政部于 5 月 22 日向各省市民政厅局下发了紧急通知,要求各地和地震灾区结成援助对子,由 21 个省市分别对口支援四川省的一个重灾县。支援省市要首先解决灾区急需的帐篷、棉被、衣物、食品、饮用水以及灶具、床等生活物品的需求。在此基础上还要考虑灾区民房的恢复重建需求,在制定城市和村镇规划、工程建设等方面给予技术和资金支持。民政部的通知中谈到的对口支援不仅仅是短期救灾行为,要坚持到底。民政部的政策首倡,奠定了政府间对口支援的基本框架,但由于职权等原因,民政部没有规定对口支援的期限和援助金额等要害性问题。

5 月中下旬国务院抗震救灾总指挥部决定为灾区 1400 万被转移的受灾民众提供救灾帐篷、建造过渡安置板房、配备临时性公共服务设施。由于这些设施的数量巨大,交工期紧迫,指挥部指定民政部将帐篷和篷布房材料的生产供应任务分解到 14 个省(市)的 75 家生产企业,住房和城乡建设部将活动板房的生产供应任务分解到 20 个省(市)。除了上述任务外,各省市也接到了收治地震受伤人员和学生异地就学的任务,各省市赴灾区的医疗队、卫生防疫队、抢险施工队、警力等继续在灾区服务。为确保板房建设的顺利,国务院抗震救灾总指挥部的一个重要部署是要求各对口支援省市和接受支援的省、市、县、乡建立专门的指挥协调工作班子,专司活动板房建设工作,并提出临时住所对口支援工作中要边实践边总结,探索沟通、协调、对接机制,为灾后重建进行全面对口支援积累经验。接到任务后,各个省市纷纷成立了临时安置房工作组、联络组、先遣队赴灾区与当地政府直接磋商活动板房设计样式、运输装卸、施工选址等问题,各省市卫生、教育部门亦同灾区政府商谈转运接收人员事宜。由于每个省市承担的板房援建任务并不局限在一个灾区县市,如广东省临时板房建设分布在汶川、德阳、青川、大邑县,山东省则在北川、三台、梓潼、盐亭同时开展板房援建,各省市还处在"一对多"、"多对一"的帮扶网络当中,这与民政部政策方案中一省支援一受灾县的设想还不尽相同。但和地震发生初期的救援相比,在"抗震救灾总指挥部—中央部委—各省市"这条决策通道之外,"各省市—四川省人民政府—灾区政府"以及"各省市—灾区政府"这两条执行通道的活动内容更为活跃,各省市与灾区各级政府之间的联系方式也开始正规化和相对固定化。以各省市为主角,直接参与灾区重建问题的决策和执行,中央部委退居其后的格局已经慢慢确定。

在援助政策执行中形势相应发生了一定的变化。首先是对汶川地震受灾情况的进一步清晰化,各种情报表明地震灾区特别是极重灾区除了遭受重大的人员、财产损失外,灾区政府的干部资源、政策执行能力也被严重削弱,难以承担起救灾、重建的繁重任务,而随着紧急救援进入尾声,投入到灾区的十几万解放军、武警部队也正准备撤出,灾区需要的不仅仅是资金、物资支援,还需要强大的政治、行政援助。其次是中央对灾区重建筹划的逐步成型,明确了重建不仅仅是恢复到灾前面貌,而是要着力解决好民生问题和灾区的长远发展问题,需要在发展观念、发展模式上实现跨越,需要将外部发展经验,特别是东部发达地区抓经济发展、抓民生改善的好的经验做法引入灾区。经过政策酝酿和方案优化,2008 年 6 月 18 日,《汶川地震灾后恢复重建对口支援方案》出台,与前期的各部委尤其是民政部的对口支援方案蓝本相比,在援助主体、援助内容上有了一些新的变化。

首先,在援助结对关系上进行了一定幅度的调整,根据对灾情、损失的统计(见表 6-1)和四川省方面的意见,最终确定将地震的 10 个极重灾区,以及 41 个重灾区中的江油、理县、松潘、小金、黑水、崇州、剑阁、汉源、甘肃灾区、陕西灾区挑选出来作为受援对象,让郫县、大邑县、宝兴县、温江区退出对口支援范围。这是综合考虑这些地区的地理位置、损失情况、原有的发展基础、今后的发展条件,并兼顾少数民族聚居地区、革命老区、贫困地区等因素而最终作出的决策。如有些县市受灾程度比预期要轻,或地理位置、灾情损失、恢复重建难度上比预想的要小,于是没有被列入对口支援名单。

表 6-1　受援县市地震灾害损失情况

地区	死亡人数	失踪人数	受伤人数	经济损失（亿元）
北川	15645	不详	9693	585
汶川	15938	8243	34583	643
青川	4687	136	15453	500
绵竹	6805	不详	31567	1423
什邡	3546	不详	31978	889
都江堰	3069	不详	4388	500
平武	1546	不详	32145	348
安县	1571	不详	13476	430
江油	359	不详	9483	592
彭州	952	不详	5770	273
茂县	3122	2223	8183	262
理县	103	25	1612	247
黑水	13	3	77	47
松潘	20	14	22	34
小金	18	30	22	138
汉源	23	不详	506	53.8
崇州	不详	不详	不详	77
剑阁	15	不详	559	203

注:成都市温江区因灾死亡 7 人,受伤 15 人,在地震后工业、旅游业恢复较快,未被列入汶川地震重灾区名录。郫县因灾死亡 19 人,失踪 17 人,受伤 267 人,直接经济损失 15.64 亿元。宝兴县地震直接经济损失约 20 亿元。大邑县因灾死亡 13 人,轻重伤 436 人,直接经济损失 53 亿元。

数据来源:作者根据四川省人民政府办公厅四川灾后重建网刊登信息自行整理,见 http://www.sczhcjw.cn/

　　其次,对结对关系作了调整。一方面,考虑到广西、海南、内蒙古三省区的实际情况,没有继续安排对口支援任务。另一方面,将湖南省改为援助理县(民政部安排的援助对象是彭州)、福建省改为援助彭州(原为理县)、山西省改为援助茂县(原为郫县)、黑龙江省改为援助剑阁(原为温江)、河北改为援建平武(原为崇州),吉林省改为援助黑水(原为平武)、天津改为援建陕西灾区(原为甘南)。调整依据之一是各省市的财政收入,经济实力排在全国前列的广东、山东、江苏等省分别援助灾情最重的汶川、北川、绵竹等,同时也考虑到过去所实施的东西部扶贫协作业已形成的结对关系,如自 1996 年开始,浙江省就与四川省广元市结成扶贫对子,此次援建的青川灾区也隶属于广元市。对口支援结对关系变化详见表 6-2。

表 6-2　对口支援结对关系变化

民政部方案(2008 年 5 月 22 日)		国务院方案(2008 年 6 月 18 日)		备注
受灾县市	支援省市	支援方	受援方	
都江堰	上海	上海	都江堰	
彭州*	湖南	湖南	理县	调整
温江区*	黑龙江	黑龙江	剑阁	退出
郫县*	山西	山西	茂县	退出
大邑*	内蒙古*			退出
崇州*	河北	河北	平武	调整
绵竹	江苏	江苏	绵竹	
什邡	北京	北京	什邡	
安县	辽宁	辽宁	安县	
北川	山东	山东	北川	
平武*	吉林	吉林	黑水	调整
江油	河南	河南	江油	
汶川	广东	广东	汶川	
理县*	福建	福建	彭州	调整
茂县*	天津	天津	陕西灾区	调整
松潘	安徽	安徽	松潘	
小金	江西	江西	小金	
黑水	广西*			退出
青川	浙江	浙江	青川	
汉源	湖北	湖北	汉源	
宝兴*	海南*			退出
甘肃灾区*	北京、天津*			调整
		重庆*	崇州	新增
		深圳*	甘肃灾区	新增

注:*表示对口支援结对关系发生变化的省市和县区。

再次,对口支援内容由原来的专注于帐篷、板房建设提升到实质性的重建。《方案》提到了提供规划编制、建筑设计、专家咨询、工程建设和监理等服务、建设和修复城乡居民住房、公共服务设施(学校、医院、广播电视、文化体育、社会福利领域)、基础设施(城乡道路、供排水、供气、污水和垃圾处理等)、农业、农村基础设施,提供机械设备、器材工具、建筑材料等支持,选派师资和医务人员、人才培训、异地入学入托、劳务输入输出、农业科技服务、鼓励企业投资建厂、兴建商贸流通等市场服务设施、参与经营性基础设施建设等八大项内容,还明确了支援省市的援助时限、援助金额、责任等事项。

《汶川地震灾后恢复重建对口支援方案》的出台使得这一政策更加正式化、权威化,亦使得对口支援在灾后重建中的分量迅速提高。同时,方案的设计使得抗震救灾前期的中央主导、部门统筹、条状管理的格局发生大转变,变为中央统筹、支援省市政府与灾区政府全面对口,执行"一对一"支援,将各对口支援省市推到了灾后恢复重建的第一线。相比之下,"一对一"模式的政策优势是对口支援政策的执行形成区分,便于比较和考核支援省市和受援县市的绩效,同时也减少了行政协调成本,有助于有序援助。从长远看,"一对一"模式也有利于受援方长期利用支援省市的资源,形成后续合作(李庆滑,2010)。

三、第三阶段

2008年6月18日至2008年年底,正式化的对口支援启动和磨合阶段。

对口支援方案下发后,各省市构建了对口支援省市级领导体制,并进行条块分工,将有关的省属部门纳入对口支援工作体系,有些省市将省内各地市纳入对口支援工作体系。各支援省市随即成立了对口支援指挥机构,陆续出台了对口支援干部选拔、资金保障、项目筛选、建设管理、与灾区政府的沟通协调、审计监督等相关的文件规定,形成了"中央基本政策+省市具体措施"的对口支援政策系统,各受援县市组建了对口受援工作机构,与支援省市进行了工作对接,开展了灾情统计、重建规划调研和起草、援建项目需求征集等援建前期工作,相关的内容在前文支援省市和受援方的政策期望中已有描述,在此补充分析各方政府执行对口支援政策的一些细节,使我们能更透彻地理解这一政策。

1. 对口支援资金的筹措细节

对于中央对口支援方案中要求的各省市拿出1%的地方财政收入,各省市的筹措渠道不同,山东省、广东省、重庆市、江苏省下发文件,要求各省辖市从本级财政中上缴1%资金,不足部分由省财政补齐。辽宁、河南等省则是全部从省财政中拨出援建资金。湖北省采取的措施是省市分担,湖北省人民政府出资8亿元,14个市、州出资7亿元,武汉市出资5亿元。各省市在资金的使用管理上也有所不同,多数省是由省前方指挥部统一调配资金,广东省的做法则是参加援建的各个省辖市独立管理本市拿出的援建资金,省政府则根据各市援建工作量的大小,对筹得资金较少的市,如茂名、湛江等进行补贴。山东省的做法是,在前期乡镇援建中参加援建的17个省辖市独立管理使用本级政府筹募到的援建资金,在后期北川新县城建设中则将资金管理权上收到省前方指挥部,各省辖市只负责建设，不管理资金。上述各种做法反映了各支援省市内部援建资金丰歉程度以及支援省市内部的财权划分思路，这些虽属于支援省市内部管理事务，但对援建政策执行也产生了影响。大方面的影响是援建中"交支票"、"交钥匙"项目的切分与援建资金的源头在哪一级有一定的关系，那些从省辖市募得援建资金的省市一般倾向于多实施"交钥匙"工程，而由省级财政来承担援建任务的省市则比较多的采用"交支票"工程。比较小的影响则在于援建省内部省辖市之间的援建竞争，比项目、比规模、比口碑，如在汶川县援建中，广东省佛山市援建组成员就认为，"在广东的区域划分中，广州排在第一位，佛山排在第二位（深圳支援甘肃，不算在内），援建水平至少也得排名第二才对，不然的话没法交差"（刘宏葆，2011）。援助实施过程中，广东省不同市由于财政"底气"的不同，向本市援建的乡镇灾民发放的重建补助标准也不一致，有的乡镇民众得到了 1.2 万元建房补助，有的则得到 1 万元。这便形成了对口支援省市际竞争的延续。

2. 确定援建方案及分工的细节

援建开始时，支援省市和受援方政府面临着政策"空窗"的局面，虽然中央有对口支援的政策指导原则，但援建内容、建设方式、项目分布、援建资金需求量均属空白。于是受援县市的援建规划编制成为政策落脚点，从总体上看，各受援县市的援建规划都按照基础设施重建、产业重建、公共服务体系重建、精神重建几大领域进行筹划，但在具体设计中充斥着双方政府之间的博弈。

首先，围绕"援建什么"展开博弈，博弈的基础是受灾情况、受援方提出的期望、支援方的发展思路、援建资金的宽裕程度。博弈的基本过程是受援方政府提出大规模的援建项目建议，然后支援方进行审查，修改和删除一部分项目，以达到支援方能够承受以及有把握完成的均衡状态。从一些政策文件中可以看出，双方政府对援建内容的设想有较大差异度，如汶川县希望广东省把水磨镇等地区建成"汶川县广东工业园区"，援建园区内道路、水、电等基础设施，但最终的援建规划把水磨镇的建设定位改成了以旅游、休闲产业为支柱的"汶川生态新城，西羌文化名镇"（刘宏葆，2011）。同时，支援方也考虑在援建规划中加入一些能够使本省市获益的项目设想，如绵竹市体育中心原先不在绵竹市的援建请求中，但江苏省考虑到援建中缺少文化体育设施以及标志性工程，就与绵竹市商定把旧体育馆拆除建设新体育中心。由于支援省市政府获得的信息比较有限，并且双方的意见在短时间内难以完全契合，援建中不少地区都采取分步实施、分批援建的办法，如广东省分三批审定对口支援汶川的项目，第一批确定 130 个项目，资金预算为 15.46 亿元，第二批确定 289 个项目，安排资金 21.05 亿元，第三批确定 129 个项目，安排资金 11.31 亿元。上海市则分五批与都江堰市签订援建项目协议，使得援建规划的确定时间适当拉长,双方政府在商谈时更有余地。

其次,围绕着"谁来建设"展开博弈,这是对口支援中最重要的博弈,其焦点是"交钥匙"项目与"交支票"项目的类型和份额的谈判。在谈判中,支援省市政府主要考虑参与深度、难度和管理成本,受援方政府主要考虑支配援建资源的多寡和己方的建设能力,另外一个支配受援方博弈的动因是受援县市的上级——四川省地级市的资源汲取力度。中国地方行政体系中一级管一级、下级养活上级的现象由来已久,近年来的省直管县、扩县强权的改革试水便是针对这一问题展开的,对口支援中支援省市的援建资金虽然直投灾区,但受援方的上级政府多多少少抱有"分一杯羹"的想法。这方面的博弈结果基本上是均衡的,即支援方比较多地满足了受援方的利益诉求,在每个受援县市都安排了"交支票"工程或合作建设工程,同时受援方也相应分担了支援方援建的外部性成本。如住房援建方面,无论在城镇还是农村住房重建,其鉴定、确定补助方式、金额、建设管理、质量保障都是非常复杂、矛盾很大的工作,不仅需要大量的资金,还要求各方政府动用大量的人力,受援方政府对此非常头疼,支援方政府也不愿触碰它。双方博弈的结果是,在农村住房重建中,支援方政府多只负责提供建房补贴和图纸,建房组织和进度督促工作由受援方负责;在城镇住房重建中,支援方则承揽建设量大、利润空间较低的安居房、廉租房建设。上述各方政府同时还在项目审批权限、项目招投标准入、建设工程劳动力雇佣、建材价格管制等方面展开磋商,取得了一些建设共识:如在援建项目审批、核准和备案管理权限方面,双方政府争取到了四川省下放权力,将纳入援建规划、需实行审批管理的政府投资项目审批权限原则上交给市(州)、县级;对需要实行政府核准管理的投资项目,市、县级可以核准6大类21小类投资项目;对实行备案管理的投资项目,可以就近在项目所在县(市、区)的投资主管部门备案。在工程招投标管理方面,双方政府明确招标、评标、免于招标、比选等的法则、条件。

四、第四阶段

2009年至2010年中,对口支援全面开展、提速及中期调整阶段。

对口支援规划方案落实后,对口支援全面展开,温家宝总理在2008年年底视察灾区时提出"三年重建任务两年基本完成"的期望,为了实现政策期望,各个地区的援建纷纷加速,对口支援各方政府组织和行为包括:

1. 受援方政府的组织和行为

受援方政府确定的政策基调是对援建项目"特事特办、急事急办、好事办好、好事办快",在立项、审批、招投标、施工检查、竣工验收方面加快速度,开辟"绿色通道",提供水、电、通讯等方面的建设配套。受援方自身承担的援建项目,尤其是需要和民众打交道的项目如农房重建,交替使用激励、规训以及包办的手段来推动。激励的主要方式是给予补贴和其他优惠条件,用灾区干部的话说,就是"人民内部的矛盾用人民币解决"(《瞭望东方周刊》,2009)。规训主要是利用乡、村基层干部的权威对灾区民众施加压力,向乡村干部分派任务并进行考核评比,促使他们将主要精力放在重建上。包办方式屡屡用于援建资金、物资分配、住房建设中,如将上级政府下发的补助款项集中起来使用,指挥灾区民众参与统规统建房工程等。受援方政府为推进援建速度而开展的相关工作还包括应付来自上级的大量检查,平抑灾民在援建项目建设中的不满和对立行为,维持社会治安等。

2.支援方政府的组织和行为

支援方政府保证援建速度的主要举措是实现援建前后方管理体系的高效运转。前文述及,为承担对口支援任务,支援方政府普遍组建了任务型组织——对口支援工作领导小组及其办公室。该组织分为前方、后方两个任务群。作为前方任务群的对口支援驻灾区指挥部的职责涵盖了援建项目规划设计、方案把关、报批协调、工程招投标、施工进度和施工质量的督导、资金拨付的监管,及设计、施工单位与当地政府关系的协调、接待宣传等工作。多个支援省市起用了省政府副秘书长来担任援建指挥部负责人,发挥其熟悉政府各职能部门的职责、整合协调能力强的优势。各省市前方指挥部根据援建的环境和任务安排了内部组织管理体系,如山东省援建指挥部设置了新县城建设组、园区建设组、乡镇建设组、工程质量监管组、办公组等机构。上海援建指挥部实行"1+3+8+X"的管理模式:"1"指一个指挥部;"3"包括三家专业管理单位,项目投资法人负责援建资金拨付管理,代建单位负责项目全过程建设管理,财务监理单位负责全过程资金监控、财务管理和投资控制,三家单位实施扁平化管理;"8"指主要由8家实力强大和资质深厚的国有大型企业承担建设任务;"X"指设计、监理及医疗卫生、教育、社工、志愿者等各支专业援助队伍(《上海市援建都江堰工作简报》)。对口支援后方任务群的主要职责是管理、保障,包括援建工作计划拟定、文稿起草、资金供给保障、信息收集、物资调运、招商引资、援建干部选拔、轮换等。

3.对口支援双方政府的协调行为

针对援建过程中出现的影响进度事件、管理权限重叠、建设施工配合不足、援建纠纷等,对口支援双方政府实施了多渠道协调,正式渠道包括展开联席会议、联合办公、发送公函等,非正式渠道主要是双方政府的负责人和援建管理人员的个人交际、沟通。下面的案例反映了这一点:

南京市在援建天河东路廉租房、安置房和景观大道立交安置房工程时,由于绵竹市城区控制性详规尚未编制完成,因而无法确定房屋的标高上限。江苏省指挥部和绵竹市政府召开联席会议,同意由江苏方面安排专家按照其他城市的规划理念设定建筑物高限,使工程不至于停顿。在绵竹市大西街小学拆迁中,绵竹相关部门与江苏施工单位在给水、排水、供电等工程接入费及消防检测费方面达不成协议,江苏省援建指挥部负责人给绵竹市领导"递纸条"反映问题,由绵竹市领导出面来调解僵局。(《绵竹市访谈笔记》)

2009年9月,国家发改委发出《关于做好汶川地震灾后恢复重建规划实施中期评估报告的通知》,由汶川地震灾后恢复重建工作协调小组委托中国国际工程咨询公司对灾后重建规划的执行情况进行中期评估。随后国家发改委、财政部又出台《关于做好汶川地震灾后重建规划项目调整工作的通知》,要求重建各方政府重新考虑那些规划条件或实施条件出现变化的项目,结合规模、布局、项目整合、资金调剂等因素来决定是否调整项目。对于灾区必需的民生工程、有利于灾区经济社会可持续发展的基础设施项目要调增,对于因地质灾害和余震等原因不宜继续实施的项目要调减。根据这项政策,对口支援的建设规划和项目清单也相应做出了调整。有些调整是降规模,如天津援建的略阳县中医医院手术室净化项目,原设计方案是建四间万级手术室,设400床位,调整时专家分析了当地的患者和手术数据,并考虑该地区市县两级的医疗布局,认为设施需求过剩,手术室无菌级别越高,运营成本也越高,最终双方同意调整项目方案,改为建设一间万级手术室和三间十万级手术室,并将一期建设床位数压缩为200床位,二期建设目标定为400床位(尹贻林等,2010)。有些调整是扩功能,如湖南援建理县,将原援建方案中的文化馆、图书馆、民俗博物馆、体育馆、电影院、职业培训中心方案调整为合建文体中心,将儿童福利院、敬老院、收容站项目调整合建为福利中心,将医院、中医院、急救中心项目调整为新建理县人民医院;将卫生执法监督所、妇幼保健院、疾控中心、计划生育服务站项目调整为新建理县公共卫生服务中心,将职工活动中心、职工培训中心、困难职工帮扶中心重建方案调整为合建理县工会阵地。广东省在三批援建计划之外,又调整增加了10多个文化、乡镇体系援建项目。

五、第五阶段

2010年5月至2010年年底,对口支援完成及后续合作开始阶段。

从2010年5月开始,支援省市和受援县市陆续举行了对口支援项目竣工移交仪式,标志着支援任务进入倒计时,到2010年12月,18个支援省市均宣告援建项目全部竣工(见表6-3)。随后,一些建设项目的档案整理、移交和工程决算审计也相继完成。同时,对口支援双方政府还签订了长期合作协议,以指导对口支援结束后的双方合作。

表6-3 支援省市援建项目竣工整体移交时间表

省市	竣工日期	省市	竣工日期	省市	竣工日期
安徽	2010.5.11	北京	2010.9.26	湖南	2010.10.11
辽宁	2010.5.19	重庆	2010.9.28	河南	2010.11.3
湖北	2010.6.24	江西	2010.6.2	上海	2010.8.14
山东	2010.9.26	江苏	2010.9.13	福建	2010.6.20
黑龙江	2010.9.26	广东	2010.10.10	浙江	2010.9.18
山西	2010.11.25	吉林	2010.11.8	河北	2010.10.15

数据来源:作者根据四川省人民政府办公厅四川灾后重建网刊登信息自行整理,见 http://www.sczhcjw.cn/

从2008年5月12日汶川地震发生到2010年年底是对口支援政策实施的主体时间段,应当说,国家的体制因素和环境因素共同造就了对口支援。严重的灾情和应急状态形成的凝聚力加固了对口支援政策的合法性,但这并不意味着政策的执行就会顺畅无阻,也不喻示在对口支援政策执行过程中中央、灾区政府和支援省市政府的立场和互动能够良好无虞。

第二节 对口支援的政策执行结果分析

对口支援政策执行结果的维度是多元,只是计算出对口支援完带来了多少投资,建好了多少项目,令灾区面貌发生了多大改变,令多少民众直接或间接地受益还不充分。作为一项公共政策,我们更应当关注执行者是否圆满地实现了预定的政策目标,政策制定者、政策执行者、相关利益主体的期望满足情况,并通过执行结果来检验政策目标是否适宜,政策期望的分布是否合理。本研究中,我们对对口支援的各方政策主体的期望进行了梳理,并初步发现,这些政策期望中有些是一致的,有些是区隔的。有些政策期望符合灾后重建总体规划的意涵,有些则并不在重建规划关注的范围内。因此,在分析对口支援政策的执行结果时,我们依然以政策期望为线索,去考察哪些政策期望转化为了实际的政策成果,哪些政策期望催生了政策矛盾,对政策成果造成了负效应。

一、与政策期望相符的政策执行结果

政策期望是政策主体行为的诱因,它与政策环境、执行政策所需要的资源、

权力等结合起来,就能推动政策的执行,公共政策的执行结果如何,从另一个角度看就是政策主体的期望实现了多少,尤其是政策制定者的期望实现了多少。在此,我们首先探讨对口支援的政策执行结果中契合中央、支援方、受援方、民众的期望部分。

1. 与中央政策期望相符的结果

中央对对口支援的政策期望是统御性的,既关注每个支援省市、受援县市的政策举动,也关注对口支援政策每个方面的内容。中央作为对口支援政策的顶层设计者,它的政策期望等同于对口支援政策的法定目标。因此,对口支援政策执行能否或在多大程度上实现中央的期望至为重要。

(1)对口支援方案得到较好执行

中央对口支援方案中提出8个方面的对口支援工作任务,在两年多时间里,18个支援省市按照与受援县市共同编制的重建规划和具体工作方案,共实施对口支援项目3646个,涵盖了住房、城乡基础设施、公共服务设施、产业发展、智力支持等。由于没有公布全面的对口支援执行情况统计报告,我们通过各种渠道收集的数据如表6-4所示。

表 6-4 对口支援实施项目情况

地区	住房援建		公共服务设施援建			基础设施援建		产业援建		智力支持投入金额（万元）
	农房重建援助（户）	城镇住房援建（套）	教育（所）	医疗（所）	其他（文化、社保）	城镇体系	农业农村体系	工业商贸施、旅游点（处）	投资、引资额（亿元）	
北川	36000	11084	196			47	28	3	19.6	4500
江油	100000	2000	30	38	19	5	193	4	10.5	2560
平武	36000	2060	12	7	9	37	26	3	2.6	1300
安县	89008	—[1]	26			—[7]		1	21.3	—
什邡	77472	5293	24	12	17	39	70	1	4.86	—
绵竹	139600	12600	64	29	41	138		4	76	—
都江堰	55000	5600	26	28	13	10	29	4	47.26	40400[8]
彭州	—	—[2]	41	6	48	43		7	1.37	4000
青川	91715	4273	49	38	131	385		3	35	10000
剑阁	45000		51	47	—	17		2	13.8	
汶川	17053	5651	16	11	31	34		28	17.94	—
茂县	14348	2885	9	7	2	3	9	2	5.6	
理县	6250	—	14	2	4	31		3	1.88	
松潘	1859	—	—[5]			—	81	1	4.1	4000

地区	住房援建		公共服务设施援建			基础设施援建		产业援建		智力支持投入金额（万元）
	农房重建援助（户）	城镇住房援建（套）	教育（所）	医疗（所）	其他（文化、社保）	城镇体系	农业农村体系	工业商贸施、旅游点（处）	投资、引资额（亿元）	
黑水	4979	—【3】	—【6】			7	87	10	1.63	—
小金	7428	—	13	4	3	10	2	3	3.1	2320
崇州	11918	—	64			2	4		1	1000
汉源	35000	—【4】	8			2	20	1	—	5000

注：【1】辽宁省援建安县城镇住房投资7790万元,建设数量不详

　　【2】福建省援建彭州市住房重建共提供12亿元资金,以"交支票"方式建设

　　【3】吉林省援建黑水投资3000万元建设了3处居民安置点,建设面积不详

　　【4】汉源县住房援建中湖北省帮助建设了50万平方米住房

　　【5】安徽省援建松潘中,为松潘新县城投资7亿元新建学校、医院、福利院、文化中心等,具体数量不详

　　【6】吉林省援建黑水公共服务设施投资1.11亿元,具体数量不详

　　【7】辽宁省援建安县基础设施投入14.9亿元,另为晓坝镇异地重建投资2.12亿元,具体数量不详

　　【8】上海市援建都江堰治理支持中,包含公共服务设施的运行补贴

数据来源：作者根据四川省人民政府办公厅四川灾后重建网刊登信息自行整理,见http://www. sczhcjw.cn/

　　上述项目基本上做到了按恢复重建总体规划和援建方案全覆盖援建。支援省市在这些项目中发挥的贡献不尽相同,其中公共服务设施项目中发挥的作用最显著,受援县市在这一方面基本上完全依赖援建。其次是产业援助,绝大多数的支援省市都为受援县市设计了产业园区并帮其招商引资。此外,灾后的房屋重建、基础设施重建中,对口支援也发挥了重大的作用,受援县市每户维修加固或重建的农户都得到了支援省市的补贴,少则3000元,多则1万多元,城镇房屋中,相当大比例的安居房、廉租房都通过对口支援渠道建设。道路、桥梁、农村水利设施、场镇设施、灾害治理等基础设施的重建使用的是中央、省级财政资金、对口支援资金、信贷资金等混合资金,对口支援的资金和建设力量对这些项目的建成亦发挥作用。

　　上述项目在种类、数量齐备的同时,其立项、规划、设计、建设过程也基本上遵守了政策文件的要求。在项目规划上尽可能采取就地重建,在项目选址上做到了注意避让危险地区和充分考虑资源环境的承载力,如汶川县城援建中将原驻县城的学校、医院设施和人口进行了疏散,对北川县城、汉源县城、松潘新县城等异地重建或扩建的方案进行了较长时间的论证和设计,确定了较为稳妥可行的方案。在项目确定审批上做到了援建方不参与建设受灾地区党政办公项目,通过援建还帮助灾区完成了一些城镇的产业布局调整,如汶川水磨镇实现了从以高污染企业为主到以旅游为主的转变,做到了优先恢复居住、医疗、教育等方面的设施,

城乡援建兼顾,在援建实物的同时也开展智力、精神文化方面的软件援助等。

(2)援建整体保持高速度,各方面的援建任务如期完成

对口支援方案中设计的援建期是 3 年(2008—2011),随后中央又决定争取对口支援 3 年任务 2 年基本完成(2008—2010),支援省市和受援方对援建方案进行了调整,增加了人员,采取措施冲刺工期。对口支援期间 18 个支援省市先后投入 12 万人参加援建,有 9.13 万医护人员参加了前后方医疗救助,有 100 万志愿者进入灾区帮助救灾和重建。

在援建的各方面任务中,住房、学校、道路等设施优先建设,并确定了完工期限,经过支援方和受援方的努力以及灾区民众的理解配合,这部分项目基本上如期完工,支援灾后农房维修加固的任务在 2008 年年底基本完成,支援农房重建的任务在 2009 年年底基本完成,支援城镇居民住房的援建在 2010 年年底前全部竣工移交,支援灾区学校重建的任务在 2009 年 8 月 30 日之前绝大多数已完成。一批道路的抢通、地质灾害的排除也按照规定期限完成。在保持高速援建的同时,援建工程没有发生大型的施工事故和质量缺陷,在承担援建任务的同时,有些支援省市如山东、上海还帮助灾区政府建设了一批未列入援建规划的代建项目。相比之下,对口支援工程建设项目的推进速度略快于灾区的自我重建项目,对稳定灾区群众心理和整个灾后恢复重建的对外形象宣传发挥了积极的作用。

(3)援建资金充足,到位及时

对口支援方案有两大重点,援助内容和援助力度,其中援助力度的最主要指标是资金供给,对口支援政策要求的资金下限是支援省市在三年内每年以本级财政 1% 的资金当量转移支付给受援县市,根据各支援省市统计的数据和部分项目审计报告,两年多时间内,支援省市共完成援建投资 805 亿元,超出计划金额 2%。具体的资金投入情况如表 6-5、图 6-1 所示。

表 6-5　对口支援资金分布领域　　　　　　　　单位:亿元

类别	城乡住房	城镇体系	农村建设	公共服务体系	基础设施建设	市场服务建设	防灾减灾	生态恢复	产业调整	精神家园建设	其他援助	合计
金额	245.5	80.42	23.29	221.85	160.34	4.95	6.81	7.99	25.21	1.8	93.89	805
占比	28.5%	9.3%	2.7%	24.6%	18.6%	0.6%	0.8%	0.9%	2.9%	0.2%	10.9%	100%

数据来源:作者根据四川省人民政府办公厅四川灾后重建网刊登信息自行整理,见 http://www.sczhcjw.cn/

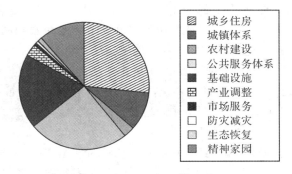

图 6-1 对口支援资金投向领域

对口支援的资金构成主要是现金,少部分以物资折算,如山东省对口支援清单中列有 1 亿元的物资。援助资金做到了提前计划、及时随项目下达。在充足资金的支持下,援建项目的建设进度得到了保障,援建过程中没有出现项目资金链断裂和恶性的拖欠工程款、农民工工资事件。援建资金还发挥了一定的杠杆拉动作用,如作为启动资本,使受援方能够顺利地从银行融资。除了实付资金外,通过支援省市帮助招商,一批企业到灾区投资兴业。据四川省统计,地震后 18 个对口支援省市与四川各地市签约项目 464 个,协议投资总额 2039 亿元;赴港澳招商活动签约项目 71 个,协议投资总额 93.1 亿美元。在援建结束时,有些支援省市手中还有资金结余,这部分资金也留在了灾区,作为产业发展基金或者用于补贴援建设施的运行费用。

(4)工程建设质量比较可靠,援建程序总体规范

汶川地震带来的惨痛教训使工程建设质量被上升到政治高度,中央出台的《汶川地震灾后恢复重建条例》、《汶川地震灾后恢复重建总体规划》、《汶川地震灾后恢复重建对口支援方案》均把质量列为重要的考核指标,从官方公布的审计报告看,对口支援所建设的工程建设项目被曝光的较少,在灾区发生的余震、泥石流等自然灾害中,援建工程没有出现大面积或特别严重的质量事故,一批援建项目也得到了国家、四川省和支援省市的建筑工程设计、结构、施工奖项。

由于对口支援的项目管理、资金管理处在支援省市和受援县市双方监控之下,并接受各级纪检、监察审计部门的检查,对口支援过程中的违规违法现象较少,在审计公告、抗震救灾和灾后重建资金物资检查、转变增长方式扩大内需巡视检查中,18 个支援省市没有被公开点名曝光。可见,对口支援在合法合规方面的表现优于灾区的自我重建,也赢得了较佳的社会观感。

2.与支援省市政策期望相符的结果

支援省市对于对口支援政策的期望存在最优和次优两个层面,最优期望即能

够握有援建主导权,能够得到受援方政府及民众的协同,实现"无障碍"援建,能够从中央和受援方那里获得丰厚的政治声誉和政策优惠,能够集约利用援建资金,控制好成本。次优期望是上述诉求中大部分能够实现。相比中央对对口支援政策的期望,支援方的部分期望与之重合,如对于援建进度、援建质量,也有一些期望是基于支援省市作为对口支援政策的主要执行者而萌生的,如援建中的指挥权、利益分享等,我们尝试从对口支援政策结果中观察支援省市的这些特定期望的实现情况。

(1)援建的人员、资金、项目有效受控

对口支援不单纯是盖楼建房,而是一项执行时间紧,涉及领域广、投资密度大、项目落地多、管理半径长的大型公共政策,非常考验执行者的管理能力。对口支援的人员、资金、项目是核心的控制点。从政策执行的结果看,支援省市发挥了综合管理和协调上的优势,使得应急形态的对口支援趋向正规化、精细化。

在援建人员方面,多个支援省市构建了"支援省市—省辖市"双层政策执行体,如山东省采取了省加上 17 个地级市,广东、江苏、湖北采取省加部分经济条件较好的地级市的机制,也有些省如河南、山西、辽宁、黑龙江采取省统一对外援建的机制。参与前方援建管理的干部人数多则 500 人(山东),少则不足 10 人(辽宁),通过将常规性的计划、决策、协调、控制、反馈等职能和非常规化的任务型组织、运动式动员结合起来运用,各支援省市的援建干部保持了较高的工作效率。

在援建项目上,支援省市双管齐下的措施富有成效。一方面,支援省市提前介入灾情评估,对援建规划的制定发表意见,对受援方提出的需求进行审查,对"交钥匙"、"交支票"等援建方式通过谈判、统筹等方式来确定,使得援建内容既在中央政策规定的大盘子内,又不至于在建设风险、建设难度、耗费资金等方面成为对口支援中的"拦路虎"。另一方面,支援省市在援建职责、项目任务分割、现场管理、前后方分工上制定了制度规程,并慎重选择工程建设方。支援省市将管理触角延伸到从立项到竣工的各个环节,通过政治压力与经济刺激交替运用、实施人海战术等方式,使项目质量和进度得到了保障。在援建资金上,尽管各支援省市的筹募渠道和难度不同,但在中央关注、财政督办下都实现了足额募集、随用随调,并建立了援建前后方的资金审签权力分工和防火墙,对于切块交给受援方使用的援建资金也设置了管理规程和审计渠道。

有研究者绘制了天津市对口支援陕西灾区的项目、资金管理流程图(图 6-2),从中我们可以直观地看到支援方的援建控制过程。

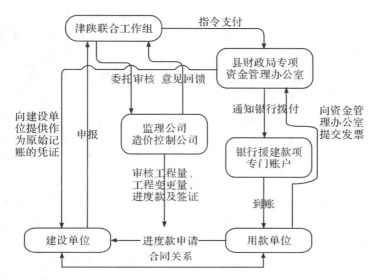

图 6-2　对口支援项目、资金受控图（尹贻林，2009）

（2）援建过程中各方形成协同效应

对口支援处在从应急状态向正常社会生活过渡的时间点上，以短时段的眼光看，对地震突发事件处置，我国政府所擅长的"命令式动员"比较奏效，政府能够短时间调集可支配的所有资源，社会表现出紧急一致性，公民角色出现扩张，各方齐心协力、共同应对。而在突发事件消退转向正常社会生活时，政府的命令式动员往往会失灵，会面临治理困难，比如支援省市政府在前期救灾、捐赠上与受援方政府合作顺畅，但并不意味着中央与地方后期的重建或地方与地方合作时会水到渠成。而从中长时段眼光看，对口支援既是一种政府单边治理机制，也要面对市场机制和民众活动（沃尔夫，2009），和多年来我国试图解决的政府、市场、民间社会关系构造和政府职能转换有共同点。在对口支援中，上述担忧没有构成对政策执行的实质性阻碍。一方面，支援省市政府借助中央的政治权威、舆论宣传和自身的行政层级，凭借援建资源优势和管理规范性，保持着援建的主导权。另一方面，支援省市重视分析受援方政府和灾区民众诉求的实现渠道，在一些政策利益上做出了妥协，并通过面对面协调和会晤推动，营造了较好的援建环境。在对口支援中我们看到，政府、社会、企业、民众之间的关系总体上呈现出中央重视、支援方高效、企业倾力、受援方配合、民众服从、舆论支持的局面，18 个省的支援活动中都没有出现公开化的政策纷争，没有严重阻扰援建进度的事件发生，支援省市及援建企业没有受到当地民众的抵制，没有出现援建主管官员被撤换的情况。以对口支援中工程量最大的北川新县城建设为例：

　　根据北川县灾后重建实施规划,北川新县城要达到恢复功能、完善设施的目标,需要启动保障性住房建设、公益性服务设施、市政基础设施、景观及绿化工程、行政事业单位办公业务用房、市场服务体系、商贸流通服务、饮用水水源、产业发展等 221 个项目。新县城建设的第一大困难是抢时间,经过耗时较长的选址及规划报批过程,新县城 2009 年 2 月才能开工建设,还必须在 2010 年年底前完工。第二大困难是资金到位问题,新县城估算投资 153.7 亿元,其中国家提供灾后恢复重建基金 4.40 亿元,山东省承诺投入援建资金 43 亿元,社会捐建资金 4.1 亿元,争取国家专项资金 1.50 亿元,剩下的资金缺口要依赖市场主体投入、政府对上争取和银行贷款渠道解决。三是拆迁安置,北川新县城拆迁面积近 13 平方公里,涉及 3894 户 1 万多人,而且该地块原属安县管辖,在干部、群众的磨合方面不容易。为此,应山东省要求,绵阳市、北川县共同组建北川新县城工程建设指挥部指导拆迁和建设,受援方政府设计了多个拆迁安置补偿方案,派出了 13 个工作组驻村到户,在 1 个月内完成了拆迁协议签约和腾退,使山东省援建队伍能够进场施工。根据新县城建设分工,山东省承担 115 个援建项目,剩余的为北川自建项目。北川县政府将其中的 79 个自建项目采取项目打捆、自行组织、费率招标、综合评分的办法招标,确定由四川华西集团承建。北川县又征得山东省的支持,签订了委托承建项目框架协议、备忘录,将新县城另外 17 个自建项目委托给山东省承建。至此,项目建设责任全部落实。山东省前方指挥部在援建中与北川新县城工程建设指挥部、四川华西集团、中国城市规划设计院保持四方协调会商,解决施工场地道路调配、建设先后顺序统筹、公用建设设施衔接等事项,解决 3.5 万人同时开展施工的管理和技术问题,解决各方之间的分歧,在上述四方的协同和灾区民众的配合下,2010 年 9 月,北川新县城建成基本框架、具备基本功能。(《北川县调查笔记》)

(3)支援省市的企业占领援建市场

　　对口支援建设中以"交支票"工程为主导,该类工程由支援省市全过程管理,项目招标多在支援省市举办,有些支援省市还采取免于招标,比选评定的做法确定承建商,一大批支援省市建设单位有机会入围援建工程。支援省市也乐于这些企业参加援建项目建设,一是基于它们的资质和实力,二是考虑到援建中的指挥和沟通。在援建过程中这些企业有不错的表现,表 6-6 所示为受到国务院表彰的抗震救灾恢复重建先进集体的支援省市参援单位以及支援省市先进个人所在的单位。这些企业在啃下援建"硬骨头"的同时,也从庞大的"交支票"项目订单中分得了可观的份额,而且支援省市企业基本上占据了基本建设产业链的规划咨询、设计、施工、监理、大型构件供应、建筑机械采购等重要节点,在与灾区本地建设业的分工中,支援省市建设企业处于高端地位。

表 6-6 获国务院表彰的支援省市建设单位

单位类型	文件名称
规划设计	潮州公路规划设计中心、宁波规划设计研究院、江苏交通规划设计院、北京中联环建文建筑设计公司、上海市政工程设计研究院、上海市政规划设计研究院、河北建筑科学研究院、辽宁公路勘测设计公司、辽宁城乡建设规划设计院、河南交通科学技术研究院、河南城市规划设计研究总院、河南古代建筑保护研究所、宁德城乡规划设计院、重庆交通规划勘察设计院、天津城市规划设计研究院、江西建筑设计研究总院、辽宁水利水电科学研究院、湖南华罡规划设计研究院、湖南建筑设计院、天津市规划院
建安施工	浙江省交通投资集团第三交通工程公司、无锡华仁建设集团、北京住总集团、北京市公联公路联络线公司、北京城乡建设集团、北京市政路桥控股集团、中交三航局兴安基建筑工程公司、上海市第四建筑公司、河北建设集团、河南省水利第二工程局、山西路桥第一工程公司、山西八建集团、同煤集团宏远公司、湖南建工集团、葛洲坝集团、北新建材集团、济南城建集团、山东万达建安公司、烟建集团、福建省第五建筑工程公司、山西八建集团、山西路桥一公司、安徽公路桥梁工程公司、江西宏盛建业集团、江西中恒建设集团、重庆城建控股集团
监理	枣庄工程建设监理公司、揭阳工程建设监理公司、湖南长顺工程建设监理公司
其他	北京工程咨询公司、唐山燃气集团、浙江建设投资集团、上海孙桥现代农业联合发展公司、辽宁建筑设计研究院项目管理咨询公司、河南煤业化工集团洛阳 LYC 轴承公司、重庆市交通投资公司

(4)支援省市政治声誉提升

作为中国式政治体系下的国家工程,对口支援政策推动过程中需要政治动员和舆论鼓动,同时,对口支援本身也能成为政治素材和政绩指标。支援省市在援建过程中刻意对援建中突出的政治性、义务性进行了"包装",如在援建施工场地上,到处悬挂援建标语,在各类媒体上登载援建进度和成就,拍摄专题宣传片,举办援建成果图片展,召开项目竣工庆典、项目整体移交仪式等。支援方各显神通,推出精品工程来吸引和迎接中央领导的考察和媒体的报道。同时,各支援省市均会意受援方在公共建筑命名中突出援建性质,如"山东大道"、"辽宁广场"、"禅城桥"、"京什工业园",并树立"××省援建"标牌。在灾后重建诸方面事务中对口支援的曝光度最高,而关于对口支援政策的话题中,支援省市的美誉度特别突出。因此,支援省市在援建中的倾力付出有效地转化为了政治声誉。

除了支援省市政府的政治绩效,作为援建政策具体执行者的支援省市援川干部也存在职业期望,通过对口支援政治声誉的散播,一批明星援建干部为中央和支援省市领导人所认可,获得了职位升迁。如山东省援川前线指挥部总指挥徐振溪在援建结束后被任命为青岛市副市长(原任潍坊市委常委),广东省援建工作组长陈茂辉被任命为中山市市长(原任省政府副秘书长),河南省援建指挥部指挥长张国晖被任命为许昌市市长(原任省政府副秘书长),浙江省援建指挥长谈月明升任省建设厅厅长(原任建设厅副厅长),广东省佛山市援建工作组组长刘宏葆被交流提拔到德阳市任常务副市长(原任佛山市发改委主任、佛山市禅城区区委书记)。

3. 与受援方政策期望相符的结果

灾后恢复重建与对口支援对受援方政府而言是一场"大考"。一方面,中央对灾后重建高度关注,《四川省汶川地震灾后恢复重建对口支援实施意见》中也提出:各受援县(市)是对口支援工作的责任主体和实施主体,要对援建工作开展目标考核。另一方面,支援省市政府和民众对受援方政府怀有强烈的政策期望。与此同时,灾后重建亦给受援方政府带来了难得的机遇,受援方政府对灾区的恢复、发展、振兴以及援助抱有很强的期望。由于震前经济社会面貌和灾情的差异,受援方政府的期望层次和重点也有所不同。对受到地震沉重打击,生存、发展功能近乎丧失的北川、汶川等地而言,看重通过援建恢复基本的地域功能;对发展基础较好而产业受灾严重的绵竹、什邡、都江堰等地区,则希望通过援建找回以前的增长点;对受自然资源、人口、交通等因素经济发展欠佳的理县、茂县、小金等地区而言,期望援建能引来外界的充分关注,提升知名度。在这里我们着重分析对口支援政策执行过程中呈现出的具有普遍性的政策结果,并对比受援县市的期望实现情况。

(1)得到了先进的援建设施和宝贵的资金支持

四川省18个受援县市灾后初步统计的财产损失金额为7244亿元,占整个汶川地震灾难损失的80%以上,这种毁灭性的破坏也为灾后重建提供了另类机会,即全面淘汰原有的硬件设施、重新规划布局、代之以全新的设施。本着这一思想,800多亿的对口支援资金密集投向受援县市的公共服务设施、基础设施、产业发展设施以及住房,掀起了一股建设热潮,受援县市普遍建成了崭新的中小学校、幼儿园、医院、卫生院、妇幼保健院、福利院、文化中心、图书馆、体育馆、博物馆、广播电影电视设施。同时,道路、桥梁、城乡供水蓄水设施、灌溉设施、沼气池、绿化设施等得到了整修。关于援建项目的数量前文已述,在援建设施的品质方面,绝大多数设施以新建为主,建筑工程在设计标准和建设规模上参照的是支援省市所在的较发达地区的标准,和灾区原有设施相比,功能和档次有明显提高,援建还创下了灾区诸多的第一,如黑水县建设了全县历史上第一座高中部学校,汶川县建设了全州第一个室内恒温游泳池,北川县建设了第一座四星级宾馆,受援县市的城乡面貌发生了明显变化,充分实现了对口支援方案提出的"设施有改善"目标(详情请见附录《汶川地震灾后重建对口支援成就简介》)。

我们将四川省灾后恢复重建总体数据与对口支援情况数据对比(表6-7)可以发现,在城乡住房、基础设施、公共服务设施这三类硬件的恢复重建上,受援县市获得的实惠高于全省水平,特别是公共服务设施如学校、卫生机构、社会福利机构、广电文化机构,受援方得到的重建项目的数量和规模远高于其他灾区,较好地印证了受援县市当地流传的"地震几十秒、跨越几十年"的民谚。

表 6-7　四川省灾后重建与对口支援建设情况对照

类别	四川省整体重建		对口支援援建	
	金额(亿元)	占重建总投入比重	金额(亿元)	占援建总投入比重
城乡住房	2240	25.8%	245.5	28.5%
基础设施	1754	20.2%	270.86	31.2%
公共服务设施	934.83	10.8%	221.85	24.6%
产业发展	1359.91	15.7%	25.21	2.9%
生态恢复	117.6	1.3%	14.8	1.7%
精神重建	13.77	0.01%	1.8	0.2%

数据来源:作者根据四川省人民政府办公厅四川灾后重建网刊登信息自行整理,见 http://www.sczhcjw.cn/

对口支援除了在灾区面貌恢复上的效应外,对于受援县市开展全方面的灾后重建还发挥了强大的资金撬动作用,从表6-8可以看出受援县市在震前的财政状况非常窘迫,政府税源在灾后进一步萎缩,依靠自身力量根本无法开展重建工作。

表 6-8　受援县市 2007 年财政收入与支出对照　　　　　单位:万元

地区	财政收入	财政支出	地区	财政收入	财政支出
北川	5178	36776	彭州	35483	31807
汶川	12302	33278	茂县	4099	31960
青川	2115	46141	理县	2701	18941
绵竹	60253	91091	黑水	2604	24478

续表

地区	财政收入	财政支出	地区	财政收入	财政支出
什邡	59954	86803	松潘	5100	29568
都江堰	75828	117984	小金	1388	24449
平武	7566	39808	汉源	5396	38164
安县	11208	52800	崇州	25558	37718
江油	39355	108482	剑阁	3927	74387

数据来源：四川省统计局.四川统计年鉴(2010).中国统计出版社,2010

对口支援注入的资金有效缓解了重建资金紧缺的局面,如表6-9所示,四川省重建规划测算的8658亿元所需资金中,对口支援提供的资金占到了9.3%,在北川县,对口支援提供的资金几乎占灾区重建所需资金的"半壁江山"。受援县市吸纳的对口支援资金相比其他渠道资金有独特优势,即与受援方直接见面、资金运转中间环节少、到账速度快、透明度高、没有附加条件和偿还约束。同时,受援县市还通过有偿合作方式获得了产业资金支持,据2010年的统计,受援县市新引入的支援省市产业合作项目400多个,协议投资550多亿元,到位资金77.9亿元。有了对口支援资金的支撑和项目的"托底",受援县市能够更专注于产业发展、基础设施建设等资金需求量大、长远发展需求强的重建领域,形成接受援建和自身重建侧重点的互补。

表6-9　对口支援投资强度情况　　　　单位:亿元

地区	北川县重建		安县重建		平武县重建		江油市重建		四川省重建	
	项目数	投资额	项目数	投资额	项目数	投资额	项目数	投资额	项目数	投资额
重建规划	413	227.44	754	323.09	524	125.41	1353	407.88	29629	8658
对口支援	368	109.8	88	31	109	26.5	300	30.9	3646	805
援建投资占比	48.2%		9.5%		21.1%		7.5%		9.3%	

数据来源：作者根据四川省人民政府办公厅四川灾后重建网刊登信息自行整理,见 http://www.sczhcjw.cn/

(2)当地政府战略目标的实现得到了帮助

对口支援的政策设计中渗透了发展经济学中的一系列思想,特别是罗斯托的经济增长阶段论和罗森斯坦·罗丹的大推进理论。前者认为当发展中国家和地区投资率及资本积累率达到一定水平("分水岭")时即进入经济起飞阶段,通过援助可以影响国家和地区的发展道路与现代化进程。后者认为后发地区面临着人口、劳动力、收入、投资规模的困难,对这些地区而言,小量投资无助于实现发展,需要在基础设施方面大规模投入资本,形成"大推进"来摆脱贫困落后和停滞(车维汉,2006)。对于对口支援政策执行结果给灾区经济社会的发展带来了何种影响及多大的影响,在统计分析上存在一定的困难,原因在于受援方政府自行重建和对口支援是并行的,同时对口支援的性质、重点比较倾向民生性发展而不是经济建设,把对口支援对灾后恢复振兴的贡献单独剥离出来的做法和将对口支援政策执行的绩效与灾区经济社会发展指标直接挂钩的做法都有明显的不足,但这并不影响我们开展对口支援政策执行结果与灾区经济社会发展情况的展望性评价。

首先,对口支援政策执行在受援县市民生改善中发挥了明显的应急性、先行性和示范性效应。应急性的主要表现是对口支援政策执行最先考虑缓解受援地区生活、居住、医疗、教育等方面的软硬件需求缺口,帮助灾区完成临时安置任务,减轻受援地区政府的压力,遏止受援地区的经济、社会局势继续下滑。先行性的主要表现是对口支援项目和资金的启动到位速度快于灾区政府的自行重建,通过项目对投资、就业、消费、财税起到拉动刺激作用。交通基础设施援建在这方面的作用最明显:

> 由北京市援建,2009 年 10 月竣工的什邡广青公路是极重灾区中最早竣工的高等级公路。它贯穿了什邡南部坝区和北部山区,尤其是交通不便的洛水、蓥华、红白等重灾镇。在公路沿线,一批农家乐率先复兴,一家名为"孙板鸭"的餐饮点店主说,没有公路之前餐馆人气很差,公路修通后生意越来越红火,除了本地顾客,来来往往的大巴车也会停车来消费。在公路沿线还自动形成了有一定规模的蒜薹收购市场,农产品下地后可以很快拉到公路边销售,吸引了包括新疆等地的外省商贩来收购。(《什邡市调查笔记》)

示范性的主要表现是对口支援项目建设、人力资本和管理方式等与灾区过去的经济社会发展相比起点更高,创造了政策学习的契机,对灾区的经济社会管理思路、投融资方式、产业发展安排等发挥了示范性。

其次,对口支援支持的"短平快"产业项目在灾区恢复振兴中表现亮眼。对口支援资金的绝大部分没有用于产业发展投资,但有一部分用于发展旅游业。由于受援县市的旅游资源、文化特色方面有优势,加上旅游业进入门槛较低,旅游产业成为不少支援省市的援助重点,援助内容包括原有景区的道路交通、旅游设施修复、接待条件提升、新开发景点景观、形象包装宣传等。从 2009 年开始旅游业首先复兴,松潘黄龙景区 2008 年只接待了 60 万游客,2009 年回升达到了 110 万人次,2010 年游客人数达到 180 万人次,超过了震前的水平。剑阁剑门关旅游景区经援建后门票收入 1800 多万元,相当于地震前剑阁县财政一般预算收入的 38%,旅游综合收入达 8.32 亿元。汶川更是在三年援建中打造出了 4 个国家 4A 级旅游景区,2011 年接待游客 400 万人次,旅游收入达 19 亿元。援建期间 6 个受援的重灾市(州)共新增了 15 家 4A 级旅游景区,占到了四川省新增景区数的 45%(《成都市调查笔记》)。此外,灾区在重建中出现的餐饮、住宿、建材、运输等"地震经济"繁荣现象,均与对口支援的拉动有紧密的关系。

再次,受援县市灾前灾后经济社会各项发展指标的变化能较明显地反映对口支援这种外来援助留下的痕迹。由于官方尚未开展对口支援的评估总结工作,现有对口支援的政策效果数据都是局部性的,通过对历年统计年鉴的解读,我们能够发现:

第一,对口支援对于受援县市公共服务能力提升的贡献最直接,在医院、福利院床位数增加的背后还有就医环境、医疗设备的相应提升,城乡道路的通车里程和通车等级提高了一个数量级,与之类似的还有教育、文化等设施(表 6-10)。

表 6-10　受援县市公共服务能力变化情况

地区	等级公路里程(公里)		医院、卫生院床位数(张)		社会福利院床位数(张)	
	2007	2010	2007	2010	2007	2010
都江堰	734	1421	2280	2343	1500	1900
彭州	1365	1649	1593	2400	1230	2160
崇州	1068	1420	1926	3444	960	3944
什邡	849	846	1688	2149	900	1285
绵竹	1356	1443	1930	2521	632	2877
安县	942	1226	1071	1371	440	2274
北川	375	596	415	606	60	490
平武	643	776	308	616	248	290
江油	1005	1492	3179	4469	1122	2891
青川	347	1279	544	557	180	1250
剑阁	1026	2023	960	1483	510	1890
汉源	677	1313	576	741	33	613
汶川	485	503	254	333	115	420
理县	226	609	208	189	42	404

续表

地区	等级公路里程（公里）		医院、卫生院床位数（张）		社会福利院床位数（张）	
	2007	2010	2007	2010	2007	2010
茂县	336	555	295	313	27	430
松潘	545	684	210	202	20	300
小金	321	1286	184	258	70	300
黑水	480	1003	101	121	45	190

数据来源：四川省统计局.四川统计年鉴（2010）.中国统计出版社，2010

第二，对口支援对灾区财贸增长的贡献也有逻辑线索可觅，即透过倍增式的投资带动受援县市财政收入成长、政府购买力和社会购买力的相应增长，民众的消费信心比较充足。受援县市财政情况变化如表6-11所示。

表 6-11　受援县市财贸情况变化　　　　　　　　单位：万元

地区	全社会固定资产投资额		地方财政一般预算收入		地方财政一般预算支出		社会消费品零售总额	
时间	2007	2010	2007	2010	2007	2010	2007	2010
都江堰	1128909	2033638	75828	129579	117984	618379	508716	608702
彭州	593183	1801041	35483	72214	81807	428107	272145	408945
崇州	424636	1063233	25558	97474	87718	325155	221317	405292
什邡	239468	1263626	59954	79197	86803	481682	329843	353549
绵竹	182026	1072961	60253	56889	91091	594220	330966	376135
安县	145401	701140	11208	21062	52800	291970	212636	270024
北川	80991	1060280	5178	18207	36776	459063	36527	90889
平武	155857	508316	7566	13412	39808	252054	44509	56799
江油	414286	1121835	39355	64492	108482	496813	485544	730108
青川	90266	837795	2115	14154	46141	393488	42074	80349
剑阁	168134	605740	3927	19713	74387	343708	115620	203304
汉源	446846	930412	5396	21197	38164	123771	79127	138005
汶川	152776	920177	12302	19658	33278	307525	43438	38553
理县	155577	401205	2701	5773	18941	179267	11230	14377
茂县	114758	600091	4099	11660	31960	298146	29551	24274
松潘	106702	312330	5100	6716	29568	146023	18599	27635
小金	54144	192023	1388	3318	24449	100908	13174	22168
黑水	146203	291276	2604	5108	24478	73246	7672	16065

数据来源：四川省统计局.四川统计年鉴（2010）.中国统计出版社，2010

第三,对口支援对于灾区国民生产总体指标的贡献,需要从多个方面分析。一方面,四川省"十一五"规划的主要指标均超额完成,2011年国内生产总值突破两万亿元,这当中既有全国支援和四川自身努力奋斗,也与扩大内需保持经济平稳增长的宏观环境有关,但可以肯定的是,原来在四川省省内发展中处于滞后的部分受援县市,借由援建帮助正在努力追赶,没有被拉开差距。根据四川省人民政府新闻发布会的资料,2009年四川省受援县市所在的6个重灾市州生产总值平均增速15.7%,高出全省0.6个百分点;财政收入平均增速54.5%,高出全省21.5个百分点。2010年,四川省的重灾县GDP增长16.1%,增幅高出全省1个百分点,规模以上工业企业增加值增加26.6%,比全省高3.1%。城镇人均可支配收入增长15.1%,比全省高3.4%,农民人均纯收入增长19.5%,比全省高4.4%。受援县市经济规模成长具体情况如表6-12所示。

表6-12　受援县市经济规模成长情况

地区	地区生产总值（万元）		第一产业增加值（万元）		第二产业增加值（万元）		第三产业增加值（万元）		人均国民生产总值（元）	
时间	2007	2010	2007	2010	2007	2010	2007	2010	2007	2010
都江堰	1162156	1435446	154029	173592	428894	498664	579233	763190	18568	22306
彭州	1084228	1492148	247086	306330	496609	722907	340533	462911	14028	19343
崇州	795896	1124613	182743	236902	333316	478722	279837	408989	12280	17331
什邡	1272761	1357819	152449	180011	820967	809867	299345	367941	29703	31881
绵竹	1425244	1181015	165125	184539	977729	712787[1]	282390	283689	28863	24533
安县	507278	558949	180332	171886	199899	240189	127047	146874	10439	14306
北川	131631	234361	43215	60539	55422	97066	32994	76756	8598	11316
平武	163343	190708	49974	47764	74728	92401	38641	50543	9366	11352
江油	1384432	1780064	218034	251833	661440	862035	504958	666196	16438	22055
青川	137825	159398	56786	49078	39170	49876	41869	60444	6107	7206
剑阁	326409	497804	134256	184807	81463	135813	110690	177184	5726	9542
汉源	221280	314428	81340	85868	73064	128697	66876	99863	6972	9714
汶川	287721	337730	18046	16615	221969	240673	47706	80442	26404	31801
理县	63310	91364	7620	11680	40630	57635	15060	22049	13425	19398
茂县	101301	143924	16653	25982	53455	83231	31193	34711	9512	13489
松潘	81986	85818	16397	19597	16522	22390	49067	43831	11596	11870
小金	44951	64120	10224	15787	14024	19821	20703	28512	5770	8065
黑水	49366	88060	9404	12397	27903	55711	12059	19952	8367	14531

注:【1】绵竹市东方汽轮机集团灾后迁往德阳市经济开发区,不计入绵竹市工业统计。

数据来源:四川省统计局.四川统计年鉴(2010).中国统计出版社,2010

（3）通过行使自由裁量权实现资源互换，获得援建利益

作为受援方政府一方面承担着自我重建以及对口受援两大使命，另一方面对于庞大的援建资源，也非常看重。令受援方感到高兴的是中央《汶川地震灾后恢复重建对口支援方案》中提及援建的具体内容及方式由支援方、受援方双方政府协商确定，赋予政策执行者以自由裁量权力。所谓"自由裁量"是一种能作出自主判断的被保护的空间，同时更是各种权力、价值、利益的交换与分配过程（王学栋，2007）。受援方政府的可行选择是以自身握有的权力和谈判优势，向支援方争取部分援建资源。同时，受援方也以支援方帮助解决援建中的一些棘手矛盾问题为前提，向支援方让渡部分援建权力或放宽援建管制。

受援方从支援方处获得援建资源的主要渠道是以"交支票"工程形式分配到援建资金，在不同省的对口支援中受援方获得的援建资源有差异。

第一类是和支援方平分秋色。如安县接受辽宁省援建投资41亿元，双方政府商定援建资金在2000万元以下的项目以"交支票"工程为主，此类项目占项目总资金的3/4。江油承接河南省援建中得到了270个"交支票"方式项目，金额为13亿元，占整个援建投资的43%。

第二类是与支援方各得其所。如彭州市接受福建援建，获得了"交支票"项目共有31个，项目数量不多但涉及领域要害，彭州市说服福建省将住房援建资金12亿元全部交给该市统筹安排，将其中的7.4亿元作为受灾群众永久性住房补助资金，另外4.6亿元用于建设115个永久性安置点项目。彭州市承担的"交支票"工程还有彭州职业中专、军乐职业中专、彭州市残疾人综合服务中心、15个镇残疾人康复医疗站等中型公共服务设施，服装纺织技术创新（西南）中心、闽彭产业园区标准化厂房等产业设施，也有基础设施，如福建路，该路长13.8公里，项目金额为1.98亿元，是福建"交支票"工程中造价最高的项目。都江堰承接的上海对口支援工程中，城乡用水治污体系、支农惠农保障体系、公共服务设施支撑体系、软件支持方面以"交支票"为主，低保家庭自建房补助、困难家庭安置援助、场镇整治补贴、公益项目运行补贴等采取"交支票"方式，计划生育服务站、农村居民集中安置点配套建设则采取联建共建方式。

第三类是受援方分到少量援建份额，汉源县从湖北省援建方案中分到了20个"交支票"项目，什邡市则承担了7个"交支票"项目以及40个联建共建项目，规模都比较小。

重建中的棘手问题包括物质和环境两方面，物质困境方面集中体现在大规模重建工程上，在援建期间北川新县城、松潘新城、汉源新县城进行了整体性重建，比这些规模稍小的还有绵竹汉旺新镇、汶川县城威州镇、安县晓坝镇、北川漩坪乡等，这当中涉及土地征用、宅基地调整、损毁房屋确权、补偿、拆除、居民

临时安置、失地农民社会保障、建设规划、施工协调、工期控制等繁杂事项。环境困境主要为外界对这些明星灾区的高关注、灾区民众的高期望以及地震以来民众积累的对建筑质量、救灾物资分配方面的不满意。中央、省高层领导频频访视、支援方政府组成高规格的指挥部进驻灾区,对受援方政府而言起到了强化行政威信,提振重建信心、润滑重建纠纷的作用,支援方的一些有力举动,如注入住房维修重建补贴资金、提供农房贷款贴息补助,提供生活困难户慰问金、承担援建的主要工程量和实施难度大的项目等,使得受援方政府在规避或解决援建中的尖锐矛盾时更有余地,在与灾区民众就土地、补贴等问题开展谈判时可以将支援方政府作为"缓和地带",或将矛盾转嫁给他方。棘手问题得以顺利解决并使受援方政府官员的工作业绩和政治声誉得以凸显,由此带来派生的政治利益,部分灾区地方政府的主要负责人在重建、援建期间获得了拔擢。

受援方获取援建资源和利益的同时,作为资源交换,支援方也从受援方手中获得了援建中的充裕行动空间,如前文述及支援方大量引入本省市建设力量参加援建,此外支援方实施项目中,在立项、论证、造价预算、审批、招标、三通一平、施工保障、建材价格管制上得到受援方一路"绿灯",在援建成果宣传上也得到了受援方的全面配合,这些利益成为支援方愿意出让部分资源的"对价"。

4. 与民众期望相符的政策结果

灾区民众是对口支援政策瞄准的群体,中央领导人谈话和灾后重建、对口支援政策文本中均提出了家家有房住、户户有业就、人人有保障的政策目标,从需求角度看,灾区民众需要的既有安居房、廉租房、公共服务设施、基础设施、公共文化、社会保障等公共产品,也有私有住房、就业等非公共产品,后者在政府主导的援助行动中也被染上了公共产品的色彩。因而,对口支援中需要解决公共产品的提供位序和供给方式问题,这主要取决于政策环境和政策执行者的判断,同时也受政策受众——灾区民众的理性计算和政策期望影响。

有两个方面需要指出,一是民众对公共产品需求的位序因时而异,如有的研究者分析的农民基本意向是先生产、后生活,先发展、后维持,先个体分享、后集体分享(刘义强,2006)。在受灾之后,这些位序结构的位移会更复杂。二是受援地区的地理、经济、文化状况、受灾情况有较大差异,民众的诉求重点有所不同。四川省受援地区的经济基础基本可分为两极,一极是都江堰、绵竹、什邡、江油、崇州、彭州等经济较强、交通便利、人口稠密、民众生活较富裕的县级市,另一极是以北川、小金、黑水等为代表的人口较少、经济较弱、交通不便、生活困难群众多的县,这些县域的经济总量规模只相当于沿海发达地区的一个村。除了共有的需求外,前者中有部分民众或企业对投资的需求非常强烈,希望借由援建使当地的经济和个人的产业恢复活力,后者中有部分民众对灾害带来的破坏和周边环境的危险性心有余悸,特别希望保持好环境,避免次生性灾难发生(南海网,2008)。因此,我们在比较对口支援政策执行结果与灾区民众期望的契合程度问题时,尽可能多地将不同类型的民众诉求放置在两者的对照体系中,从更多的角度来探寻对口支援的政策执行问题。

(1)可及性:民众获得了及时救援,逐步回归到正常生活状态

根据形势和应对灾害侧重点的不同,我们可以把后地震时期分为抢险救援、紧急安置、重建实施、恢复正常四个阶段,各个阶段的对口支援给灾区民众提供的援助有所不同。

在抢险救援阶段,灾区民众获得了紧急抢救、收容避难、免费医疗和生活必需品供应、钱物捐赠、心理抚慰等方面的援助,脱离了险境。

在紧急安置阶段,无家可归的民众获得了板房、帐篷及基本生活设施,自建临时安置所的民众获得了政府补贴,参与援助的各方政府为民众发放了生活补贴,帮助灾区民众和企业恢复生产,学生复课。公安、卫生、防疫、心理等专业队伍就地提供服务,或采取了异地就医、就学等补充措施,维持了基本的生活秩序。

在重建实施阶段,临时性的板房学校、医院等维持了公共服务输送,新建成的教育、卫生、交通、水电基础设施提升了公共产品供给能力,农村灾区先行维修和建成了永久性住房满足了居住需求,产业恢复和就业援助受到重视,地震遇难者家庭、因灾贫困家庭、因灾病残者得到了一些抚恤和扶助,灾区民众的基本生活环境和质量得到提升。

在恢复正常阶段,各方政府着手分配已建成的援建住房,保持援建设施的正常运转,安排援建结束后的后续支持,民众开始全面享受到援建的成果,受灾地区的社会面貌、设施水平与灾前相比明显好转,大部分灾区民众有固定居所、有一定渠道的收入来源、能够享受到教育和医疗服务,生活走向正常化。

在这几个阶段中,灾区民众最集中、最关注的政策效果体现在住房、收入两大方面。

首先是住房。住房援建是对口支援的首善工程。汶川地震中,农村居民住房有2亿平方米严重受损、倒塌;城镇居民住房有近0.8亿平方米严重破坏、损毁。据统计,对口支援直接投入到住房项目的资金为245.5亿元,占援建总投资的28.5%。此外,对口支援还在与居住配套的农村体系、城镇体系建设中投资103.71亿元。由于城乡建房方式的差异,住房援建的结果也有所不同。

2008年年底,农村地区完成了房屋加固维修,对口支援安排的免费安全检

测、技术指导和 5000 元的补贴给灾区民众提供了部分支持。对于需要重建农房的农户,对口支援政策提供的支持是建房补助,农房重建贷款的贴息,提供建房图纸和建房质量技术指导,扩大钢材、水泥、红砖等建材的供应。在资金补贴上,支援省市在国家和四川省规定的补贴标准基础上又增加了一部分,如广东东莞市用援建资金给映秀镇居民发放了 1.2 万元补助,茂名市给银杏镇居民发放了 1 万元。山东省、河南省的补助标准为 3000 元,并提供农房重建贷款担保和贴息。江苏省、辽宁省为 5000 元。这类援助为农房重建提供了启动性资金,并在一定程度上减轻了民众住房的经济负担:

> 绵竹金花镇的灾民,从中央、四川省、江苏省处获得的建房补助总共为三人户 2.7 万元,4~5 人户 3.1 万元,6 人户 3.5 万元,每户可再贷款 2 万元,两种方式相加可筹得建房启动资金 5 万元左右,盖一栋两层楼 130 平方米的新房花费为 9 万元,农户需要另外筹借 4 万元左右。(《绵竹市访谈笔记》)

都江堰、彭州等地的一些居民在得到援建支持的同时,享受城乡统筹的政策优惠,可以用宅基地换取人均 30~35 平方米的房屋,只需交纳超过面积部分的房款。在房屋建设过程中,有些支援省市采取"交支票"方式支持当地政府建设农房统规统建式集中安置点,并帮助建设通村道路、电力、供排水、垃圾处理场等居住设施,有些支援方组织施工队伍进行乡镇、场镇重建,对民众统规自建、合作建设等方式建房,支援方政府提供了技术指导,通过上述方式促进了灾区农房重建在 2009 年年底基本完成。

在城镇房屋修复重建上,对口支援主要介入了安居房、廉租房建设,这部分房屋建设资金由支援省市全额投入,"交钥匙"和"交支票"建设方式并用,它的建成使城镇灾后住房毁损户、拆迁户和无能力解决住房的困难户直接受益,尽管不能完全满足上述两类灾民的安置需求,但对于稳定灾区民众的情绪,解决住房矛盾的意义非常重大:

> 汶川县映秀镇居民马××一家购买了 100 平方米的安置房,花费了 77000 元,由于他获得了国家和四川省 2 万元的建房补助,还获得援建方东莞市的 1.2 万元补助,红十字会捐赠了 2 万元,按照上述金额计算,个人自筹或需要贷款部分约为 2.5 万元。(《瞭望东方周刊》,2009)

其次是收入。在民生的诸多指标中,民众最看重的还是收入指标,收入同时牵扯到从业方式的合理性、生活水准的宽裕性。地震之后灾区民众的生产资料灭失或生产条件恶化、劳动力受损、工作机会减少,而恢复重建的开支骤增,维持和增加收入的矛盾扩大。对口支援政策的执行为灾区民众稳收增收开辟了多条渠道:

第一,通过招揽外来企业来灾区投资办厂,提供新就业岗位。如安县引进的支援方辽宁省的骨干企业华晨汽车营建产业园,吸引华晨汽车及其 14 家配套企业和 4 家其他企业落户,带来上万个工作岗位。

第二,通过扶持灾区原有企业的生产,帮助其拓宽销售渠道,稳住就业岗位。如河北省帮助建设平武工业园基础设施,将宏建木业、鑫源茧丝绸、馨悦魔芋、矿业公司、银厂沟金矿、虎牙铁锰以及建材生产企业等平武优势企业积聚起来,扩大产能、升级技术、增加招工人数。北京为什邡农产品开辟了到北京市大超市销售的通道,2008 年的销售额达到了 1000 万元。上海和山东帮助受援县市组建了农产品物流体系和交易平台,广东为汶川建设了蔬果冷藏保鲜设施,延长了农产品保存、销售周期。

第三,通过培训劳动力、跨省介绍工作,使劳动力分流增收。如浙江省动员296 家企业提供近万个工作岗位,福建省社保厅精选了 174 家企业,2.5 万个待遇较好而且符合灾区劳动者的就业岗位。河南省向江油市提供有效工作岗位信息 5200 余个,安置江油市劳动者到河南就业 500 余人。

第四,引入农业新技术、新品种,开发旅游新产业项目,提升传统行业的收入。如上海援建中,扶植了都江堰天马镇循环农业、翠月湖食用菌生产基地、石羊镇粮食—川穹特色产业示范带、柳街镇草木花卉示范生产基地、大观镇四川泡菜初加工基地、胥家镇有机猕猴桃示范园、青城山镇生态家园与休闲观光农业、向峨镇茶文化展示、崇义镇农作物生态化高效种植、安龙镇川西盆景展示基地等,惠及 12 个乡镇,60% 的耕地和 44% 的农民。山西省支持茂县坪头村组建了水凤羌寨旅游文化公司,采取"村两委会+农户+企业"的模式引入资金,将30 多户房屋改造成乡村旅游酒店,其中 7 家达到了星级酒店标准,增加了旅游的收入。与此同时,伴生于灾后重建、援建的"地震经济"升温,也帮助灾区民众增加了短期性收入。

下面一些数据从不同角度反映了援建过程中灾区民众收入的良性走向,2010 年四川省 51 个地震重灾县城镇居民人均消费支出 11292 元,比上年增长13.7%,民众更敢于在家庭设备用品、医疗保健支出、交通和通信、教育文化娱乐服务方面花钱。购买力的增长反映了一定程度的收入稳定性和可持续性。2009 年,剑阁县农民人均现金收入 3408 元,增加 329 元;城镇居民可支配收入

10763 元,增加 1421 元。2010 年茂县城镇居民人均可支配收入 16105 元,增长 50.6%;农民人均纯收入 3700 元,增长 49.5%。另据四川省统计,灾后三年共帮助 170 万灾区民众就业,登记失业率从震后的 7.5% 下降到 4%。

(2)均等性:通过援建使更多灾区民众享受到了更完善的设施和服务

基本公共服务均等化追求的是不同地区、城乡之间、不同社会阶层的民众能享受到大体相同的公共服务,作为一个长期的目标,不可能期望通过对口支援来完成,但援建政策的执行在一定程度上推动了这一目标。

公共服务均等的重要实现条件是规划的合理性,对口支援中对教育、医疗、社会福利、文化、体育等公共服务设施和交通、饮水、广播电信、城乡环境等与民生有关的设施进行了详细的规划。援建中,过去公共服务设施落后的偏远地区在这方面实现了从无到有。如湖南省投资 2 亿元援建的理县文体中心,包含了文化馆、图书馆、民俗博物馆、体育馆、电影院、职业培训中心等多个功能建筑;浙江省援建青川的"智慧岛教育园区",耗费 4.7 亿元,使青川第一高级中学、青川县职业高级中学、青川县教师进修学校、体育馆、竹园第二初级中学等以足够的规模、全新的设施重新服务于当地文教需求。援建也使受援县市的城乡服务设施均得到了资助,特别是解决了农村民众的一些生活难题。如浙江援建中实施了 268 处农村饮水工程,建成 1000 个集中供水设施、10000 个分散式供水设施,使青川全县 25 万人都喝上了自来水。广东省援建汶川中,在县城以外的 11 个乡镇各建设一个综合公共服务站,按照 1000 平方米配置,包括文化站(300 平方米)、广播电视转播站(100 平方米)、劳动保障服务站(140 平方米)、老年人服务站(320 平方米)、党员和群众教育室及其他用房(140 平方米)等。

公共服务均等的另一个支撑是财政充盈。援建中不单是支援省市投入资金,由于受援县市财政能力的增强以及受援县市在灾后重建中的雄心勃勃,增加了营造公共服务的资源。如地震前茂县财政收入为 4000 万元,到 2010 年地方财政一般预算收入达到 1.16 亿元,增长了近 2 倍,当年固定资产投资完成 60 亿元,比上年增长了 422.9%;剑阁县 2009 年成为四川省县域经济发展先进县,地方财政一般预算性收入实现 1.13 亿元,比上年增长 173.5%,固定资产投资完成 57.6 亿元,增长 152.5%(固定资产投资中也包含公共服务设施投资)。灾后重建过程中,灾区县市之间展开了重建竞赛,支援省市之间也在暗地竞争,且不论庞大的重建、援建资源使用的合理与否,灾区民众能够从中受益是不争的事实。

还需要提及的是援建中少数民族群众的习俗、生活需求得到了特别的尊重和照顾,一些羌族、藏族群众聚居的传统村寨在重建时尽可能地考虑了当地群众的建筑方式和生活习惯,一些公共建筑也体现了民族特色,如汶川县医院原设计方案是医院门口面向市政广场,但根据当地民族风俗,县医院门口不宜面向广场,医院大楼的屋顶也要特殊处理,援建为此修改了方案。汶川中学援建时,原打算外墙采用马赛克,但是当地群众希望能够建成羌式的白石风格,建设方尊重群众意愿,找到了一种白色的涂料敷设在外墙上,达到了与传统建筑近似的效果。

(3)话语权:援建中民众获得了一定的自我决策空间和监督机会

作为一项政府主导政策,对口支援对于灾区群众参与问题规定得比较有限,《汶川地震灾后恢复重建条例》只提到:编制地方重建规划、灾后重建异地选址的,要充分听取受灾群众意见。乡村重建应尊重农民意愿,发挥村民自治组织的作用。尽管政策给予民众参与和自我决策的空间非常有限,但灾区民众在这方面的期望却很强烈,背后的动因既有民众对重建家园的高度负责的态度,也包含着民众对政府的不信任态度,其中一部分期望转化为民众的集体行动,影响着对口支援政策结果的走向。

灾区民众参与度最深的是住房重建。房屋价值占受灾居民财产价值的绝大部分,是灾区民众的核心利益,在重建住房方面各方政府给予了有限补助,其余建房资金需要民众自行解决。农村住房重建过程中,民众对房屋的选址、房屋的面积、功能、建房方式和成本、建房资金由谁来管理高度关注,对对口支援各方政府提出的方案有不少不满意或保留意见,虽然大多数乡村的住房重建还是按照政府的意志和方案执行,但有的地方民众的自主性得到了承认。

> 彭州通济镇花溪村农房重建,村民刚开始大多选择统规统建,建房所需资金中除去各方政府补助的每户1.6～2.2万元和城乡统筹支持资金每人8000元,每户农民需要人均出资1500元才可以入住。但村民们讨论后认为统建的房屋没有院坝,不方便今后的生活,如果要自建的话,按照人均35平方米的标准修建,每户居民们还需要自己支付2万～6万元。尽管如此,村民们还是决定选择统规自建。这种现象不是孤立的个案,彭州市政府在汇报对口支援工作情况时,专门提到"一些村的群众自发议事,讨论决定重建方式、重建选址、户型设计等问题,在所有灾后重建涉及的村都建立了村民议事会、村务监督委员会,民事民议民定"。(《彭州市调查笔记》)

比上述参与走得更远的是少数地方的村民合作建房。这种模式下,灾区民众的诉求表达得更加明快,对基层政府的不信任感也降到了较低水平,民众的期望得到了更圆满的实现。

汶川县草坡乡码头村在深圳国际商会和红十字国际基金会的联络下,邀请了台湾设计师谢英俊进行住房设计督建。台湾设计师提出一种轻钢房设计方案。房屋以轻钢为构架,底层是砖石,二、三楼是钢架,用钢网做围墙,钢网中间填充保暖材料,建房时可以充分利用当地的石料、木材,每平方米的建安成本约 400 元,再算上人工成本,一幢 150 平方米的房屋,总造价在 6.5 万元左右,在经济性和安全性上都有优势。按照这个方案,码头村共建设了 108 户民居,由于由国家补贴的每户 2 万元以及慈善组织的捐赠,民众的经济负担也比较轻。(汶川县新闻中心,2009)

茂县太平乡杨柳村,清华大学志愿者借助这种协力造房技术和社区建设理念,进行了"可持续性乡村重建"社会试验,并总结出了地基抓阄分配、组织村民自建队、换工等,施工等村民建房参与模式,完成了 21 户钢架房的建设。(清华大学,2010)

茂县杨柳村合作建房照片

(图片来源于清华大学"可持续性乡村重建——杨柳示范村计划项目结题报告,2010")

在对援建的监督方面,灾区民众借助了官方渠道。据四川省监察部门介绍,共有 343 名灾区各界代表被聘任为恢复重建社会监督员,灾区群众向纪检、司法部门举报了 13088 宗违纪线索,1318 件案件被查实,这当中也涉及对口支援政策执行的问题:

安县秀水镇新春村有 30 多户农户领到了住房重建补贴,但它们当中有些房屋根本未开工建设、有些房屋被村民卖掉放弃重建,有些房屋属轻度受损,本应维修加固却被鉴定为需要重建,村干部却为它们办理了竣工验收手续,使其领到了重建补助。多名当地民众向检察

机关举报,违纪干部终于落马。(《安县调查笔记》)

但更多的民众选择通过非正式渠道向外揭露对口支援政策执行者的举动,如一些灾区民众到支援省市前方指挥部去反映当地干部的情况,冀望上级政府和高官来帮助民众监督他们。有些民众联络新闻记者来灾区实地观察采访,希望当地官员会有所忌惮。上访、围堵乡村党政机构等较为激烈的手段也被采用。民众能监督到的主要是那些直接针对灾民的援助措施,对于更庞大的对口支援工程建设和执行效能,民众则很难获得信息,监督非常有限。

综上所述,研究发现对口支援的政策结果中,有相当大的比例是与中央政府、支援方政府、受援方政府、灾区民众对该政策的期望相符的。换言之,对口支援政策制定者、执行者、政策适用主体以自身期望为动力,积极推动了这项政策的执行,收获的政策执行成果亦使各方主体的期望得到了大幅度实现(表 6-13)。

表 6-13　符合政策期望的政策执行结果情况

	政策期望	政策结果
中央	援建进度 援建资金 援建效益 援建廉洁性	3 年援建任务 2 年完成 1％的财政足额投入 民生建设受重视 绝大多数工程质量和安全经受了考验 没有出现大面积违纪、违法犯罪现象
支援省市	政治声誉 援建中的主导权 划分与受援方的权力与责任 开展援建的环境保障 争取优惠 与受援方纠纷能够妥善解决	中央高度肯定,媒体赞誉,群众满意度高 保持了援建的主导权、援建人员、项目、资金有效受控 本省市企业自我消化援建资金与受援方政府形成了部分协同效应
受援县市	支援方尽力而为 支配一部分援建资源 支援方帮助实现经济社会发展战略 民众服从指挥,节制个人利益	获得了先进的设施和充足的资金 在援建帮助下实现了当前的经济社会发展目标 与支援方进行资源互换,获得了利益
灾区民众	全面、长期、公平地享受援助 参与对口支援,反对政府包办	得到多方面的援助,生活逐步恢复正常,在享受公共服务方面均等化方面取得进展,在自主重建和监督援建中获得一些机会

同时,我们也发现上述各方政策主体的期望未能全部实现,如中央期望对口支援能本着速度与效益并重的原则开展,而部分对口支援项目的资源耗费超

过预期。支援方政府掌控对口支援的主导权以及和受援方政府妥善解决纠纷的期望在援建实施过程中不尽圆满。受援方政府期望获得更大的援建资源支配权,希望包揽灾区群众的援建活动也受到了掣肘。民众希望得到长期的援助,希望自主重建的愿望在援建过程中未能遂愿,对于这些问题,下文将进行详细的分析。

二、不符合政策期望的政策执行结果

中央是对口支援政策的主要制定者,中央出台政策文本如《汶川地震灾后恢复重建条例》、《汶川地震灾后恢复重建总体规划》、《汶川地震灾后恢复重建对口支援方案》中设定了对口支援的主要政策目标,并通过中央的政策期望向外传达。由于政策制定和执行之间的"鸿沟"(gap),中央的政策期望在转化过程中,既会产生一批符合期望的政策结果,也会产生一些与期望相偏离的政策成果,后者同时也与对口支援的政策目标存在差异,即不符合中央政策期望的政策执行结果必定也不符合对口支援政策目标。

对支援方和受援方政府而言,首先,它们必须执行中央的既定政策,将中央的政策期望转化为政策结果。同时,它们也有着自身的一些政策期望,这部分期望中有相当多的成分是互向的,即针对参加对口支援的另一方政府,如对于援建资源的分配、援建话语权的多寡等。这部分期望是隐性的期望,它必须依附在中央的期望之上,借贯彻执行中央期望的名义来实现。因而,我们可以将支援方、受援方的期望中同中央政策期望相一致的部分合并在一起研究,而对于双方政府期望中带有各自政府利益色彩的隐性期望,也带来一些对口支援的政策结果,但这种政策结果是通过强化、干扰或替换中央政策期望的方式来实现的。在研究中我们不逐个分析这些政策期望及其结果,而是通过综合判断某种政策执行结果是否符合中央的政策期望,进而确定它与对口支援政策目标之间的关系。

对口支援政策是针对灾区及其民众所设计的,研究对口支援政策执行必定需要分析民众的政策期望哪些得到了实现,哪些方面没有实现。换言之,有哪些政策的执行结果符合民众期望、令民众满意,哪些政策执行结果不符合民众期望、民众不满意。前述民众期望与对口支援政策目标之间的关系是大部分重合,小部分存在差异。满足了民众的期望意味着对口支援的政策目标得到实现,民众的期望没有实现不必然代表政策目标未能实现,我们可以以公共利益为分界线来审视符合民众期望和不符合民众期望的政策执行成果中有哪些和对口支援的政策目标相关。因此,本部分我们将从不符合中央期望和不符合民众期望两个维度来分析对口支援政策的执行结果。

1. 不符合中央期望的政策执行结果

从中央的对口支援政策文本中可以归纳出效益、速度、质量、廉洁四个对口支援政策执行的关键控制点,但各方政府和灾区民众在上述四方面的侧重点和相互关系上的理解和期望不尽一致。政策执行的结果折射出的各种问题也与这四个方面有密切关联。

(1)各方政府过于追求援建速度,出现赶进度工程和献礼工程

尽管国内外灾后重建提出了一条重要经验即救灾要快、重建要缓,但在各方政府的政策期望中,这一意见没有被重视,各方政府将政策期望转化成为一张张时限表,对各类援建项目下达了限期完成的死命令。如农房重建的进度,青川县政府做出要求,2008年10月必须全面开工,2009年4月要完成重建量的40%~50%,2009年6月要完成80%的工作量,2009年9月要全部完成,要求各村每个月上报援建进度,并进行排名评比,一位因建房进度滞后被免职的村干部诉苦:

> 一些老百姓手上没多少钱,加上重建的时间点上各种建筑材料和工钱涨价,供应紧张,短时间搞不起,还有一些老百姓在犹豫是维修还是重建,有的老百姓出外打工、家里人手不够,有的是家里有人生病,这些都拖了后腿。(《成都调查笔记》)

同样的情况也发生在甘肃文县,有些统规自建房缺资金、缺建材,按时开工了但建到一半被迫停下来,成了半拉子工程。到2011年1月,有些人家还是没钱给房屋上梁和瓦,仍然无法居住(尹鸿伟,2011)。

在政府投资的援建工程中,缺钱的情况不存在,但赶上建设进度亦成为建设方的沉重负担:

> 汶川水磨镇中学于2009年1月23日招标,2月2日开工,按照"2009年9月1日前大部分学校要在永久性建筑恢复正常教学"的要求,各道建设程序被安排得异常紧凑,建筑工人被要求加班加点、轮班上岗,直到2009年8月23日深夜才完成主体工程,到8月26日才完成扫尾工程,以迎接新学期开学典礼和各级领导的视察。(刘宏葆,2011)

与赶进度工程情况类似的还有献礼工程。由于中央领导和支援省市负责

人考察灾区的时间有一定的规律,主要有元旦、春节期间、中小学开学时段、国庆时段、地震纪念日 5·12 前后时段。为营造气氛,对口支援双方政府喜好选择领导视察时密集举行工程集中开工、竣工交付仪式,姑且称之为献礼工程。在塑造政绩的同时,援建工程多耗费的人力、物力资源和潜在的建设风险往往被忽视:

> 彭州小鱼洞大桥于 2008 年 10 月开工,考虑到大桥处于地震断裂带、地质结构复杂、大桥与河道斜交 45 度等因素,额定工期是 320 天,在施工中遇到了桩基塌孔等技术难题,工程进度不快。支援省市领导来彭州视察后,提出希望小鱼洞大桥能在 2009 年 5 月 12 日地震一周年纪念日建成通车,于是省指挥部专门成立小鱼洞大桥建设领导小组,聘请国内 20 多位桥梁设计、施工、地质、吊装等专家参与项目技术指导,修改施工方案,承建方路桥建设公司加派机械设备和施工人力,采取昼夜加班的方式,最后建成大桥的实际工期为 192 天,比工程定额工期缩短 128 天。(《彭州市调查笔记》)

(2)部分项目对施工质量控制不够严密,留下隐患

对口支援政策执行中针对质量问题设置了不少控制关口。但是援建工程的大面积铺开以及监控力量有限,建设质量管理难免出现漏洞。少数建设工程被检查出质量问题,如某县中医院建设中,医院主体外墙设计方案为实心墙体,但检查发现被建成中空墙体,必须重新施工(辽宁省审计厅,2009)。在分散建设的大量小型工程中如"交支票"项目中,质量问题时有发生。国家审计署审计的 753 所学校恢复重建工程中有些是"交支票"工程,发现屋面渗水的质量点有 123 个,发现吊顶、天棚、护栏、扶手安装不当、缺少的有 37 个,发现钢筋间距达不到设计标准的有 5 个。比较严重的质量问题如彭州市白鹿小学,78 个教学楼基础承台有 34 个出现轴线偏移,在混凝土浇筑上存在露筋、疏松等不规范现象,用于承重的框架柱尺寸偏小(国家审计署,2010)。民众自建的工程则没有被列入审计范围,其质量问题被曝光的不多,如前文提到了北川县陈家坝乡农房重建有质量缺陷,而类似的质量问题在甘肃省文县也有出现,部分灾后重建农房由于聘请资质不够的施工队伍以及缺乏质量监督,被甘肃省建设工程设计研究院鉴定为"停用房,无法使用"。一批官员被追究责任(尹鸿伟,2011)。据在灾区活动的志愿者介绍,有些农户迫于资金压力,只能将房屋造的比通常标准矮,有些房屋用的是细钢筋,有的房屋双层砖砌墙变成了单层砖,被称为"半匹砖墙",如果再遇到灾害,这些房屋就是高危建筑(《成都市访谈笔记》)。

与工程质量密切相关的是建设管理、监理的规范程度。各省市在针对对口支援工程的审计中发现部分"交钥匙"项目存在现场管理人员配备不足,施工日志、监理日志不完整,缺少建材出厂合格证、检验报告,重要施工工序监理人员未旁站等问题。发现"交支票"项目中除上述问题外,还存在工程概算编制较粗、工程决算中多计造价情况,受援方拨付项目资金到位不准时、征用土地未及时办理手续、部分项目未及时办理施工许可证,未进行环境影响评价、项目竣工后决算资料的整理及编制没有投入人力等问题(黑龙江省审计厅,2010;上海市审计局,2010;山东省审计厅,2010;河南省审计厅,2010)。由于审计抽查面有限,加上过分追逐工期、"交钥匙"、"交支票"项目管理权限不同等因素,这类项目管理漏洞不是个别现象,虽然不至于都酿成质量缺陷,但埋下的隐患是不可小觑的。

(3)财经违纪行为和腐败案件威胁到援建资金的安全

对口支援政策执行中涉及救灾物资分配、基建工程、政府采购、招投标等项目的违纪腐败案件高发领域,虽然中央部署了灾后重建资金、物资监管工作,各支援省市和受援县市也相应建立起审计、纪检监督防火墙,但无法根除援建中的违纪现象。如安县财政局将辽宁省拨付的援建资金用于自身重建项目,其中过渡板房资金占用了 2000 万元,农房贷款担保金占用了 5000 万元(国家审计署,2010;辽宁省审计厅,2009)。安徽援建松潘指挥部则动用 3718 万元援建资金发放受灾农村房屋重建的委托贷款,动用援建资金 600 万元支付松黑路的勘察设计费用,而这两项工程都没有被列入援建方案(安徽省审计厅,2010)。援建还给一些贪腐官员可乘之机。据中央纪委的通报,受到党纪、政纪处分的官员的涉案领域与对口支援关系密切,如都江堰民政局副局长在救灾物资分配中出现违纪被免职,原广元市副市长吴连奇被双规,汶川县政协副主席、国土局、财政局局长、茂县教育局长等官员被检察机关立案侦查,青川县茶坝乡清新村支部书记套领农房重建和加固维修款 8.6 万元,绵阳安县某乡村支书、村委会主任收受村民贿赂 5.6 万元被判刑。

虽然对口支援中出现的违纪现象和违法犯罪行为不能直接归咎于对口支援政策出了问题,但可以探讨的是:一方面,支援方和受援方政府在对口支援政策执行过程中,在满足中央的政策期望的同时也意欲最大程度地实现自身的政策期望,在有些场合这种动机助长了违纪;另一方面,对于对口支援资金和官员行为的监控体系在设计和执行上还存在一定的漏洞。

(4)在援建理念、规划执行、资金使用上比较粗放,影响了援建效益

第一,过于追求规模和功能,大量豪华工程导致援建支出突破预算。

对口支援中支援方政府出于良好的出发点,希望帮助受援县市兴建规模大、功能全、安全性高、造型美观及富有特色的公共服务设施及基础设施,同时

也体现出支援省市的重视程度和援建能力,在这种立场的指导下,对口支援各方政府展开了建设竞赛。广东省在汶川映秀援建中,邀请国家大剧院设计师保罗·安德鲁设计抗震减灾国际学术交流中心、上海世博会中国馆总设计师何镜堂设计震中纪念地和映秀中心卫生院、著名华裔设计师贝聿铭设计映秀镇青少年活动中心,两院院士吴良镛设计新映秀中学。山东省援建的北川新县城会议中心、宾馆等设施,采取了地热采暖、太阳能循环制冷等新技术。广东省援建的汶川中学内配备了室内恒温游泳池和人工草皮球场。江苏省援建的绵竹体育中心建设了 10000 座规模的体育场 1 个,3000 座规模的体育馆 1 个,还建有乒乓球、体操、健身、瑜伽、拳击场馆、标准露天游泳池、网球场、篮球场、门球场,能够承办各种级别的赛事(详情请参阅附录《对口支援成果简介》)。除这些标志性工程之外,一些中小型建筑的功能也很齐全,支援省市援建人员谈到,为灾区建的幼儿园里配置了电脑、投影、钢琴、艺术和美术教室、空调。"在我们市里面,很多幼儿园的设施都比不上这里"(《北川县访谈笔记》)。

这些豪华工程的确能够带给使用者以高度满足感,但也带来其他的政策影响。

一是耗费的援建资金庞大,援建工程中亿元级医院、中学,千万元级小学、百万元级幼儿园并不少见(表 6-14),如上海援建都江堰聚源职业中学投资 1.37 亿元,聚源中学投资额 7115 万元,北街小学的投资额也达到 7687 万元,经测算,上海援建的学校设施平均每所造价达到了 6100 万元。北川宾馆建筑面积 20016 平方米,造价 1.8 亿元,每平方米的造价达到 8992 元。汉源县城关二小援建预算资金 1500 万元,但由于建设了塑胶运动场等项目,实际耗资达 2700 万元,超过预算近 80%。诸多此类工程耗用了大量的资金,使得各支援省市原定的投资预算被突破,如山东省统计对口支援全部支出达到了 109 亿元,超出了计划的 100 亿元,浙江省花掉了折算值 85 亿元的支援资金和实物工作量,比国家规定要求超出了 48%,整个对口支援投入的资金 805 亿元,也超过了 2008 年预计的 770 亿元。当然这当中也有援建期间集中建设,原材料、劳动力成本上涨等因素的影响,但与援建各方政府的预算管理态度有密切关联。

二是设施的后续维护管理成本攀升,使这些设施的使用单位难以承受,如汶川中学校长表示学校的电费令他发愁,而恒温游泳池更是娇气的设施,换一次水就得几千块钱,如果以后没有经费,只能让它空着不蓄水(《成都市调查笔记》)。现在,这一现象已经成为困扰灾区的普遍性问题,四川省教育厅不得不下发文件,要求各级教育行政部门做好设施设备的运行维护成本测算,积极争取财政部门通过列入预算或安排专项资金,解决学校设施设备必需的运行维护经费,确保学校正常运转(四川省教育厅,2010)。

表 6-14　援建中各地投资额最大的工程情况

支援方	项目名称	投资额(万元)
山东	新北川宾馆	18000
河南	李白纪念馆及故居	8975
河北	平武中学	10287
辽宁	辽安路	41000
北京	什邡人民医院	41000
江苏	绵竹体育中心	30000
上海	都江堰壹街区	80800
福建	彭州市人民医院	24000
浙江	青川智慧岛教学园区	47000
黑龙江	剑门关旅游景区	22000
广东	汶川第一中学	26200
山西	茂县中学	18770
湖南	理县理小路	21000
安徽	松潘中学	15000
吉林	黑水吉林大道	22878
重庆	崇州重庆路	61000
江西	小金人民医院	7580
湖北	汉源第二中学	12600

　　在建豪华工程的同时,也出现了援建的规模和功能安排不均衡现象,如漩坪小学,海拔有 2000 多米,冬季气候寒冷,通往学校的输水管道每年 11 月份就结冰无法使用,学校的孩子们只能拿着小脸盆到很远的地方去接山泉水喝。校长说,如果学校能再建一个能够装山泉水的小蓄水池就能解决这个问题,这个设施在援建时没有做设计(《北川调查笔记》)。

　　第二,援建行政化色彩浓厚,忽视市场规律。

　　在援建中,各方政府主导了大量工程的建设,虽然引入了市场化的工程建设管理模式,但在实际执行过程中政府采取"有形的手"指挥、干预的情况盛行,如新闻媒体曾以"温暖竞争"的提法描述了支援省市在建材市场上争购高标号的水泥和建材的现象(中央电视台,2009)。由于援建中市场供求失衡,支援方政府采取这一举措有其苦衷,但在整个援建过程中,各方政府在多方面延续计划经济做法的倾向对市场规律的发挥造成了不利影响,比较突出的表现是各方政府指挥国有企业的方式方法：

> 广东省第一建筑工程公司中标了汶川县水磨中学建设项目，工程于 2009 年 2 月初开工，虽然面临施工条件不好、建材运不进来、衍生的地质灾害治理等困难，但双方政府要求水磨中学主体教学楼必须在 2009 年 5 月 12 日之前封顶，2009 年 8 月 30 日之前竣工。广东省佛山市援建工作组于 2009 年 4 月向广东一建公司总部发公函，要求公司董事长亲自坐镇工地指挥，否则将向省国资委投诉。由于紧迫的工期，广东一建从广东省各工地抽调 300 名熟练工人，直接坐飞机到成都，再坐大巴车到水磨，在路上工人们就分好班组，下车直接投入施工。还调整了其他项目的施工进度，将全公司近三分之一的技术骨干抽调到工地上，实行人海战术。水磨镇寿溪湖蓄水项目由广东南方建筑公司承建，佛山市援建工作组要求在 2009 年 11 月 30 日之前落闸蓄水以迎接广东省领导到汶川考察，为了宝贵的工期，南方公司采取了提高工资、设立不同级别的奖项、奖金当天兑现等措施，对愿意凌晨施工的工人，每人每天补助 50 元，仅奖金就发了 100 多万。（刘宏葆，2011）

国有企业也是市场主体，虽然拿到了援建订单，但其市场主体的地位被政治任务所抑制，在经营方式、成本控制、契约管理等方面发生异化，成为各方政府的"专业施工队"，各方政府这种注重援建工程的政治效益，偏废参与援建的微观经济主体积极性的倾向，不能给对口支援的整体效益产生"加分"效应。

第三，硬件援助和软件援助安排不均衡，影响了援建成果的整体效用。

从援建资金投向领域的分布看，援建中用于智力、技术方面的软件援助的开支要远远低于硬件设施援建。硬件强、软件弱，导致受援地区空有豪华的设施，但设施功效不能充分发挥出来，如松潘医院院长陈晓燕坦言，新医院与老医院相比，医疗检验设备确实有了很大的改善，但灾区本地的医务人员操作起来还不是很熟悉，要对他们进行培训，需要在培训经费和师资等方面多给予支持。另一个尴尬是以前看不了的病、做不了的手术现在还是没有解决，原因在于医生的医技提高不大（《成都市调查笔记》）。四川省政协委员调研了学校援建情况，发现受援建学校的办学硬件提升快，但师资、学科没有上档，小学缺英语、音体美教师，初、高中缺英语、物理、化学教师的现象比较多，有些通过请代课教师解决，有些只能不开课。得到支教的学校往往是那些县乡中心学校、规模较大的学校，而最缺乏师资的并不是它们。同时，一些地方的对口支教主要开展的是学校管理者挂职、教师进修、学生插班等项目，对大部分灾区学生来说不能直接受益（《绵阳市调查笔记》）。

第四，轻视援建资金的集约利用，带来财政负担。

对口支援的过程中，出现了项目为纲、资金服从项目的基调，对于对口支援双方政府而言，灾后重建的资金压力很大，援建中出现一些大胆花钱、花冤枉钱以及资金投向不平衡的政策结果。

①在"大胆花钱"方面。多数受援县市在县域恢复重建规划编制中拼命报项目，将以前灾区仅仅筹划但缺乏条件实施的项目或者与受灾没有紧密关系的项目都提出来，支援方也乐于追求"对口支援使灾区经济社会发展向前跨越××年"的评价，对援建需求的评估非常宽松，双方政府的态度不谋而合，巨额的援建资金被砸在了受援县市各项重建项目当中。但对口支援的财政状况并不乐观，从一些披露的信息看，受援县市在重建、援建中背负债务的情况极为普遍，有些地区的债务负担相当沉重，如汶川县使用了中国银行 50 亿元的授信额度，另一个重灾区北川县政府向银行贷款约 40 亿。以现有的县域经济规模和财政实力看，受援方政府根本无望依靠自身力量来偿还贷款，埋下了财政危机和金融风险的严重隐患。为了体现援建成绩，各方政府不但不惜资金，还对中央的一些政策指导持规避态度。如中央规定对口支援政策要统一执行，不得擅自提高补助标准，而湖南省给予理县住房重建居民 1 亿元的补助，事后将这笔开支的名目改为"湖南省对口支援理县产业发展基金"，江西省对小金县灾民的住房补助为 7428 万元，也循例改为"补助困难农户产业发展资金"。建设部负责人强调，重建的城镇要杜绝城市大马路、大广场、大草坪、大房子（仇保兴，2009）。但在各受援县市，援建的广场比比皆是，虽然这些广场被冠以紧急避难场所之名，但不改其高成本、大手笔之实，这种项目迷恋透支并浪费了宝贵的援建财力，对灾区的长远发展弊大于利。

②在"花冤枉钱"方面。

首先是推倒重建的做法蔚然成风。中国建筑科学研究院专家对灾区城镇 800 万平方米建筑进行了检测评估，估算出轻微损坏的建筑约占 50％，中等损坏可修复的建筑占 40％，严重损坏的仅占 10％。尽管重建规划中提出"不随意提高标准、不盲目攀比、不铺张浪费，尽量维修加固原有建筑和设施，尽量统建共用设施和用房"，但援建中各方都乐于推倒重建。

其次，前文介绍了公共服务设施援建中高度追求项目的数量及规模的例子，如果这些供给超过了受援地区的实际需求，那我们就可以判断为一种浪费。第六次全国人口普查数据显示，中国人口总量在 10 年间增长了 5.8％，而四川省属于人口负增长地区，增长率为 −3.4％，根据历年人口出生数、死亡数和自然增加的人数,以及 2000 年和 2010 年两次普查的人口数可以推算出十年来四川省的人口净迁出数为 546 万(蔡泳,2011)。援建中对灾区人口空心化的现状考虑不足,在受援县市按照超前标准建设的学校、乡镇卫生院难以避免就学、就医人员减少,项目设施"吃不饱"的现象。

再次,各方政府在援建中出现一种共性,就是追求援建特色和风格。综观援建中的城乡规划和建筑单体设计,本地风格、外地风格各领风骚。本地风格包括川西风貌、历史风貌(如仿唐代、仿三国)、民族风貌(藏族、羌族);外地风格包括了江南水乡式、南粤式、四合院式、安徽牌楼式。这一诉求本身无可厚非,但在实际执行中却发生失控,滑向形象工程、面子工程的泥沼。如平武在龙安、平通、南坝三个镇实施了蜀汉风格或羌族风格的风貌改造,涉及 2417 户民居或单位,每户花费改造资金 1.5 万元,共支出 4000 多万元援建资金。青川县乔庄镇一些村规定重建农房要修成青瓦、白墙、人字顶、墙边贴绿色文化石腰线,每一户补给 4000 元,这笔资金不允许农民用在其他建房花销上。拿灾后长远的经济恢复、民生恢复和眼前的美观相比,这种开支的必要性形同"鸡肋"。

③在资金分配不平衡方面。援建中出现基础设施、公共服务设施、城镇建设"不差钱",而房屋重建、涉农援助、智力援助资金偏少的现象,同时也出现明星灾区和非明星灾区,援建重点区域和非重点区域的"苦乐不均"。后文还将对房屋重建问题进行详细的分析,在此简略介绍一些现象,如笔者在走访中发现,安县辽宁大道两旁的界牌镇、花荄镇的重建房屋非常美观,但是走到了比较偏僻的黄土镇,重建的房子就变矮,也没有外饰(《安县调查笔记》)。从这种"一街两景"、"一县两景"景象可以看出当地政府在建房资金安排上的捉襟见肘。在涉农重建方面,根据银监会统计,到 2009 年年末,灾区农村合作金融机构(农信社)网点的完工率只占规划目标的 37%,远远落后于其他银行业金融机构。其原因是农信系统的对口支援金额偏少,18 个支援省市总共只筹集了 8592 万元。银监会之所以担忧农信社的重建,是因为灾区农房重建的贷款中有九成以上都是该机构发放的,它们对农业产业恢复意义重大(蒋定之,2009)。

(5)当前援建与长远发展轻重失序,受援地区产业发展振兴存在隐忧

中央对口支援方案中提出要把灾前当地恢复和长远发展结合起来,既重"输血",也重"造血"。援建中最主要的"造血"措施是帮助受援县市发展产业,对口支援各方政府拿出的援建成绩单中详细介绍了产业援建部分的设想、投资情况,但对效益实现情况和产业发展前景着墨不多。判断产业援建的政策是否有效,一是要看有没有出现一个或多个重要产业的高速增长的局面;二是要看能否摆脱对上级政府政策支持的依赖,逐步实现利于自我增长的经济结构。目前,关于灾区原有产业恢复生产之后的表现、新产业项目建成后的投资回报率、

产品市场占有率这些与效益相关的因素没有全面的数据,我们主要通过一些个案来讨论。

第一,对农业产业升级、增效着力不多,面貌改观不大。

绝大多数受援县市中农业是主导产业,在地震灾害中农业受创严重,农业援助的主要举措包括帮助农民恢复生产,为重建、援建中失去土地或转换身份的农民办理社会保障,完善农业基础设施建设和流通设施,发展特色农业,培训农民,推广新农技,扶持农业产业化等。从援建金额和投入力量来看,农业援助在对口支援政策体系中的地位并不突出,扶持力度不如其他产业。从下列两方面的政策结果看,农业援助的期望实现的程度不高:

一是在恢复重建和对口支援期间,不少原先务农的民众转变就业类型,流向了重建过程中出现的"地震经济",如交通运输、餐饮、旅店、运输、建材等。一些青壮年男性在重建工程中寻找工作机会,一些留在当地的民众则见缝插针做一些小生意。

> 在汶川映秀中滩堡村,民众在临时安置板房区开起了餐馆,主要消费对象是援建施工人员、记者、零散游客,餐馆没有办理营业执照,也未申报税收,当地民众说:"现在是特殊时期,⋯⋯政府也不管。每天的营业额少的几十元,多的一两百元,不算太好,也不算太差"。(《瞭望东方周刊》,2009)

> 在北川老县城附近摆着一些摊位,售卖香火、蜡烛、地震主题的照片和VCD以及菊花等。摊主对记者说:"我也不愿意贩卖这些悲惨的东西,可是暂时找不到事做,又要养家糊口"。(《瞭望东方周刊》,2009)

在重建完成后,地震"经济"出现逐步降温的局面,农民面临增收途径被切断、农村进一步空心化和贫困程度加深的风险。

二是在农业援建中,冠以"特色产业"的项目不少,其出发点是利用灾区的廉价劳动力、本地特殊资源,结合支援方的"保姆式"扶持和社会的高度关注,培养竞争优势。对于市场信息捕捉能力、经营风险管理能力、危机处置能力基础较差的受援县市来说,农业要走出"灾区经济"羽翼的保护,面对更复杂的市场环境,需要的扶持是长期的,否则,一些农业产业发展项目可能会陷入昙花一现的境地。灾区农业的可持续发展问题更令人忧虑,经济统计数据显示,平武、青川、汶川三县2010年农业产业增加值低于2007年的水平,这几个县因地震损失大量耕地,在重建中又被占用了部分耕地,加上自然灾害的侵袭,农业恢复和发展的步伐慢于其他产业。这几个县的情况是灾区农业发展脆弱性的一个缩影，也反映了对口支援双方政府在扶持农业恢复的政策倾向上的模糊以及援建评估机制和标准的缺失问题。

第二，旅游业发展面临"援建中轰轰烈烈，结束后冷冷清清"的危机。

对口支援过程中，发展旅游业成为资源匮乏、发展基础差的灾区的"法宝"。近两年受援地区的旅游业发展势头良好，但从长期来看，这一产业发展的前景能否达到援建的冀望还不明朗：

> 位于汶川地震震中的汶川县映秀镇，援建中广东省采取了原址重建，保留了漩口中学等少量地震遗址，意在发展地震旅游。2010 年 4 月，映秀被评为国家 4A 级风景名胜区。近期，当地政府雄心勃勃地准备申报国家 5A 级风景名胜区。而媒体发现映秀景区的规模不大，主要看点就是"震中"标志。当地民众的主要营生是开家庭旅馆、餐饮、商店等。有的民众把家里的门面房、二楼拿出来做旅馆，总共开了 6 个房间，没有请（雇）人，平时房间卫生、洗床单都是自己干。但也有民众"沾不到光"，因为"抽签分房的时候运气不行，抽到的房子不临街，不方便做生意，开饭店也不够显眼"。而有些民众则不习惯新的营生方式，"我以前只会做点弄塑料的小手工，现在说要搞旅游、发展经济，但是我又不会做生意"。映秀的旅游旺季在清明节到国庆节之间，淡季的游客量稀少，而且去旅游的多为过客，周边还有都江堰、水磨、三江等与之竞争。2010 年的泥石流灾害对旅游业打击很大。2011 年春节期间，一户家庭旅馆的收入只有几百元。当地民众更着急的是，映秀镇耕地缺乏、工厂搬迁，如果旅游业不景气，难以找到其他替代性产业来维持生计。现在部分民众寄希望能够被评上 5A 景区，再次提振知名度。对于灾区内外出现的反对将地震纪念地包装成景区的声音，民众心理上存在一些矛盾性，很有代表性的看法是"提到地震心里会难受，但不靠旅游又怎样生活下去呢"。（《瞭望东方周刊》，2009）

出现这种情况的不只是映秀，仅地震旅游，就有北川老县城地震遗址、唐家山堰塞湖、青川东河口地震遗址公园、什邡穿心店遗址、绵竹汉旺遗址、彭州小鱼洞地震遗址、都江堰虹口地震遗址等多个项目启动，大大超过了国家确定的保留四处地震遗址的计划，但随着时间的推移，地震的记忆会慢慢消退，专程来参观地震遗址的游客会越来越少，地震旅游还能走多远，灾区的商户心里都没有底。

与此思路相似的还有民族风情旅游,冠以羌族风貌的有北川吉娜羌寨、北川新县城巴拿恰商业街、安县古羌王城、汶川水磨西羌汇、汶川萝卜寨羌文化生态旅游区、理县桃坪羌寨、茂县黑虎羌寨等,相比四川省比较成熟的旅游景区和游览路线,这些景区的海内外知名度、旅游产品内涵与包装、接待能力、营销能力还有差距,而且由于共性高等原因已经出现"买方市场"趋势,其发展结果极可能是只有少数项目能够良性循环,而更多的项目会呈现颓势。由此带来的困扰是,旅游项目的开发一般是采取有偿援建,如银行贷款、出让经营权的方式,灾区民众为配合旅游开发一般都投入不小的成本,如装修房屋、购置住宿、娱乐设备、车辆,旅游业陷入不景气,无论是企业还是民众个人的负债问题就会恶化,民众的收入乃至生计会陷入艰难。

第三,工业产业援建出现大手笔投入与低产出的尴尬。

对受援方而言,经济起飞和政府财力壮大的希望主要在工业产业上,因而它们对招商引资表现出"多多益善"的渴望,对支援方而言,帮助灾区发展工业产业,同时也是为本省市产业资本寻找机会,是一种双赢局面。因此,工业产业援建备受青睐。对口支援中多个受援县市都规划了工业园区,如北川山东工业园、安县辽宁工业园、青川浙江工业园、汶川(金堂)广东工业园、什邡京什产业园、都江堰上海就业创业基地、彭州川闽产业园、绵竹市甚至建设了江苏工业园和无锡工业园两个园区,并赴支援省市开展大规模的招商引资。在宣扬园区投资力度、招商成果的同时,双方政府都很少谈及园区投资效益的问题。目前一些工业园区的招商、招工遇到了困难:

> 汶川在金堂县建设的工业园打出了入驻企业3年零租金的优惠广告,但到2010年底,仅6个企业有入园意向,协议投资额6.5亿元,建成投产的只有成都南联食品机械公司一个。这和花费4亿元建设园区时规划的庞大招商计划有不小的差距,工业园管理方的说法是园区对入住企业的要求标准比较高,不欢迎一些高耗能、低端加工业进驻。而企业界则抱怨园区审批申报程序拖沓,管理不统一。园区用工方面也遇到困难,汶川县帮助园区企业到县里招工,但两次在汶川招工的结果是,"第一次无人应聘,第二次下乡宣传后找到三个人。"(《南方日报》,2010)。

其他的受援县市产业园区遭遇的问题有缺乏高级管理人才和技术人员,引进技术的消化能力有限等。从长远看,灾区受援县市面临的现实工业发展空间受限。一方面,受援县市多为区域经济,缺乏辐射性,即使将新增的流动人口和未来的自然人口计入发展项目的提前量,市场也较为有限。另一方面,受援地区的环境、资源的承载量受限,灾区本地的规模以上工业产业在恢复发展过程中就遭遇到这一问题,如映秀的铝厂、发电站在重建中要求扩大地盘,但政府腾不出更多的工业用地。一些化工、冶矿等高污染企业受国家产业、环境政策的压力,面临退出市场的危机。在这种背景下,诸多的产业园区要"吃饱",要产出"金娃娃",面临较大的挑战。

2. 不符合灾区民众期望的政策结果

(1)民众的住房、收入两大核心利益的实现不充分,生活状况的改观不明显

第一,在住房方面,一部分民众未能通过援建解决安居问题

灾后的恢复使相当一部分灾区民众面临较大困难,共性较多的情况是住房重建背负债务。从民众的整体负债情况看,截至2011年3月末,灾区银行业金融机构累计向89.6万户符合贷款条件的农户发放住房重建贷款194.7亿元。同时,累计向24.6万困难农户发放农房恢复重建贷款48.3亿元,向122.6万户发放城乡住房贷款700.7亿元。这些帮助虽然解决了农房重建的资金缺口问题,在还款前期政府也提供一部分贴息,但依上述数据推算,每户农户负债水平为19634元,困难农户的负债水平为每户19243元,相当于3~5年的纯收入。建房及其负担使民众陷入贫困的例子并不少见,根据灾区的一些研究者调查到的情况,有些灾民因贫困无法建房或建房过程中无法支撑下去,有些农户的建房负债额达到8万~10万,有的灾民因为家庭或个人原因无法获得建房贷款(如寡居、年龄偏大、户口所在地、以前欠有银行贷款等),有些民众拿不出足够资金购买统建房或者安置房(《成都调查笔记》),花大力气推动的住房援建并没有完全转化为灾区民众的住有所居,对于部分民众来说,更无法实现安居乐业。

此外,虽然对口支援确定2009年年底完成农房重建,2010年年底完成城镇住房重建,但一些个别因素导致住房重建支援工作未能扫尾,什邡市某村居民的遭遇比较典型,该村原本按照政府补助、村民自建的规划解决农房重建,但对口支援期间村内建设宅基地又面临水库淹没的问题,村级行政组织代替村民做主,将援建方式变成了异地统建、集中安置,但在水库补偿、安置房分配、建房补助款的发放上与村民僵持不下,村民至今仍然无法住到永久性安置房中,只能在过渡安置房居住(张文,2011)。

第二,在收入方面,部分民众从援建中获得的帮助微小,灾后贫困现象未能根本缓解。

使灾区民众生活恢复到灾前水平并逐步提高是重建、援建的重要使命,部分灾区民众就业、增收的强烈冀望由于环境、政策等复杂的原因没有很好地实

现。在环境影响方面,灾区原有产业和就业渠道有些没有完全恢复,灾区的地震经济缺乏可持续性,民众原有的生产资料只有存量难有增量,使得灾区民众就业增收的基础比较薄弱。在政策影响方面,援建中旅游、工业区规划、交通等项目的扩张进一步挤占了耕地等生产资料,加大了民众自我恢复发展的难度。援建中进行的灾区产业调整使得民众就业面临着一些不确定性,如灾区原有的阿坝水磨工业区、平武南坝工业区、北川石材工业园、安县花荄工业园进行了搬迁撤并,使部分灾区民众失去了原来的工作。与此同时,援建工程中交钥匙工程居多,对灾区民众的人力需求不旺,对灾区民众的技能需求也较高,使一些灾区民众难以争取到工作机会。湖南省援建理县,先后动用了 3900 多人参加建设,灾区当地参建的人员不多,约有 1786 名,占比在 50% 以下。将受灾地区城镇人均收入、农民人均纯收入与四川省人均收入的增速进行环比,从 2007—2011 年,四川省城镇人均收入增长了 1.61 倍,农民人均收入增长了 2.3 倍,而同期,51 个受灾县市的城镇人均收入及农民纯收入的增幅为 1.7 倍和 1.5 倍,可以发现,灾区农村人均居民收入增长较慢。另外,根据清华大学研究组在汶川县、北川县、绵竹市、什邡市、青川县的调查,在整个援建过程中,民众的自述痛苦感都保持着较高水平(表 6-15)。

表 6-15　灾区民众自述重建感受表

民众自述内容	调查年份	比例	民众自述内容	调查年份	比例
基本生活面临困难,靠自身难以解决	2008	59.5%	存在教育、卫生医疗方面公共服务的需要	2008	62.7%
	2009	66.5%		2009	62%
	2010	55%		2010	60.1%
单靠自身,无法完成住房恢复重建	2008	54.7%	自身无法克服或仅能克服残疾带来的困难	2008	12.4%
	2009	30.1%		2009	20.8%
	2010			2010	25.1%
就业、经营或务农生产活动恢复正常	2008	28.7%			
	2009	14.9%			
	2010	14.3%			

资料来源:陈升、吕志奎、罗桂连.非常态下地方政府政策执行评价比较研究.公共管理学报,2010(4).

综合上述各种信息看,受援县市的农民地震后的恢复情况令人担忧。

(2)政府包揽援建,民众参与渠道援建渠道不畅,诉求得不到重视

第一,援建事务多为政府包揽,较少听取民众意愿。在援建中,以灾区领导干部的偏好优先,基层干部的想法代替群众意愿的情况较明显。如北川新县城周边的民居基本上都采取了羌族风貌,当地民众发起了牢骚,认为他们生活的

地方属于安县,是汉族为主的聚居区,流行的是汉族文化,现在因为行政区划调整被划给北川,就要"改汉入羌"(《绵阳市调查笔记》)。在江油九岭、青莲等镇的援建中建设了一批唐代风格的民居,颜色基调为赭红色、白色,错落分布,但房屋建成后不久,在不少建筑物侧立面的白色墙体上被刷上了颜色各异的大幅广告图案。在与当地人士交流中我们得知,当地援建理念中提出今后要按照城市化管理模式来管理乡容乡貌,但长期以来当地民众都有将住房的外立面出租给广告商以换取收入的需求(《江油调查笔记》)。回过头来看,如果在援建时政府多倾听民众的意见,在建房和装饰方案上预先了解民众的基本想法,考虑民众生活方面的需求,便可能避免现在的怪象。

第二,对民众监督援建的意愿较少回应。根据审计署的统计,灾后重建以来,中央与各级政府先后派出了4000多名审计人员,对9561个项目进行了审计或调查,约为全部重建项目的三分之一,审计涉及的金额为685亿元,占重建预算总额的20%。也就是说,还有三分之二的项目,近80%的重建资金没有被全面监督。开展监督最需要解决的问题是信息获取。信息是行为受到监督的基础。信息经济学提出捕捉信息需要一定的成本,如果一些主体能以相对低的信息成本观察行为,而其他主体观察该行为的成本较高,那么让信息成本较低的人群行使监督的权力就可以极大地节约监督成本。与政府审计同步的是,灾区民众发现身边一些工程尤其是民用住房的施工存在偷工减料、质量差、管理不严格等问题并成功将其曝光。相较而言,灾区民众获取监督信息的成本要远低于中央和对口支援双方政府。更重要的是,灾区民众希望能够对援建项目尤其是与自身利益紧密相关的项目进行监督,在谈到为什么不喜欢统建房时,民众说到,"如果是自己盖房子,各个环节都会严格把关,发现了问题也能及早处理,但统建房是政府请施工队盖好了以后,再分配给灾民,房子盖好以前根本无法监督"(《绵阳市调查笔记》)。但各方政府在吸纳群众监督问题上的态度比较含糊,现有的做法仅有聘请群众监督员一项,关于监督员的作为、权威基本上没有见诸报道。

第三,在吸纳社会力量参与援建上政府态度消极。汶川地震后,民间公益组织大量进入灾区帮助救援,其中有一些团体扎根灾区帮助灾区民众恢复重建,他们的力量没有被对口支援各方政府重视和吸纳,只能徘徊在体制外。如灾后过渡安置阶段,帐篷和板房成为主流,特别是后者。但板房数量毕竟有限,而且还带来破坏性使用耕地、残余材料污染环境等问题。一些民众开始设法自行解决住宿问题。灾区一些民间组织也帮助群众用树木、彩条篷布、轻质建材等建造出具有临时居住功能的安置屋,但政府没有将其总结并推广开来。与这种情形有可比性的是农房重建中的民间力量合作建房,前文介绍了汶川、茂县等地村民的集体行动,相比一些地区乡村干部包揽实行统建,这种模式使建房过程更加明了,民众的意见得到更好的表达,不信任感较低,但这种模式和技术只是在极少数的村庄被采用,未得到援建各方政府的支持。反观国外,在同样发生地震的海地,来自美国的建筑师和志愿者推广了一个"沙袋计划"(earthbags plan),用装有沙子和泥土的袋子层层垒砌建成临时性安置房。这种住房只需在要建的区域向下挖两步深的坑,填满碎石作为地基,然后在上面铺一层装满碎石的袋子。第二层以上的袋子因地制宜,装上合适的地质材料。一层层的袋子之间用铁丝网紧紧固定。最后在沙袋墙的里外两层涂上水泥以便上色。经过实验,沙袋建筑有很多功能,可以适用于各种地区、各种气候,建房的人力、物力成本也非常低廉,受到灾民青睐(《外滩画报》,2011)。

从上述可以看出,对口支援中一些有价值的信息没有进入政府的决断过程,一些有效的民间援助力量没有被吸纳到援建政策网络之中,援建的公益参与受到限制。

(3)在援建中发生损害民众利益或令民众感到不公平的事件,加深了民众对政府不满意

对口支援政策的基调是改善民生,但援建中各方政府为满足援建需要采取强拆、强征等手段,援建施工时也与灾区民众发生一些纠纷。同时,政府对援建的高度包揽以及援建过程的不透明,导致了民众的不满情绪。民怨比较集中的仍然是住房重建领域。从源头上回溯,各方政府不能也不愿给予建房充足的补贴,在有限补贴的发放过程中,各方政府的政策比较粗糙,尤以按"户"这一认定标准为最。灾区民众每户人口数、财产总值不同,每户受损程度和恢复能力也不同,一碗水的补助方式表面公平,实则不然。另一方面,政府提出的建房方案令不少民众面临生产空间、生态空间和生活空间的疏离,如距离耕作区较远、房屋的功能设施受限、原有的社会网络被新的居住方式和区域隔断。在住房建设方式选择上,政府意志占上风,民众意见被压制,建设过程难以透明,监督制约不到位。一些政府委托的建房主体虽有建房技术,却罔顾规则只赶工期,或者建房技术、安全意识有缺陷,或者通过建筑环节、建材环节来谋利。在建成房屋价格计算和分配上,部分基层干部不能秉公办事,失信于民。这些使得住房重建始终处在"政府—民众"这种自上而下而且比较紧张的状态中。

对口支援涉及多方政府,地震发生后,各个研究机构就灾区民众对政府以及救援、重建政策的满意度展开了多项调查。有些调查没有区分政府的类型,如汶川地震应对政策专家组完成的灾民安置情况调查显示,在灾后救援过程中灾区群众普遍对各级政府在抗震救灾和恢复重建中的行动有很高的满意度,有73.12%的灾民对政府的表现"比较满意"或"非常满意",但在震后的不同时段,

各级政府的民众满意度呈现下降的趋势(张欢等,2008)。有些研究较多地披露了民众对受援方政府的满意度,如北京师范大学的研究团队通过应对能力、处置效率和政策合理性三个指标考察了基层政府在应急处置和恢复重建阶段的绩效。无论是对乡镇政府的能力的评价、效率的评价还是应对政策合理性的评价,灾区民众的给分都不高。城镇社区的评分为 2.82—2.98 分,板房社区的评分为 3.09—3.29 分(以 5 分制计),在能力与效率之间,灾区民众对"能力"更买账,而基层政府紧盯的重建效率对灾区民众满意度的影响不彰显(陆奇斌等,2010)。2010年,清华大学研究人员在重灾区的调查表明,灾区民众对基层政府的基本生活保障政策、农房修复重建政策的落实情况比较满意;而对城镇住房修复重建政策、就业援助政策执行的满意度较低,如表 6-16 所示。

表 6-16　灾区民众对重建政策满意度评价

政策类型		满意度得分 (5 分制)	是否作为对口支援政策
农房 重建	自建过渡安置房每户补贴 2000 元	3.73	是
	按三档提供农房重建补贴	3.12	是
	农民宅基地(农房建设用地)的有关政策	3.01	
城镇 住房 重建 政策	减征、免征税	3.22	
	发放住房建设贷款、贴息	3.10	是
	低保户免费安置	3.08	
	按三档提供重建住房现金补助	2.83	是
	按三档提供修复住房现金补助	2.78	是
	房价政策性优惠政策	2.69	
	安居房租售政策	2.68	是
	廉租房供应政策	2.60	是
就业 促进 政策	减免企业社会保险金	3.15	
	小额担保贷款	3.08	是
	吸收就业困难人员企业补贴、税费减免、贷款优惠	3.03	
	鼓励灾区毕业生从事基层工作政策	2.99	
	城乡劳动者职业技能培训免费政策、培训补贴政策	2.88	是
	出省和出境灾区劳动者全程免费就业服务	2.83	是
	以工代赈政策	2.83	是
	公益性岗位和灵活就业困难人员社会保险补贴	2.82	
	开发公益性岗位	2.81	

续表

政策类型		满意度得分 （5分制）	是否作为对口 口支援政策
社会 保障 政策	地震困难群体每人每月平均200元补助	3.79	是
	对孤儿、孤残、孤老人员的救助政策	3.76	是
	五保对象和"三无"人员供养标准提高	3.51	
	受灾困难人员的临时生活救助政策	3.38	是
	受灾困难人员低保政策	3.23	是

资料来源：陈升、吕志奎、罗桂连.非常态下地方政府政策执行评价比较研究.公共管理学报,2010(4).

上述调查虽然并不专门针对对口支援,但我们仍能解析出很多有价值的信息。首先,基层政府对社会和民众的治理能力不突出是长期积累的问题,加上援建进度的高压,基层政府对民众的生活来源、就业、就医、住房等实际困难关注不多,政府自认为忙得昏天黑地,而民众却寻思政府忙碌的"在不在点子上",而且会越忙越乱,加重群众的不满意。其次,不同类型的民众群体对援建政策和政府的满意度存在差异,如基于脆弱性理论,越是弱势群体越容易受灾,恢复难度也越大。由于政策对民众带来的利益有限,即便是政策得到有效的执行,在那些严重受灾群体眼里,还是会出现不满意。相较之下,那些受灾不严重的群体就会比较满意(陈升等,2010)。

(4)财政紧张导致惠民力度不够,有些场合还与民争利

在援建中,灾区民众能否及时获得政府提供的补助以及灾区公共服务、社会保障的覆盖力度与受援方政府的财政能力有很大关系。援建资金注入对受援方的财政起到了极大的提振作用,但受援方政府的财政状况也面临一些不利因素,如本地出产的主要工农业产品的市场行情变化急剧,原先的财政支柱企业有些被要求转型、改规模,需要供养的人员增加,工资标准提高等。同时还存在的问题是受援方的财政管理质量。前文介绍了受援方政府卷入重建热潮中财政捉襟见肘的情况,这一现象同时也影响到了受援方政府的惠民力度。援建中出现两种与之相关的情况,一是东挪西补,如河南援建中发生了江油市财政挤占河南援建资金现象,涉及金额833.64万元。其中:挤占豫江大堤拆迁费用750万元用于2009年扩大内需水利项目地方配套资金;挤占规划经费20万元用于解决退耕还林基本口粮田建设项目配套经费;将对口援建资金专户2009年度利息收入63.64万元划给了江油市国库而没有入援建专户。这一事件中首先要定性的是受援方政府的行为违规,其次我们也看到受援方政府不惜冒着审计曝光的危险把资金挪借到扩大内需配套费、退耕还林补助费科目上去,这说明受援方财政库容相当的空虚,而又承受着一些不得不兑现的财政义务。这

样的财政境况下,受援方政府无心也无力为灾区民众提供充盈的财政支持,很可能千方百计去增加收入或者推迟应付账目。我们的猜测很容易就得到了证实,如甘肃文县政府组织的统规统建房,一些农民拿不出需要交纳的房款,政府不允许他们入住;而在北川县新县城安居房分配中,政府确定的约 1600 元每平方米的单价让部分群众觉得偏贵,而灾区政府则认为非常委屈,进而透露了政府为营建住房及配套设施所借贷的大量款项及利息的偿还迫在眉睫的情形。二是"坐地生财",受援方政府将建成的项目快速转化为经营性项目,成为受援方的财源:

> 都汶高速成都至映秀段建成后还未使用就毁于地震,经过重建于
> 2009 年 5 月重新通车,成为汶川县民众对外交往最便捷的通道。灾后
> 重建以来公路未收取通行费。2011 年 12 月,四川省决定开始收费,全
> 长 16 公里的道路(含隧道)最低通行费为 20 元,进出汶川的一些货车
> 司机抱怨收费增加了运输成本,他们只好绕行原 213 国道。四川省的
> 解释是该条公路在灾后重建期间累计免征通行费 3.8 亿元,现在灾后
> 重建已取得了一定成果,为了维持经营和管理亟须收费。就公路建设
> 资金问题,笔者进行了查询,发现四川省在地震前为修建这条四川"最
> 贵"的公路举债 31 亿元。但在 2009 年 7 月,国家开发银行四川省分
> 行与四川高速公路管理公司签约,一次性减免了都汶公路的全部贷款
> 本息 21.98 亿元,公路重建花费 10 亿元,其中有重建资金及信贷资
> 金,广东省的建设单位也参与了建设,可见该公路的负债水平并不高。
> 绵阳市永(兴)安(昌)公路项目。该公路从 2002 年 7 月开始收
> 费,计划收费到 2024 年,公路在地震中受损,2009 年辽宁省开始援建
> 这段公路并于 2010 年修通,这条公路被冠名为"辽宁大道",成为经绵
> 阳到安县、北川的主要通道,也是辽宁省援建的标志性工程。公路移
> 交给绵阳市后继续收费,引起灾区民众的不解和不满。绵阳市出面解
> 释说,这段公路至 2008 年底时仍有银行贷款余额 2.4 亿元,每年需还
> 本 2697 万元、付息 1495 万元,援建中辽宁省提供了 2 亿元资金,中央
> 配套了 2800 万元灾后重建资金,另外还由绵阳投控集团公司向银行
> 贷款 4.3 亿元,目前该项目银行贷款共计 6.7270 亿元,由于绵阳市西
> 部地区可以不执行二级以下公路停止收费还贷的国家政策,因而绵阳
> 市决定继续收费。灾区群众认为无偿援建被收费损害到自身利益的
> 同时,也有其他的不满,如道路安全问题。双向六车道的辽宁大道沿
> 线有 240 个岔路口,途径多个村庄,村民要经常穿过马路去对面的田

地中耕作,由于车速快、隔离保护设施少,从 2010 年 1 月到 3 月,辽宁大道先后发生大小事故 104 起,平均每天近 1.2 起,成为"要命"的路段。(《华西都市报》,2010)

　　这类收费现象凸显了大型基础设施重建一方面惠民,一方面又加重了民众的负担,对于灾区的工业、旅游业重建振兴的影响也不是良性的。这一类现象还有更深厚的背景原因,那就是中央关于汶川地震灾区的一些税收、信贷、投资、土地重建优惠政策在 2011 年前后均停止执行,在重建中摊子铺得过大的四川省各级政府的财力进一步吃紧,亟须通过各种渠道来摆脱财政窘境,就想到了与民争利的法子。

　　综上所述,研究发现,对口支援政策执行过程中出现了一些与政策制定者——中央政府的期望不相符的政策执行结果。同时,作为对口支援政策瞄准对象的灾区民众,他们的期望与实际的政策结果之间亦存在一定的差距,如表 6-17 所示。前文已述,对口支援的政策目标主要蕴含在中央政府的政策文本及政策期望之中,而民众的期望也与政策目标基本吻合。出现上述不符合对口支援政策主体期望的政策执行结果,通俗的理解,就是对口支援政策目标的实现上被打了"折扣"。

表 6-17　对口支援中不符合政策期望的政策执行结果情况

政策主体	政策期望	不符合期望政策执行结果
中央政府	三年重建任务两年基本完成 援建质量 援建廉洁 援建规划的严格执行 援建的当前和长远效益	援建的成本高昂,援建支出超过了 1% 的财政收入 过于追求速度、规模和功能,出现献礼工程、豪华工程 部分项目在设计、施工上存在瑕疵 出现部分违纪、腐败案件 一些资金管理粗放、行政过度干预、软硬件支援不均衡方面的问题影响了援建效益 对灾区的产业振兴与长远发展贡献不足
灾区民众	获得充分、公平的援助 参与重建,反对包办	住房、收入两大领域对民众的惠予有限 民众参与援建渠道少,诉求不受重视 发生损害民众利益、与民争利事件,导致民众满意度下降

三、符合期望的政策执行结果与不符合期望的政策执行结果之间的关系

　　前面两个部分的研究分别揭示了对口支援政策执行产出的两种结果,即符合各方政策主体期望的政策执行结果以及与各方主体期望不符的政策执行结

果。这两种结果的关系是非此即彼还是相伴相生呢？将两种政策结果加以比对，我们可以看到不符合政策期望的政策执行结果中有很大一部分附随在符合政策期望的政策结果周围，如援建中过于追求速度、规模与对口支援定下的快速恢复、不搞原样恢复原则密不可分，援建中产业发展、软件援助的短板明显受到了对口支援定下的优先满足民生、重点建设实物导向的影响。另一些不符合政策目标的政策执行结果，如援建中的腐败现象、浪费现象，则与对口支援政策设计中的各方政府共同主导、行政色彩浓厚、政策过程透明度低、体制外监督渠道少等有密切关系，在实际的政策控制中很难做到单独推进某一种符合政策期望的政策结果而同时抑制不符合政策期望的政策结果的出现，两种政策结果是一种相生相伴的关系。我们将此和对口支援各方政府多次提到的"对口支援要争取做到不留败笔少留遗憾"联系在一起思考，可以发现这种表述针对的不仅仅是援建行动，更是援建结果，即各方政策主体倾向于一方面将保障政策目标的实现置于优先位置，另一方面也对发生偏离政策目标的结果持有限容忍态度，这也反映了对口支援政策主体对政策结果的预判和对援建政绩的掌握尺度。

第三节　从政策期望到政策执行结果：对口支援的中国式政策执行模式

对口支援是一个庞大的政策网络，蕴含着多种政策期望，政策主体之间存在某种异质性——最突出的表现是部分政策主体之间没有上下级隶属关系，政策执行场域也较为特殊。在这些内外部政策环境下，对口支援的政策执行既孕育了可信赖的政策绩效基础，同时也滋生了一些偏离型的政策结果环境。我们的研究兴趣不仅仅是描述对口支援政策做了些什么，还需要探明对口支援政策是如何做到这些的，这当中就存在着一种支撑对口政策的政策执行模式问题。

关于政策执行模式，公共政策传统理论引述较多的是自上而下以及自下而上的执行模式。用这些模式来看待对口支援，会出现解释力不足的问题。就自上而下的模式而言，首先，对口支援有多个政策制定主体，他们对政策的影响力并不亚于中央政府，而他们又是具体的执行者，使得对口支援的政策制定和执行黏合在一起的，无法清楚地区分。其次，自上而下的理论模式长期以来都是重视领导者高过重视政策执行链条，而在对口支援政策中，参与政策的支援省市、受援县市都是具有丰富行政经验的"策略者"、"裁量者"，它们对政策的理解和再规划能力出众，它们有清晰的政策诉求并善于表达。再次，对口支援政策是一项应急性政策,塑造政策目标的时间非常紧迫,也可以说这一政策的看点是执行而不是制定,如果以自上而下的模式去看待,难以有效分析对口支援中丰富的执行信息,不能充分解释执行者是如何树立政策规划、对口支援的政策目标实现程度等问题的。

就自下而上的模式而言,它更不适宜解释对口支援的政策执行。首先,自下而上的政策执行模式是在市民社会发育较好的环境中孕育的,强调构建自主管理型政策及分配型政策,而对口支援政策与之相差甚远。其次,自下而上模式看重政策下游的群体,对政策源头和政策高层的举动注意不够,而中央和支援省市政府恰恰是对口支援的引擎,自下而上中的"下"即受援方政府治理力羸弱。以长远眼光看,自分税制实施以来,基层政府的财权高度零碎化,高度依赖财政专项的转移支付,即"跑上级、讨资金、等政策",上级政府也大幅限制基层政府的决策职能,造成了基层政府治理的无为。援建过程中,受援方政府在没有财政压力的情况下对援建进入的领域、援建的效益基准、当前援建与长远支援等抱有一种放任态度,通俗来说"只要是支援,建什么都行,建成什么样都行、建起来就行"。这种情势下,受援方政府是无法承担起对口支援"主心骨"的重任的。再次,自下而上看重的基层官僚组织的裁量权在对口支援中是一种被挤压的权力,它虽然能够影响政策产出,但不能涵盖和代表对口支援其他政策主体的作为。

在上述两种模式之外,企图新创一种模式来解释对口支援是很困难的,也同样会遭遇到前面两种模式所存在的理论贫乏,因而我们立足于扩展或微调已有的政策执行模式。

政策执行模式的内核是解决政策目标、政策资源、政策执行者三方面问题。根据我们的研究,政策目标源于政策期望,政策资源的注入多寡与政策期望的强弱有极大的关系,而政策执行者的内在驱动因素也是政策期望,因而,以政策期望作为分析工具,来整理出对口支援的政策执行路线完全可行。

一、从政策目标与政策期望之间的关系看

从政策目标与政策期望之间的关系看,对口支援政策执行中存在着"自上而下"的政策导向。对口支援的政策目标与中央的政策期望同出一辙。由于灾后重建事务的重大,它不再是一项地方性事务而是上升为国家公共议题,中央直接掌控了灾后重建以及援助的管辖权,形成了超越地域、跨政府的政策统御,中央以政治安排的方式来设计公共产品的递送渠道,构建多重组织执行体制,解决激励问题,境内外一些研究者在回顾中国式救灾重建经验的政治特色时,都提出了诸如"强国家、强社会"、"政府能力—社区参与程度"对比的分析框架(表 6-18)。

表 6-18　灾后重建中的国家与社会关系组合

灾后重建		社会	
		强	弱
国家	强	国家与社会都试图主导但维持均势	国家主导社会发展
	弱	社会主导国家向民主转型	国家与社会均无主导维持均势

资料来源:张强、陆奇斌、张秀兰.汶川地震应对经验与应急管理中国模式的建构路径.中国行政管理,2011(5).

表 6-19　灾后重建中的民主/社区参与程度与政府能力的组合

灾后重建		政府能力	
		强	弱
民主/社区参与程度	高	复兴(阪神地震)	愈合(印度地震)
	低	抗衡(汶川地震)	崩溃(海地地震)

资料来源:林宗弘.灾后重建的政治:以中国汶川地震为案例的分析.台湾社会学刊,2012(1).

　　表6-18精辟概括了常态社会的"强国家—弱社会",巨灾发生之初的"弱国家—弱社会",应急救援的"弱国家—强社会",恢复重建的"强国家—弱社会"。表6-19则将日本阪神大地震、中国汶川大地震、海地大地震、印度地震放在政府能力和国家民主性框架中进行比较。虽然研究者的结论有差异,但其共性在于证实了灾后重建及支援过程中的政策定势——政府主导、由上至下、强中央政府能力。而作为基层和中层政府,他们也孕育了自身的政策期望,对它们而言,最理性的选择是首先保障中央政策期望的实现,同时附带性地实现自身的政策诉求。

二、从政策期望的分布谱系以及与之对应的资源匹配格局看

　　从政策期望的分布谱系以及与之对应的资源匹配格局看,支援省市在对口支援政策执行中发挥着重要作用,形成"中层控制"。对口支援政策与其他公共政策最明显的不同就在于嵌入了支援省市这个政策主体,而这正是对口支援政策的精妙之处。在支援省市的政策期望中,既有承载中央期望的元素,又有约束受援方政府自行其是的元素。支援省市的政策期望版图触及对口支援的各个层面。在中央和支援省市之间的关系层面上,支援方显示出既参与政策制定,又主要负责政策执行自身的相应期望,它的介入分散了中央这个唯一的政策制定方,使得政策制定多了一层具体化的计划。在支援省市和受援方之间的关系层面上,支援方的政策期望中既包含了权威、认可,也包含着授权、契约,既有指导性、调节性期望,也有制约性诉求,它的介入使政策执行方的能量增大,执行路径和资源配置明晰,激活了受援方的效率,同时也从某种程度上限制了

和抵御了四川省、市政府对受援地区重建的汲取。在这一机制以及丰沛资源的作用下，对口支援政策迈出比灾区自我重建政策更快的步伐，以及对于中央制定的灾后重建规划更可靠的执行。

同时，支援省市的加入亦会令对口支援政策执行格局趋于复杂。首先是支援省市对政策目标的理解程度、对政策使命的认同程度、对政策执行的投入力度、与其他政策主体之间的统筹、沟通、协调能力存在差异，支援省市所掌握的信息也比较有限，正所谓"外来的和尚难念经"。其次，作为预算最大化主体，支援省市有自己的政治、经济利益考量，它会利用自身的强势地位，在达成对口支援主要政策目标、给灾区留下利益的同时，也添加自身的政策期望，从援助中抽取部分利益。再次，支援省市、受援方政府之间的利益博弈是难以避免的，而且这种博弈会比受援方政府与四川省、省辖市之间的利益分割来得更频繁、更激烈。

三、从政策期望的实现路径看

从政策期望的实现路径看，对口支援政策执行过程中各方政策主体的集体行动占据了主导地位，形成了"联合治理"。我们对对口支援政策过程进行浓缩，可以发现这一过程实际上就是政策期望的筛选、排序以及转化过程。对于中央、支援省市、受援县市、灾区民众四方的政策期望中重合和接近的部分，在政策执行中被置于优先的地位，这些重合的政策期望构成了集体行动的必要前提。同时，对口支援中政治外部性效价和其他有利的制度安排也刺激了集体行动。首先是来自上下的压力。来自上层的压力源头是中央，中央对对口支援抱有很强的期望和持续的关注，支援方和受援方政府都不希望因为支援政策执行不力被问责。来自下方的压力是民意，由于民众对对口支援抱有很高的期望，对支援方和受援方的施政效率会进行比较、评议，使得支援方和受援方政府倾向于"抱团"而不是自行其是。其次是各方的政策方案相互融合的因素。援助过程中，支援方往往在项目需求理解、项目管理方式以及项目的硬件与软件搭配等具体问题上大量地考虑、吸收和平衡受援方的意见，形成双方集体行动的基础。再次是协调机制的运行。援川过程中设置了支援和受援管理、协调机构及会议体制，它们擅长协调解决援助实施中的矛盾问题，形成政策协调中枢。还有一方面是政策执行者的因素。援助中挂职的对口支援干部具有一定的影响力。挂职干部具有双重身份，在项目建设中他们既代表支援方（出资者），又代表受援方（业主单位），既承担支援方派出时被赋予的援助使命，也有"在其位谋其政"的现时政绩追求。支援方和受援方各自的政策期望作用在挂职干部同一个点位上，挂职干部能够中和和协调一些政策期望，促成支援方和受援方的集体行动。集体行动带来的政策面貌是:中央评估灾情和恢复重建的整体形势,并考虑民众的需求,通过政策纲领传达自己的期望;支援方政府和受援方政府以中央政策为脚本,更细密的审视民众的期望,做出具体的政策分解,通过执行行动和上下沟通来落实政策期望。灾区民众根据接收到的政策信息和自身的期望来积极响应、承接政策的执行。

同时,对于各方政策主体抱有的相互疏离的政策期望,则陷入各种复杂的"指令—问题与结构—作用"之间的不良链条(黄健荣,2008)。尤其是在对口支援核心利益的援助资金和项目方面,各方政府都有自己的盘算,支援省市既能做到雪中送炭、无私支援,也难免存在大包大揽和非市场化操作的倾向,形成援助中的"地方保护主义"。而受援方虽然有积极配合援助、自力更生的举动,也难免存在重资源获取而轻援助效益的意向,同时也有"等靠要"心理,形同"搭便车"。这种对口支援政策执行中的集体行动困境所导致的政策面貌是:中央简单化的通过政策压力和政治声誉诱饵来督促支援方兑现资源,重政治效应轻建设规律、匆忙修改政策要求提速,中央对支援省市和受援县市的考核重表轻里、忽视民众呼声。支援方政府在有些场合将从援建中获得经济利益,并为搞政绩竞争行动加码,摊薄灾区从援建中的获利空间,选择性地满足民众需求,消极应对中央的期望,重速度轻质量,重短期行为轻长期援助责任。受援方政府一定程度上将自身利益置于民众利益之上,挟民意与支援方争利,对政策协同虚与委蛇,将民众反弹视为政策羁绊并简单化加以排除,对中央的政策关注报喜不报忧。部分灾区民众期望自我管理失控,过于看重眼前利益,追求绝对公平,轻视自我恢复能力培育,回避长期发展的挑战。

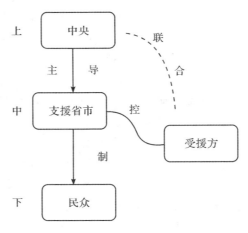

图 6-3　对口支援政策执行模式示意图

基于上述分析,本研究中发现的对口支援政策的执行模式在本质上是自上而下的,同时带有鲜明的中层控制和广泛的合作治理(见图 6-3)。在这一模式下,作为政策驱动者的中央施加了足够强烈、明确、权威的政策期望,作为政策主要执行者的支援省市获得充分的援助主体地位和权力,而受援县市一方面被施以较严格的政策约束,另一方面也获得比较大的激励空间,各方的职责比较清晰,互动比较频繁和顺畅。在这一模式下,对口支援的政策规划处于较好的受控状态,援助效率处于较高水准,部门本位、地方主义驱使下的利益干扰受到限制,偏离政策目标的政策执行结果并不普遍。当然,任何一种政策执行模式都不是完美的。在这一模式下,不相隶属的支援方和受援方之间相互节制的法理基础和实际操作面临困难,双方会进行援助主导权和利益的较劲,各方政策主体也会功利性地将部分政策目标加以置换,按照有助于己方的方式去执行政策。在这一模式下,受援地区的民众期望对支援方而言是间接的,阶段性、低压力状态的,政策执行对民众需求的回应趋于弱化。在讨论部分中,我们将进一步研究对口支援的政策执行模式问题。

第七章 讨　论

本部分主要围绕着前述研究中所分析的对口支援政策期望、对口支援政策执行过程和结果、对口支援政策执行模式三个议题，从不同的层次、形态来继续阐发对口支援的核心概念，将经验分析上升为规范评价，争取使本研究能够与政策执行的一般性理论建立对话。

第一节　关于政策期望的讨论

一、政策期望的理性

研究中发现，政策期望与利益塑造是同构关系，对口支援政策主体本着自身利益来形成和表达政策期望，将追逐符合自身期望的政策产出置于与实现政策目标同等或更优先的位置，其结果是既产出符合政策目标的政策结果，也导致不符合政策目标的政策执行结果出现。但我们也发现少部分不符合政策目标的政策结果不仅仅是政策主体的利益因素在作祟，同时还涉及政策期望的理性问题。这种发现的线索源于指导规划设计的中央政府期望，主要有两个突出的问题。

1. 援助方案设计的政策理性

前述介绍了中央在确定对口支援结对关系时的基本逻辑是受援县市的受损情况和支援方的财力，即受灾严重的县市获得地方财政收入富庶的支援省市的帮助，财政能力较弱的省市去支援受灾较轻的灾区县市，如广东省、江苏省、上海市、山东省等财政强省分别支援汶川、绵竹、都江堰、北川等极重灾区，而江西、安徽、吉林、重庆等支援受灾较轻的小金、松潘、黑水、崇州。这也可以将其理解为一种损失弥补导向以及量力而行的援助方针。

但根据最终的灾情损失统计就不难发现，对口支援的结对安排存在一些盲点。首先，如果排除部分地区多报灾情、讨要援助的因素，编制对口支援方案时对受援县市的受灾情况估计不准，如理县、茂县、剑阁的地震损失都超过了 200

亿元,理县的人均因灾损失数额排在第二位,仅次于汶川。茂县、小金的人均损失额也高于部分平原县市。松潘县、黑水县的灾损绝对额虽然不高,但如果平均到人口数上,其受灾情况也是相当严重的。对口支援政策方案中针对这几个县安排的支援省市的财政实力相对较弱,援助的力度较有限,均在 20 亿元以下。其次,对不同的灾区的援助力度差异很大(表 7-1)。从人均受援金额这一指标看,灾区县之间的差距过于悬殊。人均受援金额在 1 万元以下的有 6 个县市,人均受援金额为 1 万~2 万元的有 5 个县市。汶川县人均受援金额最多的达到了 10.63 万元,而最少的剑阁县只有 0.18 万元,绝对额相差近 60 倍。如果以人均损失金额与人均受援金额相除的倍数来对比,就形成了两大阵营(表7-2):一是以汶川、北川、青川、都江堰为代表的获得重点援助的灾区,损失额与受援金额的比例在 6 倍左右;另一大阵营则是获得低度援助的灾区县,其损失额和受援金额的差距在 12 倍左右。在这两大基本阵营以外有几个情况较为特殊的县域类型:理县、黑水、松潘等县人口稀少,受损金额与受援金额的差幅较小(松潘为 1.59 倍,黑水为 3.35 倍),崇州灾情较轻,受损受援金额比为 4.42倍。在这样的援助设计下,部分明星灾区的受援水平畸高,而其他大多数受灾县市原有的发展位序基本没有被扰动,那些发展明显滞后、自我恢复能力弱的一些偏远地区仍旧没有得到足够的资源注入,而具有较大发展潜能的县市同样也没有得到实现跨越发展所需要的额外资源。

表 7-1 受援县市受灾情况和获得援助情况对照

县市	人口 (万人)	地震损失 金额(亿元)	人均损失 金额(万元)	对口支援 金额(亿元)	人均受援 金额(万元)
崇州	66.56	77	1.15	17	0.26
剑阁	67.5	203	3	12.37	0.18
彭州	79.47	273	3.43	33.3	0.42
松潘	7.2	34	4.72	21.3	2.96
江油	87.86	592	6.73	29.57	0.34
黑水	5.9	47	7.96	14	2.37
都江堰	60.9	500	8.21	82.5	1.35
安县	51.02	430	8.42	40	0.78
汉源	32.08	53.8	1.677	21.15	0.66
小金	8	138	17.25	13	1.63
平武	18.7	348	18.6	26.5	1.42

续表

县市	人口 （万人）	地震损失 金额（亿元）	人均损失 金额（万元）	对口支援 金额（亿元）	人均受援 金额（万元）
青川	24.8	500	20.16	85	3.43
什邡	43.08	889	20.63	70	1.62
茂县	10.93	262	23.97	21.62	1.98
绵竹	51.36	1423	27.7	112.81	2.2
北川	16.05	585	36.44	109.8	6.65
理县	4.51	247	54.76	20.1	4.46
汶川	10.54	643	61	112	10.63

数据来源：作者根据四川省人民政府办公厅四川灾后重建网刊登信息自行整理，见 http://www.sczhcjw.cn/

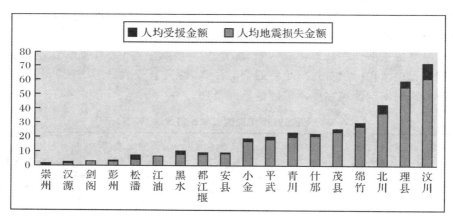

图 7-1　受援县市地震受损情况和获得援助数额比例

中央对对口支援的期望与其他公共组织的期望有相通之处，复杂公共利益理论（sophisticated public interest theory）认为理性的政府规划管制策略是在满足各社区与利益团体需求的前提下，追求自我福利的最大化。在灾后重建较为复杂的政策环境中，信息传达得极不充分，政府又需要在短期内安排大量的资源分配事务，因此难以达到理想状态下设定的最大资源使用效率的目标，只能以重建需求及受援助对象的特质为依据进行资源重分配，整合重建行政程序。国外的研究表明，大规模灾害后的重建因为时间压力、信息不充分与高额交易成本，会使自身重建资源较匮乏的地区通过政府对资源重新分配的过程获得更多的资源，从而避免市场机制配置下出现的资源外流的情形。但这种资源重新分配过程也可能降低地方自力重建的诱因,甚至会导致重建地区的政府忽视减灾使命,放任灾害敏感地区的开发行为,产生政策执行的"道德危机"问题。设想以后若再出现类似的灾难,则会出现怪异的景象,即越不致力于防灾减灾的地方,遭受灾害破坏的几率越高,所蒙受的损失也越大,但它们仍然可以获得比减灾防灾做得好的地区更多的补助(洪鸿智,2007)。此次汶川地震造成的惨烈损失,除了地震烈度过强,距离震中较近、处于地质断裂带这些客观因素外,各级政府平素在防灾减灾治理投入的资源稀少、基础设施落后、社会应急能力低等也是重要原因。如果单纯采取以损失为导向的援助政策,难保不出现国外研究揭示的怪圈,即政府失能—严重受损—获得充足援助—政府未增能—再次严重受损—同样获得援助。作为中央政府,在构思援助的过程中需要考虑如何将有限的援助资源用在"刀刃"上,也要综合考虑地方政府平素在灾害管理上所做的努力,通过援助来回应和引导地方政府在重建中更加注重综合性的防灾减灾。

2. 援助标准设定的政策理性

与上述宏观性的政策期望相似,对口支援政策文本中有"尽快恢复基础设施和公共服务设施"、"重建要适度超前考虑长远发展需要"两个指导原则,这些期望在援建时得到了较好的满足,但这种期望本身也暴露出一些问题。

对于前者,为确保重建设施的慎重设计和稳妥施工,需要拿出时间、耐心进行地质评估、灾害治理和规划设计,而且处在同一地质环境和流域区划内的各个灾区县市要进行沟通和信息共享,共同商讨整体避灾减灾方案。这些工程技术上的诉求和援建中政府对时间、进度期限的要求发生抵触时,前者被迫为后者让路。比如在道路建设中,有些施工方建议三年或者五年内不要重修地震中损毁的复杂路段,等待地震后续效应充分显露出来后再作出判断和设计,即使要修的话,也要等地质条件基本稳固以后再修(《瞭望东方周刊》,2009)。但这一意见没有被采纳。2010年7月汶川县遭遇洪灾,广东援建的雁门乡雁萝路、龙溪乡龙阿路、草坡乡麻龙路再次损毁,只能进行二次重建。青川等一些地方的农房建设也是在余震连连中热火朝天地施工,结果2009年发生的1场6级左右余震便使有些房屋的钢筋圈梁变形、地基挪位,被迫采取拆除或加固措施。部分乡镇的集中安置点重建选址对异常气候条件下可能诱发的更严重的泥石流等地质灾害的发生估计不足,也无暇考虑跨县区流域治理、公用民用建筑与综合性交通网络并联等问题,结果在2010年洪灾中,汶川等县首先遭灾,随即洪水肆虐到绵竹等地,导致部分乡镇的群众被洪水围困而无法撤离,一些重建成果也被冲毁。尽管后来中央意识到了这些问题,在2009年9月国务院灾后恢复重建工作协调小组部署了对灾后重建总体规划的中期评估,2010年9月国务院又要求对重建规划进行再评估,但上述举措已无法控制对口支援高歌猛进的形势,顶多只能做到亡羊补牢。

就后者而言,"超前"这一政策要求相当笼统,对如何确定建设规模、如何安排建设的先后次序、如何测算受援地区的当前和长远需求等问题都没有系统的考虑,对于援建双方政府也没有设置"踩刹车"的机制,这种"适度超前"就会演化成大跃进,反而造成浪费,我们从下面两个学校建设的案例就可以发现这一点:

> 汶川县龙溪乡共有 9 个行政村,992 户农户,震后总人口 5036 人。在学校重建中,确定的方案是将各村原有的小学撤并,建设一所龙溪乡中心小学,另在人口较稠密的阿尔村建设一所小学。湛江市援建规划的龙溪乡中心小学将比原来的旧校扩征 3 亩土地,建设面积 7400 平方米,包括教室、宿舍、食堂和 200 米的跑道操场,可容纳 600 人,投资额 2677 万元,满足龙溪乡未来 20 年教育发展的需要。
>
> 龙溪乡阿尔村全村 247 户,人口 1870 多人,原小学占地面积 1550 平方米,校舍面积 504 平方米,教职工 5 人,6 个班级 103 名学生,地震复课后学生还剩 70 多名。该小学由东方集团通过中国教育发展基金会捐资重建,投入 650 万元,建设规模确定为占地面积 2400 平方米,校舍建筑面积 1998 平方米,规划在校学生人数为 100 人。

龙溪镇中心小学图
(图片来源于汶川县政府新闻网)

阿尔村小学图片
(图片来源于中国教育发展基金会网站)

两相比较可以看出,政府援建的龙溪乡中心小学在投资力度、建设档次上没有追求豪华工程,但在规模控制上却做得不好。按照龙溪乡现有人口规模,而且考虑到龙溪乡是贫困乡、老龄化情况较严重、大量农村青壮年出外打工的情况,建设 1 所 400 人左右的小学就能满足需要,而援建中提出的满足龙溪乡未来 20 年教育发展的超前需要,意味着当前的运行成本会增加,部分校舍难免会闲置或转为他用,而且该乡农业受灾严重,损失耕地近 1500 亩,建造这种气派的建筑对当地而言弊明显大于利。

上述分析可以看出,灾后重建对口支援中的政策期望与适宜政策目标之间还有不协调之处,全部依照政策文本来执行政策固然能令政策期望得以完美实现,但对于灾后重建的公共利益而言,不尽然能够达到一种比较圆满的结果。

我们在明确政策期望是对口支援政策主体推动政策执行和服从政策安排的主要内因,政策期望与政策目标之间的匹配程度对政策执行的走向和政策执行的结果有直接影响这一发现的同时,也要对政策主体视线范围以外的政策期望影响因素有一定的认识。

二、政策期望与期望的执行者

对口支援政策执行研究中,我们主要是以政府为研究单位。如果我们把视角下移,可以发现支援省市和受援方都有大量的政府官员在前线工作,他们的思维模式、行事风格对政策执行的影响是不言而喻的,政策研究中需要也必须关注这些具体的执行者。我们可以尝试以"街头官僚"的理论开辟一个新视角去观察他们。美国学者利普斯基提出的这一概念描述的是身处基层,直接与民众打交道的公务员以及其他的公职人员,他们实际掌控着政策资源并拥有授益或者处罚等自由裁量的权力。随着信息通信技术的飞跃和电子政务的演进,一些街头官僚的工作模式发生变化,转变为"屏幕官僚"。他们在政策执行中更多地依赖和遵从被编入计算机的行政程序,他们原有的自由裁量权被政策设计者吸纳。对街头官僚有不同的解读,持"官僚话语"的人认为,街头官僚是官僚系统派生的产物,它承继了官僚制在技术、认知和道德方面的一些消极因素。一方面,街头官僚面临着来自政策制定者的控制和约束;另一方面,他们又可以利用资源和信息来摆脱政策制定者。而持"政治话语"的人认为不能小看街头官僚,他们善于在权变的、学习的环境中寻求解决问题的策略,部分街头官僚有很强的责任感(叶娟丽等,2003)。不管我们如何看待街头官僚,各方均承认他们必须能够在政策执行中立即做出决策,没有多少时间去让他们分析和比较,如果他们在政策执行中利用自由裁量权来优先考虑自身利益,进而忽略民众的利益,或者治理目标模糊不清、绩效测量困难,那对于政策的执行是负面性的。

对口支援中,受援方的基层干部即街头官僚,对于支援省市的援川干部而言则需要进一步探讨。他们多来自支援省市及省辖市的职能部门,在过往的公务活动中并不直接肩负执行使命,也无须直接面向民众,能否将他们纳入"街头官僚"范畴呢?我们的看法是,由于对口支援任务的单一化和政策执行上的少层次化,使得支援省市派往灾区的援川干部不但需要操办和过问具体的援建事务,还必须频繁地接触灾区基层干部和民众。他们的举动和权能已经步入街头官僚阵营。支援省市也有一部分干部在本省市内(后方)从事对口支援事务,他们虽然距离援建现场较远,不与民众产生直接互动,但它们握有的自由裁量权并不受空间因素的影响,他们中除了少数管理官僚之外,其余部分可以理解为"屏幕官僚"或处于后台的街头官僚(韩志明,2011)。

1. 对口支援中对街头官僚控制的成功之处

街头官僚直接面对民众来落实政策执行使命,同时又享有自由裁量权,对街头官僚的控制是对口支援中无法回避的问题。对口支援中对街头官僚的控制有成功之处。

(1)在支援省市援川干部方面

对口支援政策的设计体现了"一个机构、一个口子对外"的系统思想,人员配备上比较精简,在干部选拔上支援省市按照身体健康,年龄不超过五十岁,具有较强工作能力、沟通能力,战斗力强等选拔标准,采取了自愿报名、组织考察、确定人选的程序。在援建过程中给予了援川干部较充分的赋权。交钥匙项目中,援川干部全面负责规划设计的方案把关、工程招投标、施工进度和施工质量的督导、资金拨付的监管。交支票项目中,援川干部享有项目进度的检查权和资金的交付权。支援省市党委组织部门对援川干部的政治业务素质、组织协调能力、履行职责、工作实绩、遵守规章制度和廉洁自律等方面进行了考核,在生活待遇、干部轮换、锻炼提拔上也出台了跟进措施。如果将灾区比作是客户、甲方,那援川干部则较好发挥了类似于建筑施工合同中的总承包商的作用。援建过程中,援川干部上下用命,涌现出了崔学选等英模人物。

(2)在受援方的基层干部方面

作为上级政府的四川省、各省辖市给予了受援县市较大的重建裁量权,包括上报重建需求、分配救灾和重建物资,以及建设成果、甄别灾民、对参与援建的各类企事业单位进行管理、主持"交支票"工程等。同时,基层干部在救灾和重建中的绩效受到了格外的重视,有些不适任现象被披露后,负有责任的基层干部被处分甚至被就地免职,加强了基层干部的履职意识。

(3)双方政府的援建工作人员都接受了目标责任制的控制

目标责任制中最基本的目标单元是项目,对口支援政策中包含大量的项目设计、项目实施、项目进度、项目竣工、项目资金拨付方面的规则,而来自外部的监察、审计、督导也是目标责任制的一部分。为了适应项目导向的政策运作方式,对口支援的各方在援助管理机构、援助工作人员、项目资金管理方面派生出了一系列制度,既有吸收以往工程建设、大型会展实施的经验,也有一些是根据对口支援工作的特殊性而设置的不同管理流程。由于清晰的目标设定以及恰当的自由裁量权,这些街头官僚在对口支援政策执行中较忠实地实现了各方政府的政策期望。

2. 对口支援中对街头官僚控制的不足之处

当然,各级政府在对口支援政策执行过程中对街头官僚的控制也有不尽如人意之处。

(1)在于援建干部对支援工作的适应性

支援省市方面,在援川干部的动员、遴选、派出、调整工作中掺杂着政府体系内部非正式的人事调配博弈,由于选择面有限和选择时间紧迫,支援省市需要在干部的个人意愿、工作能力与支援工作的任务性质、受援方的需求之间权衡折中。笔者查阅了各省市派出的对口支援干部的个人介绍资料,发现援川干部的专业、履历及其特长与对口支援工作的关联度不一,有些省的前线指挥负责人有发改、建设等领域的任职背景,有些则供职于工会系统、国资委系统,当然这些干部的履历只能反映某个侧面的问题,不能完全依据它来得出这些干部是否适任的结论。在调查中笔者也发现,在各省市对口支援前方指挥部中工作的援建干部绝大多数出自于省级、市级机关,鲜有在县级政府机构及相关党群组织、事业单位工作的干部,他们所擅长的政策创制、综合协调能力与援建中需要将工作重心下沉到县乃至乡镇、村组相较,有时候派不上用场。同时,支援省市派出的对口支援干部多数是各级机关的综合管理类公务员,专业技术人员偏少,这些干部在处理一些较为具体的援助问题时不是很熟练,有的省在援建中就遭遇懂得工程技术规范的援川干部少的问题,又紧急从各地级市建筑部门抽调质量管理方面的技术人员充实到援建队伍中(《绵阳市访谈笔记》)。笔者在访谈中还发现,援川干部中存在共性的问题,即很多干部以前很少或没有和四川方面打过交道,来了四川之后才开始熟悉情况,援建初期的工作开展得不顺畅,指挥部也没有时间和条件组织培训,只能是边干边学、现学现用(《北川访谈笔记》)。对受援方而言,重建和援建中遇到的一些灾情破坏和重建的规划内容在本地属于罕见现象,懂这方面的干部不多,也面临人才储备缺乏的尴尬。同时,灾区干部的计划执行能力,与灾区民众的对话、沟通意识和技巧也暴露出问题。

(2)部分对口支援干部的职责规划与工作重心与街头官僚的特色相冲突

在这方面,支援省市的援川干部存在的问题较多。将资金、技术、信息、管理方式等要素传递到受援地区,并发挥其经验和才能,帮助和带动受援地区实现对口支援的政策目标是援川干部的职责所在。但在实际政策执行过程中,援川干部的职责发挥并非如此明晰。援川干部关注的主要是项目建设进度、资金到位和投放情况,接触的主要是建设工程队伍,与灾区当地的产业、民众之间的互动稀疏，在真正影响和改变灾区的发展观念、发展方式方面缺乏渠道，距离"给灾区留下一支带不走的援建干部队伍"的政策设想有一些出入。

援川干部尤其是负责人员的日常工作中，接待性、内务性任务相当密集。媒体统计，重建期间有 9000 人次的厅级以上干部造访灾区，援川干部需要频繁地接待各种考察、参观、慰问团，出席各类开工、竣工、表彰仪式，参加各种会议，汇报（介绍）对口支援的情况。在对口支援受到全社会瞩目的氛围下，这类活动是必不可少的，但如果结合援川干部在援建期间所承受的"五加二"、"白加黑"的高负荷工作状态，这种接待"阵势"从某种程度上拖了援川干部的后腿。

另外一部分援川干部被安排在受援县市挂职，挂职干部同时听命于支援、受援双方政府。如若双方政府在对口支援干部的职责目标、履职方式、效率看法上存在差异，挂职干部的工作重心就必须进行调适取舍。研究者通过对过往挂职案例的分析，发现挂职干部肩负的主要使命和自身能量的发挥之间存在一些体制性阻滞。具体而言，挂职干部大多属于原单位领导团队成员或优秀干部，挂职对于他们来说，"镀金"的意义更大，诚如口头禅所说的"不干不好意思，干一点意思意思，干多了你啥意思，走的时候没啥意思"（吴忠权，2009）。并且，挂职干部所担任的职务与其实际能行使的职权、所管辖的事权不是完全匹配的，有"头衔"不代表有"位置"，不一定有发言权。援建过程中，他们的挂职期限很短，一般为一年。在此期间，挂职干部能够解决的工作以局部性实务、简单性事项居多，而长远性、复杂性事务是挂职干部都不愿触碰的或者"心有余而时不足"。

（3）对对口支援干部的考核上出现踏空

支援省市由于援川干部主要是通过借调方式来调配，对借调干部的考核本身也存在着主体不明、标准难以把握、结果反馈渠道不畅等问题。同时援川干部的调整更换比较频繁，在两年多的援建过程中，18 个支援省市中有山东、北京、福建、上海、广东、辽宁、重庆七省市先后更换了前线总指挥，有的省参加援建的干部先后有 500 余名，其中绝大多数干部的在川工作时间为一年到一年半之间，自始至终在援建指挥部工作的比例只在 30％左右，这种干部不稳定性会给考核带来一定的困扰。

同时，对于援建中的目标考核是否可行及如何操作，支援方和受援方有不同的看法。支援方政府看重的考核标尺是以可控的援助成本、最优的时间效率完成对口支援任务。受援方政府更看重的可能是支援结果的最大化。另一个双方政府都加以回避的问题是如何确定对口支援干部的行政责任。对于在质量、效益方面出现问题的项目，是在支援方建设时就"先天不足"还是在受援方接管后运营不善，双方往往各执一词，谁也不愿意"背黑锅"。

通过上述分析可以看到,执行对口支援政策的援建干部与日常公共政策执行中的街头官僚相较,履职环境有所不同。对口支援干部接受的政策使命明确,赋权充足、制度激励力度和自利空间大,但对口支援干部的个人背景、职责规划、工作重心、考核力度与对口支援工作需要之间存在着一定的偏离。对口支援干部所演绎的对口支援政策执行过程既显示出与政策期望的高度一致性,也发生一定程度的偏离。

上述讨论给我们的启示在于:对口支援是多方政府共同推动的政策,用一个较形象的比喻,中央是对口支援政策的"导演者",支援方、受援方政府是对口支援政策的"表演者"。表演者的演出质量高低取决于街头官僚的绩效,今后要在其他地区持续开展对口支援政策,人力资源环节应当在政策安排中更加受到重视。

第二节 关于政策执行结果的讨论

一、对口支援的行政效率

对口支援的政策执行结果也是一种政策产出,它涉及政策投入与效率的问题。尽管前述研究强调,由于灾后重建和援建的混同开展以及援建的重心不是全部放在产业方面,很难准确标定对口支援的政策效益。但我们仍然渴望知道对口支援省市对受援地区经济社会发展的贡献程度以及不同的支援省市采取的支援策略、行动给受援地区带来了多大的机会收益。

作为在国家行政体制中起着承上启下作用的省级地方政府,承担着执行国家战略、从事宏观调控、提供公共服务等诸多使命,它在自身经济社会发展中建构了一套发展策略、管制方法、目标监控的政策规则和行政习惯。国内研究者提出了省级政府效率的衡量指标体系来度量省一级政府的投入与产出,或者说提供一定数量的公共产品所耗费的资源情况,其指标的构建方法是吸收测度政府效率的 DEA 模型、FDH 模型以及在国际上有影响力的瑞士洛桑国际管理发展学院 IMD 指标体系、日内瓦世界经济论坛 WEF 指标体系的设计思想。将省级政府的行政效率转换成政府公共服务提供效率、政府公共物品提供效率、政府规模、居民经济福利四大类指标,再设计相应的 47 项操作化指标,再赋予它们不同的权重,求得各项因素的标准化值,形成政府效率一级指标及综合指标的排名,以显示出各省级地方政府效率的相对水平(唐任伍等,2011)。我们尝试以这一效率指标来解释支援省市在对口支援政策执行上的绩效(表7-2)。

表 7-2　受援县市灾前灾后县情与支援省市政府效率对照情况

支援关系	受援县市2005年综合竞争力排名	受援县市2008年经济综合评价排名	受援县市2010年经济综合评价排名	排名位序变动情况	支援省市省级政府效率排名	支援省市省级政府效率标准化得分
绵竹—江苏	7	34	15	19	1	0.525
北川—山东	80	145	109	36	5	0.383
平武—河北	90	149	140	9	8	0.141
青川—浙江	115	160	147	13	4	0.404
松潘—安徽	41	168	142	26	15	−0.006
什邡—北京	3	19	10	9	3	0.451
汶川—广东	19	133	49	84	9	0.118
安县—辽宁	43	88	85	3	6	0.352
小金—江西	103	167	160	7	22	−0.119
剑阁—黑龙江	85	131	143	−12	10	0.1
江油—河南	11	32	29	3	20	−0.1
黑水—吉林	70	156	120	36	12	0.089
汉源—湖北	89	125	131	−6	23	−0.142
崇州—重庆	14	36	27	9	26	−0.224
理县—湖南	26	162	111	51	24	−0.203
彭州—福建	22	55	34	21	16	−0.027
茂县—山西	93	165	123	42	17	−0.067
都江堰—上海	6	42	13	29	2	0.519

数据来源：1.四川省统计局.四川统计年鉴(2010).中国统计出版社,2010.

2.唐任伍.2011中国省级地方政府效率研究报告——新公共管理视野下中国省级地方政府的投入与产出.经济管理出版社,2011.

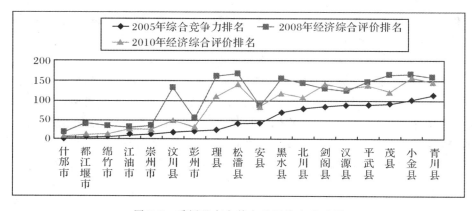

图 7-2　受援县市灾前灾后经济表现对照

首先来看受援县市经济发展在四川省的整体排名情况。图 7-2 将 2005 年《县级经济社会年鉴》的统计结果与 2008 年、2010 年的四川省统计局发布的《四川省县级经济综合评价排名报告》对照,分别表征受援县市在受灾前后以及援建结束后的整体经济面貌。虽然两项统计的口径有所不同,前者测算的是经济社会综合竞争力,后者测算的是国内生产总值,但在统计基础、分析导向上基本相同。从数据中可以看出,2005 年时受援县市在四川省各县中所处的发展位次与 2010 年时的情况相比,呈现了不同程度的下滑趋势。如什邡市曾在四川省县域综合竞争力排名中位列第 3,到了 2010 年则处于第 10 位的水平。2005年,青川县排在四川省第 115 位,现在的排位为 147 位。总的来看,不管是灾前还是灾后,大部分受援县市的经济社会发展在四川省内处于较为滞后的阵营,在发展环境、资源注入方面有一定的劣势,也从某种意义上喻示着受援县市的自我发展能力偏弱,外来的援助是受援方亟须的。

其次,从图 7-2 可以看出经过灾后重建和援建,受援县市的主要经济指标恢复情况。18 个受援县市中,除了汉源和剑阁出现排名指标倒挂,其余 16 个县在2010 年时的经济表现都要好于 2008 年受灾之后。高速的重建、大量的援助资金直接催动了国内生产总值、固定资产投资规模、第二、三产业增加值、社会消费品总额、地方财政收入等指标的复苏,而支援省市则很好地扮演了资源输送者的角色。而汉源县和剑阁县的主要经济指标也实现了增长,但由于其人口基数偏大,在人均发展水平、人均效益以及经济结构方面的表现不如其他的受援县市。当然,不同受援县之间的经济社会恢复速度确实存在着差异,这是我们接下来要重点讨论的内容。

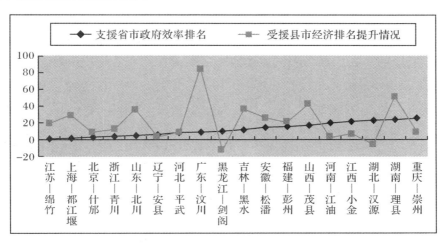

图 7-3 受援县市灾后恢复情况与支援省市政府效率对照

在图 7-3 中,我们进一步将各受援县市在灾后初期的经济表现与对口支援结束后的综合排名进行对比,通过各受援县市在全省综合排名中的位次变化幅度来分析对口支援产生的影响。从图中可以看出,各受援县市的综合排名都有不同幅度的上升,平均上升幅度达到了 21 位,汶川、理县、茂县、北川、黑水、都江堰等县的上升势头更迅猛,其中汶川的排名提升了 84 位。与各支援县市的综合排名与各支援省市的行政效率排名相对照,我们可以看到一种趋势,即除了个别省市以外,在省级政府效率排名中靠前的支援省市,其支援带动的受援县综合排名的上升幅度相对更明显,绵竹—江苏、都江堰—上海、彭州—福建、松潘—安徽、黑水—吉林、茂县—山西、汶川—广东、北川—山东这些支援关系中,受援县市的综合排名的上升幅度都接近和超过了 20 个位次。而政府效率排名靠后的省市,其支援所促成的受援县市的综合排名的爬升幅度也相对较小,如江油—河南、小金—江西、汉源—湖北、崇州—重庆这几对支援关系,受援县综合排名的上升幅度在 10 名以内。这在一定程度上显示了支援省市政府的效率差异也会影响到援建的政策执行结果。但有些支援关系中,如安县—辽宁、平武—河北、什邡—北京、剑阁—黑龙江,支援省的省政府的效率排名比较靠前,但受援县市的综合排名提升差强人意。理县—湖南支援关系中,湖南省的政府效率排名表现平平,但理县综合排名的提升则相当亮丽。这可能与受援县市的人口状况有一定的关系,如理县的人口是 18 个受援县市中最少的,只有4.5 万人,对口支援政策对于人均经济指标的影响立竿见影,而什邡的经济基数是 18 个受援县市中最大的,家底大,发展增速就会相对放缓。相对于安县和平武这样的人口规模,辽宁省投入的约 40 亿援建资金、河北省投入的约 20 亿援建资金的拉动效应就比较有限。

省级政府效率指标测度的是各支援省市在省市内进行的各种政策安排和政策执行上的表现差异,在省外实施的对口支援中,支援省市的行为逻辑、政策推动力度、对援建利益格局的衡量与省市内事务可能会有所不同。我们不妨假定支援省市在对口支援政策中秉承的立场和执行的努力程度与省内的其他政策是一致的,在此基础上接续讨论。

值得关注的话题之一是支援省市把本省市试验过的经济社会建设模式复制到受援县市的问题,这种模式在受援县市的灾后重建中见到了一定的效果,但这种模式会不会出现"水土不服"以及模式中蕴含的政府效率因素能不能持续发挥势能是很难预知的。援建中的一些表征,如支援省市设计和推荐的房屋重建样式在灾区民众看来,外表上像传统风貌或具有独特的审美元素,但实际的使用功能则不像设计中那样周全。支援省市谋划的旅游产业、工业产业发展愿景与其省市的发展模式大同小异,但援建的时间仓促导致支援方和受援方都无暇将灾区的真实需求摸清，无法将产业发展的基础做实。在这样的氛围中，支援省市政府的高效率并不能带来丰硕的产出。

话题之二是省级政府的效率发挥需要一个持续运行的保障系统，在支援省市的施政活动中，内外部的压力环境与对口支援时的情境有较大不同，援建的共有特征是单一资金注入，这种行为非常类似于过往国际援助中只有"胡萝卜"没有"大棒"的单边政策，所带来的政策后果是受援方在援助的低约束以及援建成本的外溢。

通过讨论，我们得知对口支援的政策成果丰硕与否与支援省市在援建过程中输出的政府效率高低有密切关系。但政府效率与政策执行成果不能完全等同起来，如果对口支援政策的期望管理出现问题，一些政府效率效能会被耗损而不能转化成充足的产出，会出现高效政府低效援助的问题。

二、支援方与受援方集体行动达成

对口支援中，支援方和受援方需要频繁的就援助内容安排、援助资金切分与项目管理、利益与激励、矛盾纠纷调处等事务进行磋商，谋求协同。前述研究分析了对口支援中各方政策主体采取集体行动的诱因以及集体行动达成所面临的一些障碍。接下来进一步的讨论集体行动背后的博弈因素以及在不同的对口支援领域集体行动的实现程度，以利于我们更全面地掌握这一决定对口支援成败的关键因素。

首先，我们要深层次捕捉困扰集体行动的原因，对口支援是一种多主体治理行为，不同主体之间既存在文化背景、发展理念、决策风格、政策执行信息化程度、意见沟通等方面的宏观差异，同时也存在支援和受援方的配对、援助的重点和先后顺序、援助标准、双方干部间合作共事等中微观方面的差异。这些因素影响着各方政府实现己方政策期望的决心和用意。其次是集体行动的激励障碍，过往研究指出选择性激励在解决集体行动的难题时能发挥一定的作用。对口支援各方中最需要激励的无疑是支援方。在对口支援中，除了来自中央的政治压力，还有两三方面因素有助于维系支援省市援助积极性，即政治自觉性、互利的期望、从援助中获得的政治声誉。在支援省市自身经济社会发展任务繁重的情况下，持续保持自觉援助机制是不易的，同时由于多数援建项目不追求经济效益，缺乏实现长期互惠互利的条件。而政治声誉属于抽象性激励，受益面又比较窄，这三个方面都难以达成对支援省市产生持续激励的效应。因而，对口支援中承担主要政策执行任务的支援方和受援方之间的集体行动基本模型如表 7-3 所示。

表 7-3　支援方受援方集体行动基本模型

		受援方集体行动意愿	
		高	低
支援方集体 行动意愿	高	A(1,1)合作	C(−1,1)地方主义
	低	B(1,−1)搭便车	D(−1,−1)冲突

在上述对口支援中集体行动的基本模型的基础上,我们可以进一步结合对口支援的资源投入情况,来观察不同类型、不同领域援助政策的执行结果情况。

首先来看公共服务设施的援建,支援方在这类援建中投入了大量援助资金和援助力量,受援方也在土地、项目审批等方面进行了投入,其资源是丰沛的。前述分析的双方政府的政策期望中,都包含有重点解决民生的期望,支援方所持的立场是建设标志性的、显示援助实力和诚意的公共建筑,受援方所持的立场是大幅提高本地区公共服务的规模和档次,两方政府在这个领域不谋而合,促成了较强的集体行动意识,这两方面因素的作用使公共服务设施的援建得以迅速推进。

其次来看住房援建方面,对口支援双方政府都意识到城乡住房重建的要害性以及若住房援建上出现差错将会导致的中央究责和民众压力。因而,双方在住房重建上合作意向高,支援方负责了提供补助资金、住房安全检验和建设技术支持,也以全资建设方式承担了营利性低的廉租房、安居房建设任务,受援方则投入了行政资源以督导农房分散重建和组织统一建设。但援助政策规划中用于住房的资源投入仍然显得不足,加上政府和民众之间的诉求出现隔阂。因而,在住房重建中出现了一些不符合政策目标的结果,特别是一些以效率、进度的名义对民众房产、土地进行强制性拆除、征用,强制性地要求民众按照某种标准建设房屋等事件。

第三是产业援助方面,这是支援方和受援方都能从中获益的项目,因而双方在投资兴趣上是共同的。前述研究介绍了每个受援县市基本上都耗费不菲的资金规划建设了工业产业园区、旅游设施,在产业援建上是"不差钱"的。但如果具体分析支援方和受援方的政策取向和行动,就能发现双方在该方面的步调不一致。受援方希望坐享其成,即凭借产业园区丰富本地经济结构、创造财政收入。受援方首先要求支援方既负责当前的园区基础设施,进而希望援建结束后支援方为园区留下一些资源和商机。但对于产业园区应该走怎样的发展路子,受援方未加以详细论证,基本上是复制和沿袭支援省市相似的产业发展路子。而支援方的出发点是通过产业园区的平台开展有偿援建,同时为本省市来投资的企业争取到税收、土地、信贷、环保等政策优惠,对于援建结束后的长期帮扶以及受援地区产业发展面临的挑战,支援方不再跟踪关注。因而,在产业援建中我们看到援建时的轰轰烈烈和援建过后的稍显冷清。

第四是智力援助方面,前述研究揭示,对口支援双方政府虽然在援助方案中列出了智力援助的规划,但在设计项目、分配援建资源时对这一领域着力不多,有些灾区在智力支援上花费的资金不到援建资金总额的1‰。支援方安排的智力援助以短期性支援为主,有些援助行动完全依靠政府的资金支撑,有些援助活动带有支援多、传技少的色彩,一旦援建结束或资金耗尽,这些援助就消失。受援方对软件方面的援助的欢迎程度远逊于硬件援助,在软件援助的需求和方式等方面没有拿出有针对性的提议。因而,对口支援中的智力援助行为多为短期行为,无法形成持续之势。援建双方在不同领域中的集体行动开展情况如表7-4所示。

表7-4 不同援建领域集体行动开展情况

援建项目		集体行动程度	
		高	低
资源注入	多	公共服务设施援建	产业援建
	少	住房援建	智力援助

通过讨论我们看到,对口支援政策的执行需要"人和"。这意味着要在政策框架内尽可能地增加集体行动的空间,从上述对口支援具体领域的集体行动状况来看,有几个方面是可以有作为的:一是提升对口支援中各方政策主体的信任,培养社会资本,无论是哪种类型的对口支援都需要这种元素;二是针对不同的援助领域,可以采取相应措施适度地管控各方政策主体牟取单位利益的空间,避免政策目标被置换;三是使激励更具有针对性,同时要考虑双方激励的限度,不鼓励单纯的政绩竞争;四是要建立双方争议的解决机制,以促使更多调适性政策的执行。同时,在促成集体行动时要清楚地认识到民众的诉求,避免对口支援各方政策主体以集体行动之名行伤害民众权益的政策。

第三节 关于政策执行模式的讨论

一、对口支援的政策学习

对口支援已经有了多次政策实践,每例对口支援均有异曲同工之处,前述研究梳理了不同历史时期对口支援政策的发展脉络和政策内核,我们不单单要了解过去的对口支援做了什么,还需要在不同的对口支援政策之间建立对话,进一步了解它们之间的相互影响、相互吸收,以政策学习的眼光来透视对口支援政策的基本模式的成型过程。全国援藏是对口支援政策的一个重要发育阶段，这一政策始于 20 世纪 80 年代初期，一直沿用至今，在援助规模、参与主体方面相当可观。将援藏行动与汶川地震灾后重建对口支援加以对照，可以看出政策学习及调整的端倪。

1. 在政策文本上的参照和迁移

援藏政策主要出自历次西藏工作座谈会的会议报告、会议纪要以及国家各部委出台的一些通知、要求类文件，与汶川地震对口支援相比，援藏的政策文本相当稀少。这种状况直到 2011 年才发生扭转，当年国家发展改革委出台了《关于进一步加强和完善对口支援西藏经济社会发展工作的指导意见》《关于对口支援西藏经济社会发展规划编制工作大纲》，财政部出台了《关于对口援藏若干问题的通知》《关于加强对口援藏资金管理的通知》等重要的指导性文件，各支援省市也陆续出台了《对口援助规划》《对口支援工作计划》《项目资金管理办法》《资金支付办法》等。而这种改变与汶川地震对口支援中高密度、全覆盖的政策供给存在着关联，表明政策主体意识，并吸取了汶川地震对口支援中积极政策供给所带来的各方期望明朗化的成功之处。与此情形相近的还有援藏审计方面的政策安排。我们追溯了不少援藏工作资料，发现审计工作一直没有被提上日程。2011 年初，国家审计署才召开援藏援疆审计工作会，部署了对财政、税收、产业化、资源开发、土地等方面的援藏政策贯彻落实情况的审计检查，同时对援藏资金、物资的管理使用、援藏项目的建设情况等安排了审计，这也是汶川地震对口支援监督审计的移植和延伸。

2. 在政策期望上的经验教训吸取

前述研究揭示了援藏政策安排的一些项目在实施过程中出现了项目论证考虑不周、项目签约后难以落实、项目在实施过程中夭折的情况。中央在调整援藏政策中也逐步注意到这一方面，在政策期望中加强了援助需求的科学性、可行性管理，正像李鹏总理讲话中所说的：

> 这次座谈会……，西藏同志提出的要求，应该说基本上都解决了，……有些要求没有能够完全满足，主要还不是钱多少的问题，而是考虑实行优惠政策，既要有利于西藏经济发展，又要符合建立全国统一的市场经济体制，维护正常经济秩序的要求，……西藏的同志也要从大局出发，理解和服从中央、国务院的决定。（李鹏，1994）

汶川地震对口支援中，中央的政策期望减少了硬性要求支援省市和受援方政府以不惜一切代价拿下某些建设困难的项目，在援建中期中央又提出对于重建规划进行中期评估和调整,移除了在地质、环境等方面存在较大实施风险的项目。

3.在援助人力资源上的调剂互通

由于接续承担各类对口支援任务,各省市对对口支援机构建制给予了重视,有些省设置了常设性的对口支援办公室或者经济技术协作办公室,如湖北省对口支援办公室就同时主管援藏、援疆和汶川地震的对口支援政策执行。同时一些干部也经历了各种对口支援使命的历练,像北京市援建四川什邡前方指挥部的主要干部在援川结束后旋即参加了对青海玉树灾区的对口支援,他们将以往执行援助的经验带到了下一次对口支援中。

4.在政策执行的具体规则上的积淀传承

对口支援中的一些关键性政策要点不是某一次支援中贸然产生的,而是有着较长时期的积淀和试验过程。如对口支援的项目建设方式。援藏中建设项目由中央与西藏自治区方面商定,然后由支援省市领受建设任务,从第三次西藏工作座谈会开始,援藏项目的酝酿方式发生变化,一部分项目由中央直接确定,另一部分项目则采取分片负责方式,由支援省市与受援地政府对接,寻找条件比较成熟的项目实施援助。从1994年到2009年,按照这一模式实施的援助项目超过2000项。在建设这些项目时,支援省市和西藏自治区方面逐步摸索出了"交钥匙"、"交支票"两种主要合作方式及支援、受援双方的权责,而这些援助准则都被吸收到汶川地震对口支援之中。又如支援干部的调配使用方式。援藏初期是由中央主导从内地直接抽调干部,同时动员军队转业干部留在当地。1994年第三次西藏工作座谈会后,援藏干部管理政策发生了改变,他们的组织、人事关系由西藏自治区管理改由内地选派单位管理,主要派出形式是挂职,这一制度也被承继下来。

二、对口支援政策执行模式的优化

不同的对口支援政策实践之间存在着内外部差异,外在差异是受援地区的经济社会发展状况不尽相同、政策执行的时机不同,而内在差异是对口支援各政策主体关系、政策期望的强弱、政策执行的偏好等,但对口支援作为一项定性化政策亦有其相对稳定的制度内核和运作逻辑。如前述研究初步总结出汶川地震对口支援的政策执行模式所呈现的自上而下、中层控制、联合治理的样态。这种归纳的主要参考因素是对口支援各方政策主体的力量对比和角色定位,为了加强这一模型的普遍适用性和解释力,我们不妨将其他形态的对口支援政策也纳入这一模型进行追溯分析。

1. 将对口支援西藏政策执行与汶川地震灾后重建政策执行联系起来观察

在对口支援政策执行的"自上而下"方面,中央的地位关系是重要的指标。对口支援西藏中中央的地位和影响是相当突出的,如早期援藏项目主要资金由中央负责,干部由中央管理,在汶川地震对口支援中,中央仍旧扮演着政策推手和援助结对关系撮合的角色。但中央在对口支援开始后逐步走向幕后,将大量的援建决策空间交给各支援省市和受援县市自决,与此同时,中央则加强了政治领导和审计监察控制,可见中央在实现政策期望上发生了以间接手段取代直接管控的转变。

在对口支援政策执行的中层控制方面,支援省市的地位和活跃程度至关重要。在援藏政策的初期阶段,支援省市的援助表现并不引人瞩目,其后支援省市在援藏中的政策分量逐步增强,尤其是援藏政策方案中确立了"分片负责、定期轮换"方针以及中央减少了直接安排援藏项目,援藏干部改由支援省市派出管理。支援省市地位提高的同时,其在资源供给方面的责任也随之增加。在汶川地震对口支援中,支援省市处于政策前台,在援建项目决策和与受援方谈判方面享有很高的话语权,对口支援政策执行被贴上支援省市发展理念的标签,支援省市无私援助的形象被着重包装和褒扬。可见在对口支援政策执行的实质主导方面,支援省市已经当仁不让地成为政策选项。

在对口支援的联合治理方面,核心的政策表现是支援方与受援方之间的关系处理。上述提到的集体行动与之有着密切的关系,这也许是不同时期的对口支援以及同一个对口支援政策网络中的子系统发展出不完全一致的政策结果的关键变量之一。在援藏中,支援方的政策供给能力不强,和受援方打交道时以尊重和让步为主要立场,援助中也较少采用全过程负责援助项目的方式,援助项目的风险被悬置起来无人过问。受援方的非市场意识、"等靠要"心理较为强烈,对于援助项目和资金的主导权的政策期望度不高,也不主动寻求支援方的激励,援藏各方政府的集体行动就如领导人所发表讲话那样:

> 西藏工作座谈会精神的落实,其难度不可低估。……承担援藏任务的单位,包括中央部委和几乎所有的省区市,如何协调各方、减少扯皮推诿现象,使援藏工作形成一个有效的整体,如何调动大家的积极性、主动性、自觉性,需要做大量艰苦细致的工作。(李瑞环,2001)

在汶川地震对口支援中,支援方面对的是一个自身也背负着巨大重建压力的受援方政府,双方之间既有"在政言政"的合作义务机制,也有"在商言商"的谈判机制，双方都投入了大量精力进行援助规划和政策创制，以有利于自身的方式去填补对口支援的政策空白，双方对于资金和项目建设的权力分配和激励非常敏感，彼此间的诉求和意见不一致的发生频率较高，双方也加强协调以应对其他对口支援省市—受援县市的援助竞争。因此，支援方和受援方之间既有促进援建效率的集体行动，同时也出现了一些双方各追求有利于实现己方诉求的政策执行结果，或者令一部分对口支援政策的执行游走在双方都能接受的利益边界中。相对而言，汶川地震灾后重建对口支援政策执行中的联合治理较好地满足了政策预期，但阶段性援助结束后的长期合作尚难令人满意。

在众所关注的对口支援政策执行结果方面，对口支援西藏在改变西藏地区的落后面貌，改善当地人民的生产、生活条件等方面见到了成效，但在诸多方面尚未赢得符合政策目标的政策结果，我们可以从前人的研究中析取一些这方面的信息。

第一，硬件援助。项目挂帅、规模优先成为主导的政策基调，在项目的类型和落脚地选择上呈现重城市、轻农村、重项目、轻民生的现象，政府确定的援藏项目与西藏民众最希望的援藏项目不尽相同，一些公共服务设施建成后处于闲置状态，经济效益无法保障（靳薇，2010；李蓝，2011）。

第二，软件援助。高等教育援助方面，得到援助的西藏高等院校在学科专业设置、人才培养层次和科学研究能力上进步很快，但在学术资源交流、人才稳定方面表现不佳。培养西藏本地人才方面，西藏的卫生体育、社会福利事业、教育、文化艺术和广播电视事业从业人员的比重增长较快，但工农业高级职业技能人员、综合技术服务事业人员还比较缺乏。医疗援助方面，援藏医务人员、支援时间、医疗设备等方面落实得较好，但是另外一些方面成效不显著，如支援省市缺乏熟悉西藏地区卫生健康与疾病防治情况的卫生工作人员和专门研究人员，西藏患者诊治的多为常规疾病，令支援省市派出的医技精通的医疗专家少有用武之地。就业援助方面，支援省市主要通过上项目的方式来创造新的就业机会，但是项目多数坐落在中心城市，而且多数是填补空白与增加产值产能的项目，存在重设备、重技术而轻人力的倾向，创造的就业岗位不多（靳薇，2000；王洛林，2005）。

第三，产业支援。工业援助上，援藏安排了众多的特色农牧业、旅游业、藏医藏药业、特色生物资源加工业项目，但出现了一些论证考虑不周、签约后难以落实的情况，能够形成良性产业链和规模、效益双高的重点企业不多，一些企业陷入产业重复、产能过剩、低水平竞争。另一些企业自我发展能力不足、经营风险较高，投入运营不久就夭折。在农业援助上，援藏投入使农业生产设施、农业机械化水平、农业劳动生产率得到了提升，但随之带来了农民的经营成本与风险的上升,对稳定和增加农民收入的长期效果还不好下定论。有些产业尽管不存在或较少存在外部竞争,但为人员素质所累,项目管理水平上不去(赤旦多杰,2006;龚丽霞,2006;潘久艳,2008)。从西藏整体发展走势来看,20世纪80年代初呈现快速恢复势头,80年代末至90年代末则陷入长期停滞阶段,从21世纪初到现在则出现"回稳慢增"的趋势(潘久艳,2009)。总体上说,对口支援西藏没有能够造就出西藏发展的"黄金时代",政策目标在实现过程中被打了较大的折扣。汶川地震对口支援的政策执行结果在前文已有详细分析,在此不再赘述。与援藏相比,灾后重建对口支援使受援地区的经济社会发展面貌改观得更为明显,援助项目执行的成功性更高,政策执行过程中的消极、摩擦现象也相对较少。因而,灾后重建的对口支援政策产出更为丰硕。

2. 比较对口支援政策执行模式的内部差异

分析汶川地震灾后重建对口支援的另一个政策版本,即一省支援一受灾县市之外的香港特别行政区援助汶川地震灾区的政策面貌,来比较对口支援政策执行模式的内部差异。

汶川地震救灾中香港各界人士捐赠了大量款物。灾后恢复重建展开后,香港特别行政区政府提出参照内地省市对口支援模式参与灾区重建,得到了中央的同意。2008年年底,香港特别行政区政府向立法会提出"支持四川地震灾区重建工作信托基金"议案,申请拨款90亿港币,连同香港赛马会拨款和民间捐款,共筹资100亿港元支持四川灾区重建。立法会通过了提案,但决定分三批拨出90亿元,香港特别行政区政府需向立法会定期提交灾后重建工作进展报告,通报项目的具体运作及监管情况。随后,香港特别行政区和四川省人民政府磋商签订了《特区援建合作安排》和《项目合作安排》,批准了151个香港政府援建项目,审查方式是由四川省受灾县市上报重建项目和资金需求,由四川省港澳办、国家发改委、重建委员会先行审核,尔后由香港方面对项目的技术可行性、财务可行性、建设优先次序、项目完成后的运作及经费安排等做最终审定。双方确定的援助项目分布在灾区12个市州58个县,主要援建项目是学校、医院、康复中心等。

在项目管理方面,港方采取与"交支票"类似的管理方式,即项目由四川省及相关灾区县市负责招标、办理建设许可手续。特区政府的政策局、部门主要开展对援建项目的质量检查。据统计,151个政府项目中有145个被港方进行了实地技术检查,总检查次数达到532次,先后形成了498份技术检查报告。港方检查的视角非常细致,发现的问题小到"运动场混凝土地面有裂痕，需修补"、"教学楼出口指示牌不足"、"学前班教室二楼走廊出路指示牌方向错误"。港方将技术检查结果实时通报给四川省，并声明复检时间。除亲身检查外，香港特别行政区政府还聘用"独立专业顾问"对项目施工现场、项目整体进度、资金使用和质量管理进行检查。检查的内容也非常细致，如 2009 年专业顾问对广元市某医院重建项目检查中，发现未按规范进行放坡式设置临时支护结构，基坑旁堆放大量砂石土方，施工日志、设计变更、施工试验、竣工验收、安全培训记录不齐全等纰漏。独立专业顾问在完成巡查后，要向香港特别行政区政府提交报告，并反馈给四川省方面。

在资金管理上，香港政府将援建信托基金拨付至四川省人民政府设立的援建资金专户。由四川省及项目实施地的市（州）实行专户管理和核算，负责转拨给项目实施单位。在拨付资金前，香港方面要求四川省提供项目实施的进度和质量等相关的数据以及独立监理师报告给港方审阅。参与援建项目与资金管理的还包括四川省监察厅、审计厅、建设厅及项目业主聘用的监理人员。

在政府间沟通协商方面，香港特别行政区政府和四川省构建的机制分为三个层级：第一层级是由香港特别行政区政府政务司司长及四川省副省长作为召集人的高层会议；第二层级是工作协调小组，港方由政制及内地事务局常任秘书长和发展局常任秘书长牵头，四川省由省发改委主任和省港澳办主任牵头，召集川港双方政府部门代表，每两到三个月开会一次，负责监察项目实施进度、资金使用情况，商讨其他重要事宜；第三层级是协调项目专责小组，主要工作是对援建项目管理框架、项目可行性、项目设计、招投标等事项提供建议、沟通意见。在援建开始阶段川港双方共召开了 2 次高层会议、3 次协调工作小组会议、26 次项目专责小组会议和 35 次其他工作层面的会议。港方代表还开展了 39 次实地考察活动，涉及的工作量共约 759 个人日。（香港特别行政区政府，2010）

在香港援建汶川地震灾区的政策执行模式中可以发现，基于香港特别行政区政府在宪政体系中的较特殊身份，中央没有表达出明确的政策期望，香港特别行政区在援建中也不抱有同支援省市进行政绩竞赛的立场。因而，香港特别行政区对口支援中政策自上而下的被主导局面不突出，香港特别行政区政府面临的是香港特别行政区立法会这一压力源，香港是行政主导的政治体制，但立法会拥有预算审查权,香港特别行政区政府动用公帑要由立法会投票表决。为此,香港特别行政区政府提交了非常详细的援建项目工作报告,每期报告有200多页,逐项介绍援建项目的实施理由、预算规模、设计、建设情况。同时,香港的公益慈善事业相当成熟,从善款劝募到救助物资采购、发放到援助项目的设计、委托招标、运营,都有着比较系统的经验和实施流程。官方的一些援助思路、项目安排是否有不周详的地方,援助中有没有出现纰漏很容易被立法会捕捉到。因此,来自立法会的压力使香港特别行政区政府非常重视项目的建设规模和建设质量。

在对口支援的中层控制环节,香港特别行政区政府主要采取平行的方式来推动政策执行。香港特别行政区政府与灾区政府之间没有直接的行政纽带,不存在行政级别高下、行政权力大小方面的问题,双方之间的关系更类似于合同关系,香港特别行政区政府的政策期望与政策执行之间保持着良性影响。如香港特别行政区政府就项目建设提出的约束性意见主要是质量方面,对于工程进度方面主要是通过资金拨付来调控,而不是严厉的约束,四川省受援地区没有刻意追求项目工程进度和宣传效果、营造"庆典"工程。到2011年年底,香港特别行政区政府援助四川100亿港元的项目完工72个,完工率约50%。

在对口支援的"联合治理"环节,我们发现香港援建的政策执行中有几个良性的集体行动促进因素。一是政策安排对灾区政府富有激励性,如项目全部由灾区当地政府来申请、论证,轻灾区和重灾区都得到了援助,所有项目以"交支票"为主,均由灾区政府来负责建设。二是双方政府在项目规划、资金运用、工程承揽、建设管理方面没有利益方面的交集,双方的政策诉求只是在建设质量和建设协调工作上可能出现对峙,任何一方都不太可能采取选择性政策执行、过度自利性方式去执行政策。当然,这并不代表着双方政府之间的立场、政策差异消弭殆尽,比如四川省在考虑重建项目的资金供给方时就有自己的逻辑,希望优先吸纳我国香港、澳门地区的援建资金,其次是利用内地援建省市的资金,然后是考虑使用中央下拨及本省筹集的资金。港澳援建项目与重建及内地省市对口支援项目之间亦发生重合,如青川县的社会福利院重建,当地政府同时将这一项目申报给了浙江省援建指挥部和香港方面,最终这一项目亦被浙江省"争取"到,香港特别行政区政府放弃了这一项目。

综上,香港特别行政区援建中有限性的政策诉求、契约化的制度安排、平行的互动方式使得对口支援的政策执行中出现了一些亮点,也促使政策执行结果与政策目标一致性程度高。

我们可以通过上述三个维度对三个对口支援政策系统进行比对(表7-5),并结合前人研究和本研究对三项对口支援成果进行初步的综合性评价,形成下文的分析。

表 7-5　　不同对口支援的政策执行模式对照

政策类型	自上而下主导的力度	中层控制的强度	联合治理的水平	援建产出
对口支援西藏	大	弱	低	一般
18省市对口支援四川	中	强	中	较好
香港地区对口支援四川	小	中	高	好

可以看出,对口支援政策执行模式的几个要件与对口支援的政策产出可能存在某种逻辑关系。首先,对口支援中自上而下的政府主导力度越大,援建成果却越一般。相反,来自上层的干预越小,援建的成果越理想,即自上而下的主导力度与援建成果成反比。这一点说明完全由行政主导、由中央独力推动对口支援,无论是对对口支援的政策执行还是对受援地区的长远发展来说都有所不利。其次,各方政府的联合治理水准与援建产出成正比,这一点说明集体行动的理论对于对口支援政策执行是同样发挥效用的。再次,支援方的中层控制强度与援建成果之间的关系较为复杂。一般而言,如果政策制定和支援的过渡层发挥不出应有的作用,政策结果无疑是疲软的,而如果政策中间层对于对口支援政策执行的干预和影响过强,也会导致政策产出不理想,这当中也存在着政府行为的市场经济倾向问题,对口支援中采取较强的政府控制意味着计划手段受到青睐,而采取适当的政府控制则意味着市场化手段的大量引入,但这一点还需要结合其他因素进行比较才能确证。

三、对口支援政策与其他公共产品供给政策执行的映照

对口支援是一种供给公共产品的社会发展政策,随着民生政治的升温,今后一段时期内政府势必会投入更多的资源去生产公共产品、提升公共服务。但从一些地方的政策实践看,不少惠予性强的民生政策在推行过程中遭遇迟滞:

> 广东省电白县黄岭镇"十一五"规划列出了"十大实事",到 2011年年底,只有三项任务完成,其余七件均没有完成,其中一项因工程选址问题无法解决,其他的事项都缺乏资金。
>
> 广东省四会市、平远县、连山县都在 2011 年年初定下了一系列民生实事,但在任务目标描述上使用的是"加快推进"、"基本完成"等比较模糊的词汇。2011 年年底时,媒体发现相当一部分项目进展微小甚至原地踏步,有些项目注定在年内无法完成。(冼伟锋等,2011)

　　同为民生政策,对口支援政策的执行相对比较迅速、政策成果也比较圆满。这些政策执行过程中有没有互通之处,可不可以相互比较? 在此通过一个和对口支援有关联的公共政策即山东省中小学校舍安全改造,就本研究关注的政策执行模型进行延伸性的探讨。

　　　2009 年,山东省根据中央统一部署实施了中小学校舍安全工程,要求对中小学校存在安全隐患的校舍进行抗震加固改造或重建,使其达到当地重点设防类抗震设防标准,并符合防御其他自然、地质灾害的能力。鉴于汶川地震的惨痛教训,这项工作被称为"等不起"工程。山东省作了不少政策安排,首先是组织学习全国中小学校舍安全工程的文件精神、领导讲话。其次,出台了《山东省中小学校舍安全工程实施方案》,成立了山东省中小学校舍安全工程领导小组,由分管副省长任组长,发展改革、教育、公安、监察、财政、国土资源、建设、水利、审计、安全监管、地震等部门派员参加。领导小组办公室设在省教育厅,实行集中办公。第三,确定了目标责任制。省人民政府与各市人民政府签订《山东省中小学校舍安全工程目标责任书》,规定由省政府统一组织,由市、县政府负责实施,专业部门密切配合,各市、县的市长、县长是本辖区中小学校舍安全工程的第一责任人,相关中小学校的校长是具体工程项目的第一责任人。第四,在资金方面,规定以市、县为主筹集,省统筹安排,争取中央支持,并根据各地财力状况、工作任务及工作实效等给予奖励性补助。第五,通过召开全省中小学校舍安全工程工作会议、推进教育规划纲要落实工作会议、定期通报各市工程进度、组织专项检查等方式推进工程实施。2011 年 10 月底,山东省各地工程进展被披露,开工率最高的为 99.4%,而最低的不足 40%,平均开工率为 59.16%。在检查中发现全省 139 个县(区)有 58 个县开展不力,有 26 个县未向校舍安全工程投一分钱。已开工项目中还存在未按时拆除危房、加固标准偏低等问题。从整体上看,尽管中央的政策内容和政策要求比较明确,校园安全工程的实际政策执行结果与政策制定者的期望不相符合程度较高。(网易,2011)

　　校舍安全工程是中央和省推出的一项民生工程,在经济比较发达的山东省,困扰工程实施进度不完全是资金原因,分管副省长在某次会议上讲话指出"有些市重视程度不够",如果全面分析这一政策的执行面貌,则不是简单的"重视"与否能够解释的。

首先，这项工程中主要的政策期望是通过中央—省—市—县序贯传递的，这项政策也是典型的权力—责任分解式任务，中央规定省级政府是校舍安全改造工程的责任主体，省级政府顺势规定市级、县级政府为责任人，层层签订目标责任状。通过这一进程，政策期望被卸载到了底层政府身上，但实际情况是来自上级的政策期望主要是一次性或阶段性的，如召开会议、下发文件，而不是持续加压，除了少量的领导视察、一把手亲自过问等情况，在大多数时候下级感受不到特别的压力。而且政策期望每传递一级，就会有所衰减，导致了"雷声大、雨点小"的场景。

其次，作为"出钱出力"的基层政府，在政策执行过程中并非完全不作为。一方面，基层政府积极争取将本县区的改造项目列入中央投资和省级、市级资金补助的名单中，并向上级申请将改造工程比照地震灾区学校重建政策，免征工程建设的政府性基金、行政性收费。另一方面，基层政府也筹集了部分资金开工建设。但同时基层政府较多地采取了消极执行与选择性执行的应对策略，如能拖就拖，先开工少量项目应对检查，对校舍进行新建重建的多，进行加固改造的少（2009 年度山东省校舍安全工程开工量 405 万平方米，其中重建和新建校舍面积 340 万平方米，加固校舍面积只有 65 万平方米），有些地方借改造机会大力讨要学校土地证，此外在工程质量和审计方面也出现个别问题（刘俭朴，2009；鲁昕，2010）。这一政策在执行过程中缺乏有效的政策执行中间层来实施控制，作为基层政府上级的地级市政府沿袭的是省级政府的领导方式，没有直接干预具体政策事务，也没有派驻类似"街头官僚"的专责人员来直接执行政策。作为政策执行的常规控制手段——指标责任制也实施得不严格，省级、市级政府没有真正行使过握有的监督、惩罚的权力，执行中的信息不对称以及"罚不责众"的行政惯例亦使得基层政府受到惩罚的风险很微小。因而作为政策最终执行者的基层政府对上级政府的顾忌较少。

再次，校舍改造工程中集体行动的情形比较少见。按照政策规划，校舍改造工作由教育部门主抓，其他部门参与，基层政府全面负责，上级政府指导支持。但囿于我国行政体制中的某种"潜规则"现象，即牵头此项政策的教育部门在政府体系中不像发改、财政部门那样拥有丰厚的资源和强势的话语权，由它来推动涉及各方职责交叉的校舍改造工程，就显得能力不足。省、市级政府对于这项工程的执行也没有提供政策和配套资金以外的实际操作性支持，使得这项工程仅限于基层政府教育部门的单打独斗。同时，对基层政府的政策激励也显得不足，基层政府的主要诉求只有一部分得到了实现。如财政部、国家发改委出台了减免校舍改造规费的文件，国土部门表示正在研究校舍土地的权属问题，而基层政府的主要诉求即获得上级政府的财政补助没有如愿，中央只针对西部地区的校舍改造增拨了专项资金,中央、省、市拨付的资金约占改造资金总量的 20%,另外 80% 的资金由县级政府解决。

校舍安全改造和对口支援政策相比,两个政策的内部政府关系存在差别。但从政策目标涉及的领域、政策期望、政策执行者受控程度、集体行动等政策执行共有的因素来看,两者之间也有共性和关联。两种政策执行中的情势对比如表 7-6 所示。

表 7-6　对口支援政策与校舍安全改造项目执行模式对照

政策类型	上级政策 期望强度	政策执行者 受控强度	集体行动 水平	政策产出
灾后重建对口支援	大	强	高	好
校舍安全改造	小	弱	低	差

通过讨论,我们可以看出在对口支援政策执行中,政策执行方(支援省市)面临着中央的持续强期望,在执行者内部(支援省的省与地级市之间),期望更是逐渐增强而不是递次减弱的。借助于责任捆绑机制和激励机制,政策执行方保持了较高的积极性和执行效率,中央、执行方对政策过程的控制也促成了不少的集体行动,减少了政策执行的障碍。这些政策执行的经验对于其他供给公共产品和公共服务的社会发展政策而言,也具有一定的借鉴性。

第八章　结　　论

第一节　研究启示

中国当代政治实践中,由中央政府引领的省际合作机制是一个较新的话题,虽然目前还未建立相应的法律规范和与之相配套的财政横向转移机制,但政策试验一直在进行之中。借助汶川特大地震这样一个特殊的政策窗口,从2008年年中到2010年年底,中央、18个对口支援省市和灾区受援县市在灾区民众的关注、配合下,实施了新中国成立以来规模最大的灾后恢复重建对口支援。这次对口支援形成了从顶层设计到具体规则的完整政策系统,包括援建方案拟订、资金安排、援建机构设置、支援方受援方工作对接、援建内容规划、援建过程和进度管理、宣传动员等多个具体的政策子项目。作为一项具有发展主义色彩的经济和社会政策,对口支援按时完成了任务使命(见表8-1),在灾区的恢复重建过程中发挥了增进福利、降低风险的效能(岳经纶,2011),也证明了对口支援这种省际合作机制具有一定的制度优势。

表 8-1　汶川地震灾后重建对口支援政策产出情况

援建领域	政策产出
农村、城镇体系	城乡居民住房加固、重建
	城乡功能和人居环境恢复提升
	民族风貌保护
公共服务设施	教育和科研设施重建
	医疗卫生设施重建
	文化、体育、广播电视设施重建
	就业和社会保障综合服务设施重建

续表

援建领域	政策产出
基础设施恢复	公路干线、集中居住点道路、通村公路、桥梁、涵洞、隧道、客运站点重建
	水库、堰塞湖及河道淤堵处理、堤防、城乡乡村供水设施、灌排水利设施、水文水资源设施重建
	绿化设施
	通信、照明网络重建
	燃气设施新建改建
	排水、污水处理设施重建
产业恢复	工业恢复重建、园区建设
	现代农业重建
	旅游业重建
	商贸流通业重建
	产业结构调整
生态恢复	塌方、泥石流等地质灾害防治
	生态环境恢复、水土保持
文化	文化遗产保护
	文化产业设施新建、重建
智力	重建规划编制、咨询服务
	支医、支教、支警
	技能培训、就业帮扶
	干部培训、挂职交流
心理	灾难心理服务、人文关怀
长期合作	培训、援建设施技术支持、结成友好城市、产业商贸合作

站在公共政策研究的角度，对口支援政策在规划、制定、执行、控制等方面都有很好的研究价值。尤其是政策的执行为我们提供了经济社会转型条件下的政府治理理念、政府行动能力、政府间关系的处理等方面的生动素材。借助综合性的政治经济学方法，我们从公共政策执行中不可缺少的驱动因素——政策期望入手，发现对口支援政策执行过程中各方政策主体通过多种渠道酝酿和释放政策期望，并对其他政策主体的期望进行比较、吸纳，进而影响政策行为的速度、幅度和方向。(1)作为对口支援政策核心的中央政府，表达的政策期望主要有援建规划的刚性、援建的速度、援建的资金供给、援建的质量和廉洁性等方

面,这些也被塑造成为对口支援的政策目标。(2)作为对口支援政策主要执行者的支援方政府向中央和受援方政府表达了政策期望,主要包括争取援建中的政治声誉和部分经济利益、拥有援建中的主导权、谋求良好的援建环境等方面。(3)作为对口支援的辅助者和承接者的受援方政府,希望尽可能多地获得援建资源和足够的话语权,冀望援建能够帮助当地实现恢复、发展、振兴。(4)灾区民众是对口支援政策的主要瞄准对象,民众希望获得长期、充足的援助并希望在援助的参与性、援助的公平度方面高于日常的公共政策。在各方政策主体的政策期望中,既有相互契合和相互增能的元素,也有相互对立和抵触的成分,既有寓意明确、实现可能性大的期望,也有诉求模糊、具有不确定性的期望。各个层次的政策期望中,有些服从于对口支援的政策目标,有些带有偏离政策目标的成分。

沿着政策期望的实现历程可以进一步勾勒出对口支援政策执行的结果。研究呈现了对口支援政策执行的完整结果,从中可以看到中央政府、支援方、受援方、灾区民众的期望得到了大幅度的满足,各方政策主体的集体行动转化为援建的速度、效能,使受援地区的基础设施水平、公共服务提供能力、产业发展基础、民众生活质量等发生了明显或积极的变化,这也意味着对口支援政策规划制定时确立的"用较短时间帮助受援地区走出灾难,回到正常发展和振兴轨道"的政策目标得到了基本实现。同时我们也能观察到另一类型的政策结果,包括盲目追求援建规模和速度,对援建资金使用的低度约束、建设质量的缺陷、重硬件援助、轻软件援助、对长期支援缺乏规划和热情、借援建机会谋求不合法利益、回避民众参与和监督援助等。从政策网络角度看,它们与对口支援各方政策主体的信任、协同机制的缺失以及利益取向有关系(赵延东等,2010)。同时,它也反映了各方政策主体抱有政策目标以外的政策期望,并在积极寻找实现的渠道。这部分政策结果的出现意味着对口支援政策目标的实现打了折扣。比如对与援建息息相关的灾区民众来说,这些政策结果意味着虽然援建取得了瞩目的成果,但民众中的核心利益——生计方面的困境未得到有效缓解,从而导致了灾区民众对政府的满意度走低。

从公共政策的发展趋势看,对口支援不是权宜之计,它还将运用到其他的政策场合,愈来愈常态化。因而需要跳出灾后重建的对口支援,去考察更一般化的援助政策执行过程中发生了什么,会出现怎样的结果以及为什么出现这样的结果。通过经验分析和规范性评价相结合,本研究对对口支援政策执行模式问题进行了初步探讨,得出的启示是对口支援政策与传统的自上而下或自下而上的公共政策执行模式都存在差别,对口支援政策的执行本质上是自上而下的,在政策执行体制中存在支援省市的中层控制,在政策执行活动中呈现出中央、支援省市、受援县市联合治理的样态,这一模式具有效率性,也存在一定的改进空间。

第二节 研究不足之处和进一步研究的问题

一、研究中的不足

1. 对于文献和资料的占有不够充分

虽然国外研究中缺乏直接针对对口支援政策的文献,但关于中国中央、省级政府、基层政治、政策及绩效和中国社会治理转变的研究是相当丰富的。同时,对于不同类型的灾后重建、应急管理问题,国内外研究也很可观,本研究在这方面的汲取上还有差距。本研究在探讨中央政府的政策期望时,没有开展更有信服力的中央政策制定知情者访谈,在分析对口支援政策结果对受援地区的产业以及灾区民众的生计造成的影响等问题时,从现有的资料中无法很好地分解出能够有效反映对口支援绩效的经济指标。

2. 研究的分析路径比较结构化

研究采取了"政策期望——政策执行结果"的单线分析框架,但在公共政策实际执行过程中,政策期望在政策执行过程中的不断变动性以及在不同类型的政策主体之间的差异性是客观存在的。持续两年多的对口支援政策,政策期望和政策执行形势有可能保持同步变动,后者也会反过来影响前者,单通道的研究路径无法很好地解释这些问题。同时,政策期望的概念在国内外研究中还未被广泛使用,政策期望对政策执行模式的影响力还需要进一步论证。

二、可以进一步研究的问题

选取部分受援的灾区县市进行跟踪研究,分析援建留下的设施、理念等对灾区的经济社会发展产生的长效影响,并从不同灾区在发展振兴表现中的差异来反思对口支援中各支援省市——受援县市构建的对口支援中层政策体系的优势和不足所在。

利用本研究的研究视角和分析方法去观察新疆、西藏等地区正在开展的对口支援,尝试解释不同地区的对口支援政策实践反映出的普遍性问题,并将其上升为应用性的政策建议,服务国家的决策。

第三节 政 策 建 议

福山在《政治秩序诸起源》中指出"成功的制度更容易僵化,……美国今天对自己制度优越性的迷思,造成制度惰性和思想僵化,无法应付变化了的环境提出的挑战,国家失去反思的能力,成为过去成功的受害者"(林德,2011)。这一论断启发我们,对口支援政策的成功不代表我们不应当去反思它、完善它。根据前述研究启发,未来在规划和执行对口支援政策时,需要对政策执行模式进行优化,妥善地调控各方政策主体之间的关系,疏导政策主体的期望,针对可能出现的背离政策期望的政策执行结果采取针对性的制度安排加以修正,方能对对口支援政策产生正面影响。具体而言,在改善对口支援政策执行的自上而下主导机制方面,可采取完善对口支援法制、健全财政保障机制、转变目标考核方式等措施。在运用对口支援政策执行的中层控制方面,可进行创新援助对接模式、加强政策激励的针对性的尝试。在发挥对口支援政策执行的联合治理方面,可推动扩宽对口支援参与渠道、重视民众期望管理等工作。基于这一思路我们提出一些政策建议,如表 8-2 所示。

表 8-2　对口支援政策完善路线

政策执行模式	政策完善方向
自上而下	法制引领
	财政保障
	考核方式转变
中层控制	援助合作模式革新
	政策激励针对性
联合治理	拓宽参与渠道
	民众期望管理

一、改进政策执行中的自上而下主导机制

1. 完善对口支援法制,提升政策合法性

对口支援政策是中国模式大背景下孕育的产物,尽管对中国模式有不同的看法(福山,2011),但中国未来仍将在较为特殊的时空场域下行进。对口支援政策的前提是省际合作,合作意味着支援方政府对受援地区的发展负有道义上的责任。当然,这种责任不是程序性的,不受法治或代议机构监督的约束,支援方基于什么样的法律义务去支援受援地,还没有明确的法律依据,这将导致对口支援中各种政策诉求处于不确定性状态。因而,将这种合作愿望和道义责任上升为法律责任,将一部分政策期望固化为法定义务是可行的调节办法,在以往的研究和针对支援方的访谈中,针对对口支援进行立法也存在一定的共识。现有的《中华人民共和国民族区域自治法》只有对口支援的一些雏形,前几年中

央准备推动《西部开发促进法》,但因种种原因最终未能出台。鉴于对口支援还会运用到自然灾害应对或者其他专门性事项中,比较好的立法渠道是在《中华人民共和国地方各级人民代表大会和地方各级人民政府组织法》第五十九条县级以上的地方各级人民政府行使职权的第(十)"办理上级国家行政机关交办的其他事项"中加以补白或者进行扩充性立法解释,明确省、市、县级人民政府可以在必要的情况下依职权实施对口支援。

2.健全对口支援的财政保障,促进援助资金来源多元化

对口支援是耗资巨大的系统工程,其资金来源、资金运用是政策期望及矛盾表现集中的环节。带有政治任务色彩的对口支援还存在一定程度的不计成本、不惜代价的资金软约束倾向,对援助资金的可持续性也造成一定的困扰。除了公共财政资金,汶川地震灾后重建对口支援中涌入的巨量社会捐助资金,这部分资金由政府统筹安排分配,但对这一做法没有进行充分的总结,民众对此难免存在看法并转化为政策信任方面的压力、阻力。在未来的对口支援中,急切需要建立合理的资金筹集、预算与监控流程。首先,我们可以借鉴德国的做法,建立财政横向转移支付的法律框架。其次,我们可以参考欧盟互助基金(EUSF)的做法,由中央财政和省级财政共同出力,筹募财政风险准备金和省际合作发展基金,并建立理事会进行管理,以保值增值。第三,我们可以探索通过商业保险、政策性保险、再保险等现代保险活动支持对口支援,如针对自然灾害的巨灾保险,形成对口支援资金的有力补充。第四,研究境内外政府及非政府组织、企业、公众资金、公益慈善资金参与对口支援的适宜机制,在对口支援中引进 PPP(公私合作)模式,通过特许、合同等方式将一部分公共工程项目交由民间资本来运作(冯俏彬,2008)是可尝试的方向。对于由政府支配的公益慈善资金,则需要按照程序透明、尊重捐款人意愿、提高运用效率、畅通民意渠道的方式来规划资金归集、委托管理、信息公开、审计评估等制度(杨团,2011)。

3.摆脱项目迷思,改变目标考核方式

成功的政策执行过程离不开成功的政策方案。对口支援方案应该有可达到一致的标准,可操作的规程和适合实际的内容。历次对口支援虽然出台了统一的建设方案,但对口支援省市的经济实力、支援投入之间存在差别是客观的,支援省市主要考虑的是自身负责的局部区域和项目而不是受援地区的整体发展,加上政绩攀比的因素,导致实际执行的援助标准不一致。同时也造成了受援方政府和民众的期望波动,助长了过高的、不合理的期望。因此,未来的对口支援要考虑宏观性的援助方案中对援助标准的确定和表述问题,减少不同支援省市之间的无效竞争。历次对口支援中,各界关注最多的就是"项目",项目中包含优惠政策、资金,也包含对口支援的目标考核。单一的项目挂帅造成了援

助活动在经济领域的开展方式单一、在经济核算和效益方面缺乏灵活性和纵向对比性。在社会服务与社会管理领域,援助活动虽然不排除地域特色和局部创新,但难以摆脱一体模式、一贯思维、一致口径的局面,而且将项目和责任捆绑在一起,只会加剧对口支援方逆向选择的可能性,建设性作用不足。在未来的对口支援中,要减少项目依赖,转向内涵型发展,具体的思路是按照"产业链"的模式考虑支援内容和重点,依托受援地区的优势来规划产业链的每个节点,计算资源投入,将孤立的项目连接起来,使受援地区能够通过援助积累自我发展的能力。

历次对口支援中都报道了支援项目上马后因种种原因发挥不出设计效益,甚至难以维系,造成投资浪费的现象。而对于项目的责任源头和关键责任在哪一方身上则莫衷一是,各级政府也没有出台对口支援的问责机制。未来的对口支援可以考虑设计支援方和受援方共同承担支援项目失败的政治责任和管理责任的机制,并探索对口支援的评估考核指标体系。近年来,国内的官方机构和研究者提出的各种发展指数有丰富的借鉴意义(高小平等,2010)。建议对口支援的效果评估按照响应需求以及政策导向两大维度来设置,需求意味着人的生存、幸福、充实所必需的物质的、心理的、经济的、文化的以及社会的等各方面要求的实现,如以基本生活类需求、安全稳定类需求、发展权利类需求、社会价值类需求为界分标准,并赋予相应的指标(高颖等,2008)。政策导向意味着将所有利益相关者纳入考虑,并构建受援地区民众与决策者的对话机制,使评估助益于形成更好的治理体系(Dalen *et al.*,2011)。

二、改善政策执行的中层控制机制

1. 革新援助对接模式,组建跨政府的实体性对口支援实施机构

对口支援中双方政府均组建了临时性的支援责任组织,如对口支援(受援)领导小组及办公室、前方指挥部等,其设立目的是整合政府各机构的权能及专长,减少多部门治理产生的摩擦,衔接来自于上下各方面的政策。这种任务型组织有其优势和不足(张康之,2009)。就行政压力诉求处置而言,上述办公室或指挥部只是处在信息接收端,重要的反馈和决策还是要回到支援省市本省市和受援方本级政府中完成。同时,援助任务型组织的人员更迭对政策执行上的一致性、专业性也有影响。在未来对口支援中,可以在省际合作大前提下创新合作方式。基于避免双方政府诉求直接承受压力交锋的考虑,可以尝试组建成立受援省和支援省市共同投资入股的实体性对口支援实施机构,如由开发投资公司承担某一领域乃至所有的对口支援任务,支援省市将援助资金注入实体性机构作为启动资本再吸收民间资金,以及利用金融平台使对口支援的资金来源

可靠化。同时这个机构也承担者项目法人职责,按照市场方式审慎地选择符合援助政策目标及具有可持续发展潜力的援助项目,实现项目论证、规划、设计、建设、运营的全过程管理职能。这个机构的设立,可以改变支援方和受援方政府既制定政策又负责执行政策的体制,从而抽出更多时间和精力来构思对口支援的宏观战略。双方政府也可以将各自的意图传达给实体性机构,对意见不一致的方面先由该机构平衡消化,然后再提交到双方政府的层面进行仲裁协调。双方政府可以共同考核援助实体性机构的绩效,确保其正确的经营方向。同时,这个机构还能克服对口支援期限届满、支援省市政府完全退出后遗留的政策与管理空白,使援建由阶段性转向长期性。

此外,近年来我国的地方政府创制了一些合作机制,如高层领导联席会议、城市政府联合体、政府倡导下的非政府组织合作论坛、区域内经济贸易协会、跨经济区的地方政府间联合(刘舒怀,2010)。在未来的对口支援中也可以借鉴这些模式,搭建产学官研民多元参与的对口支援政策支持平台,提高政策的科学、民主性。

2. 落实对口支援政策优惠,实施有针对性的激励

对口支援的配套优惠措施较早被提上政策议程,1983 年《关于经济发达省、市同少数民族地区对口支援和经济技术协作工作座谈会纪要的通知》曾提出在经济管理体制的 7 个方面可以考虑放宽政策。2001 年施行的《中华人民共和国民族区域自治法》中有"组织、支持和鼓励经济发达地区与民族自治地方开展经济、技术协作和多层次、多方面的对口支援"(第 64 条)、"国家引导和鼓励经济发达地区的企业按照互惠互利的原则,到民族自治地方投资,开展多种形式的经济合作"(第 65 条)的规定。2008 年 6 月出台的《汶川地震灾后恢复重建条例》《汶川地震灾后重建对口支援方案》及国务院各部委文件规定了金融、税收、工商、建设、教育、社会保障方面的重建优惠政策,但这些政策有些并不直接作用于对口支援的政策主体,有些则惠及面有限。对口支援的政策基调是单方惠予,如果缺乏优惠措施,或者优惠措施与支援方的期望差距过大,支援方的积极性便难以持续,亦会间接向其他政策合作方施压及采取逆向选择,增加对口支援政策执行中的冲突和疏离。今后的对口支援可以考虑更有力的优惠措施,支援方应结合支援与宏观经济的关系度量可资利用的政策幅度,将针对支援方的财政、税收、国债、产业方面的优惠措施组合起来(李洺等,2011),直接向支援方实施,并在其他经济社会发展的财政转移支付中实施某些倾斜。对于参与对口支援的企事业组织,可以考虑给予税收、资格资质、融资、政府采购、专项补贴方面的激励,同时也要导入企业社会责任的培育机制,让更多的企事业单位以回报社会的情怀参与对口支援,同时也能通过对口支援带给它们更多的社会资本。

三、促成政策执行中的联合治理机制

1.拓宽对口支援的参与渠道,接纳社会力量共担使命

历次的对口支援,在中央和省一级政府的筹划推动下,实际实施者绝大多数是大中型国有企事业单位,如规划设计院、城建集团、医疗机构、教育机构,而鲜见其他所有制形式、其他组织结构和规模的社会组织。选择单一化、可控性强的援助实施者契合完成"政治任务"和"集中力量办大事"的要求,但本研究揭示出的这些政府助手在面临政策期望时的决策风格、行事逻辑、协调沟通意愿与政府高度相似,而且它们在援助项目管理运行上的高成本和受政治锦标赛驱使进行逆向选择,更容易出现偏离政策目标的政策执行结果,亦使得来自受援方和民众的不满意度上升。相比之下,支援主体多元化、小型化对改变上述状况有积极意义。我们也看到,经过改革开放的洗礼和受全球化进程的影响,我国的社会力量逐步壮大,其适应环境、扎根底层的优势以及抗压能力、合作自觉性方面有不少亮点,在抗震救灾过程中出现的公益大动员就是明显的例子。鼓励这些更擅长与民众结合,更熟悉社区发展的小型、微型组织进入对口支援的政策中,能够在以政府部门为主流的对口支援"丛林"中形成另外一种行动机制,从而使对口支援的期望分布和积聚状态有所改观。未来的对口支援中,可以考虑通过扶持中小型产业发展项目的方式以及政府购买服务的方式接纳众多的社会组织参与受援地区的发展。特别是在解决对口支援后续合作的难题上,我们应将更多的资源和责任赋予社会力量,形成一种"不撤走"的支援队伍。

2.加强对口支援政策的宣传,合理引导民众期望

来自民众和政府部门的诉求一起构成了对口支援的政策期望,对政策执行者的行为选择有明确的影响。受援地区的民众一开始对对口支援政策是积极拥护和热切期盼的,但政策执行过程中所出现的政策规划不贴近民众真实需求,援助资金、项目分布投放不均衡,因援助实施而影响个别群众的生产、生活条件等现象导致民众的态度发生转变。与此同时,部分群众心目中也会存在一些过高的、不切实际的受援要求,部分群众会滋生依赖心理。在这两种情境下,民众所释放的政策诉求会干扰支援方和受援方政府的决策和政策执行进度,亦会诱发各方政府过分让步或者损害民众正当利益的政策执行方式。因而,今后的对口支援政策既需要更加准确地探明民众的需求,按照轻重缓急和可实现程度加以排序,也需要在援助决策时慎重参考,向民众准确宣传对口支援的政策宗旨、援助方式、政策愿景,动员民众将自力更生与外来援助相结合(张欢等,2008)。此外,对援助实施中可能存在的与民争利或者需要民众利益做出牺牲的情况,要稳妥的加以处理,避免将民众推向对口支援政策的对立面。

参考文献

[1]Anupam B，Evangelos A，Calamitsis，Dhaneshwar G. Promoting Growth in Sub-Saharan Africa：Learning What Works. OECD，2000.

[2]Arnold G. Aid and the Third World：North/South Divide. London：Robert Ryce Limited，1985.

[3]Bardach E. The Implementation Game：What Happens After a Bill Becomes a Law. Cambridge，MA：MIT Press，1977.

[4]Beitz C R. International Liberalism and Distributive Justice：A Survey of Recent Thought. World Politics，1999，51(2)：269－296.

[5]Blessing J A. The Suspension of Foreign Aid：A Marco-Analysis Polity. 1981，31：230－232.

[6]Christensen K S. Cities and Complexity. Thousand Oaks：Sage，1999.

[7]Deleon P. The Missing Link Revisited：Contemporary Implementation Research. Policy Studies Review，1999，16(3/4)：314－315.

[8]Hattori T. Reconceptualizing Foreign Aid. Review of International Political Economy. 2001：637－638.

[9]Kaul I，Pedro C，Katell L，Ronald U，Mendoza. Providing Global Public Goods-Managing Globalization. London：Oxford University Press，2003.

[10]Knorr K. The Power of Nations：The Political Economy of International Relations，New York Basic Book. 1975.

[11]Millikan M F，Rostow W W. A Proposal：Key to an Effective Foreign Policy. New York：Harper Brothers. 1957.

[12]Morgenthau H. A Political Theory of Foreign Aid. The American Political Science Review，1962，56(2)：301－309.

[13]O'Toole，Laurence J J. Strategic for Intergovernmental Management：Implementing Programs in Interorganizational Networks. International Journal of Public Administration，1988，11(4)：417－441.

[14]Rabin J，Bowman J J. Politics and Administration. New York and Basel：Marcel Dekker. 1984.

[15]Robert K，Nye J S. Power and Interdependence，Boston：Little Brown. 1977.

[16]Sabtier P. The Condition of Effective Implementation. Policy Analysis，1979,5(4):197－198.

[17]Thomson，Marie A. Collaboration Process：Inside the Black Box. Public Administration Review，2006,66(s1):20－32.

[18]Thompson K. Masters of International Thought. Baton Rouge，LA：Louisiana State University Press，1980.

[19]Vengroff R. Food and Dependency：Aid to Black Africa. Journal of Mordern African Studies，1982,20(1):43.

[20]Walder A G. "Evolving Property Rights and Their Political Consequences. "In China's Quiet Revolution：New Interactions Between State and Society,(ed.) by Goodman,D. S. G. and Hooper,B. New York：St. Martin's Press，1994.

[21]Waltz K. Theory of International Politics. Addison-Wasley Publisher Corporation,1979.

[22]Wilson J. Bureaucracy：What Government Agencies Do and Why They Do It. New York,NY：Basic Books,1989.

[23]Wittkopf E. Western Bilateral Aid Allocation：A Comparative Study of Recipient State Attributes. Beverly Hills,CA：Sage,1972.

[24]阿拉塔高娃.关于东南沿海地区与少数民族地区的对口支援和经济技术协作发展的再认识.内蒙古社会科学(汉文版),2000(1).

[25]阿建.在难中:深度访谈北川乡镇书记.北京:人民文学出版社,2009.

[26]艾米娅·利布里奇.叙事研究:阅读、分析和诠释.重庆:重庆大学出版社,2008.

[27]布罗代尔.资本主义论丛.顾良、张慧君译.重庆:中央编译出版社,1997.

[28]蔡文伯,吴英策.基于社会资本视角的"对口支援"西部高校理论解读.兵团教育学院学报,2008(4).

[29]蔡泳.中部六省份人口空心化.财经网,2011-06-27.

[30]财政部科研所.完善我国政府间转移支付制度.1995.

[31]岑章志.东西部高校对口支援的实践与经验.清华大学教育研究,2007(7).

[32]车维汉.发展经济学.北京:清华大学出版社,2006.

[33]陈庆云.公共政策分析.北京:北京大学出版社,2006.

[34]陈绍友.对口支援与三峡库区开放发展研究.农业现代化研究,2010(1).

[35]陈升,孟庆国,胡鞍钢.汶川地震受灾群众主要需求及相关特征实证研究.学术界,2009(5).

[36]陈升,吕志奎,罗桂连.非常态下地方政府政策执行评价比较研究——以汶川地震灾后重建政策为例.公共管理学报,2010(4).

[37]陈志刚.对口支援与散杂居民族地区小康建设.中南民族大学学报,2005(5).

[38]程晓燕,何西雷.美国援助与韩国经济起飞:一项历史的考察.世界经济与政治论坛,2008(1).

[39]赤旦多杰.中国藏族地区特色产业型经济发展研究.中国藏学,2006(3).

[40]Dalen,张化枫,赵延东.POPNA:"政策导向的在后需求评估工具"实施指南.中国科学技术发展战略研究院、挪威 Fafo 应用国际问题研究所,2011.

[41]邓红英.国家援助理论述评.国外社会科学,2009(5).

[42]丁韶彬.大国对外援助:社会交换论的视角.北京:社会科学文献出版社,2010.

[43]董海峰.区域梯度教育结构与对口支援西部高校的反梯度.科学经济社会,2009(4).

[44]董世举.对口支援西藏发展的问题和对策.广东技术师范学院学报,2009(11).

[45]杜浩.日本对华 ODA 贷款计划的终结.现代国际关系,2006(9).

[46]费孝通.江村农民生活及其变迁.兰州:敦煌文艺出版社,1997.

[47]冯俏彬.汶川地震灾后重建资金的筹集与管理.地方财政研究,2008(9).

[48]冯仕政.中国国家运动的形成与变异——基于政体的整体性解释.开放时代,2011(1).

[49]冯兴元.诸种地方政府分析范式评述.中评网,2009-06-02.

[50]福山,俞可平.对话:中国发展模式目前面临的最大挑战.北京日报,2011-03-28.

[51]高小平.我国应急管理研究述评.中国行政管理,2009(8).

[52]高小平.我国地方政府部门绩效评估研究.江苏行政学院学报,2010(5).

[53]高颖,张欢,周瑜.城市家庭贫困程度判定模型的构建——基于北京西城区社会救助工作实践的研究.北京社会科学,2008(4).

[54]龚丽霞.西藏产业结构优化问题刍议.西藏发展论坛,2006(2).

[55]郭承天.后现代政治经济学与新制度论.台湾大学社会科学论丛,2009(1).

[56]国家发改委西部开发司.略阳县中药材出口示范基地项目建设受好评.国家发改委网站,2010-03-06.

[57]国家审计署.汶川地震灾后恢复重建跟踪审计结果公报(第3号).中央政府门户网站,2010-07-30.

[58]国务院三峡工程建设委员会办公室.全国对口支援三峡库区移民工作五年(2008—2012年)规划纲要.2008-3-6.

[59]韩经纶.组织行为学导论.台北:五南出版社,1994.

[60]韩志明.街头官僚及其行动的空间辩证法:对街头官僚概念与理论命题的重构.经济社会体制比较,2011(3).

[61]贺东航,孔繁斌.公共政策执行的中国经验.中国社会科学.2011(5).

[62]何坤.汶川地震灾后重建中的羌文化保护——以茂县太平为例.中央民族大学硕士学位论文,2009.

[63]何跃.库区后期扶持时期的对口支援现状与对策分析.重庆大学学报,2005(3).

[64]洪鸿智.自然灾害后政府重建资源分配之决策因素分析:以921地震为例.公共行政学报,2007(23).

[65]胡彦殊,邹渠.四川推进扶贫开发纪实.四川日报,2011-07-04.

[66]花中东.对口支援促进基本公共服务均等化效应分析——以四川地震灾区为例.陕西财经学院学报,2010(5).

[67]黄惠雯.质性方法与研究.台北:韦伯文化出版社,2002.

[68]黄健荣.公共政策执行应当承受之重.四川大学学报,2008(6).

[69]黄少安.关于制度经济学研究对象、目的和一般理论框架的梳理.学术月刊,2009(5).

[70]纪俊臣.府际合作治理体制之组织设计.台湾中区府际合作公共论坛论文,2005.

[71]蒋巨峰.在汶川地震灾后恢复重建对口支援工作会议上的讲话.四川政报,2008(22).

[72]蒋巨峰.在全省灾后重建工作现场会上的讲话.重建与发展,2010(5).

[73]靳薇.西藏援建项目的社会评价与期望.民族研究,2000(1).

[74]靳薇.中央政府支持边远地区的经济项目在立项设计、效益评估方面所涉及到的各种因素.西北民族研究,2003(1).

[75]靳薇.项目援助与西藏经济发展.西北民族研究,2008(4).

[76]靳薇.西藏援助与发展.拉萨:西藏人民出版社,2010.

[77]克兰迪宁,康纳利.叙事探究:质的研究中的经验和故事.张园译.北京:北

京大学出版社,2008.

[78]李冰.当前教师支教问题及改进策略.中国教育学刊,2011(6).

[79]李长晏.府际合作治理制度之规划研究.台湾地区"研究发展考核委员会"网站,2006-07-31.

[80]李蓝.关于改善西藏对口支援工作的几点建议.中国社会科学网,2011-02-24.

[81]李洺,薛澜.应急管理理论与实践的经济学视角.光明日报,2011-03-25.

[82]李鹏.在第三次西藏工作座谈会上的讲话.人民日报,1994-07-20.

[83]李倩.公共政策执行理论模式评析.党政干部学刊,2006(12).

[84]李庆滑.我国省际对口支援的实践、理论与制度完善.中共浙江省委党校学报,2010(5).

[85]李瑞环.在第四次西藏工作座谈会上的讲话.西藏日报,2001-06-30.

[86]李盛全.三峡工程库区移民对口支援的进展、问题及对策.重庆商学院学报,1998(2).

[87]李曦辉.援藏与西藏经济社会 50 年变迁.中央民族大学学报,2000(6).

[88]李延成.对口支援:帮助不发达地区发展教育的政策与制度安排.教育发展研究,2002(4).

[89]李允杰,丘昌泰.政策执行与评估.北京:北京大学出版社,2008.

[90]梁福庆.三峡库区移民对口支援的基本经验及其对策.重庆社会科学,2008(3).

[91]林德.评福山新著《政治秩序诸起源》.纽约时报网站,2011-07-22.

[92]林德昌.海峡两岸在非洲地区的经援政策.中国大陆研究,1999.

[93]林嘉诚,朱浤源.政治学辞典.台北:五南图书出版公司,1990.

[94]林天宏,贺延光.回家.中国青年报.冰点周刊,2008(671).

[95]林振春.冲突管理理论及其在团体中的应用.社会教育学刊,1993(22).

[96]林宗弘.灾后重建的政治:以中国汶川地震为案例的分析.台湾社会学刊,2012(1).

[97]刘宏葆.跃迁——一个汶川灾区援建干部的亲历与思考.广州:羊城晚报出版社,2011.

[98]刘建军.对口支援政策研究——以广东省对口支援哈密地区为例.新疆大学硕士学位论文,2007.

[99]刘俭朴.山东省中小学校舍安全工程实施情况汇报.教育部网站,2009-10-30.

[100]刘奇葆.在全省灾后恢复重建工作现场会上的讲话.重建与发展,2010(5).

[101]刘圣中.历史制度主义:制度变迁的比较历史研究.上海:上海人民出版社,2010.

[102]刘书彬.德国财政平衡制度的运作.问题与研究,2001(5).

[103]刘舒怀.地方政府间合作方式的比较研究.兰州学刊,2010(11).

[104]刘铁.论对口支援长效机制的建立——以汶川地震灾后重建对口支援为视角.法学,2010(6).

[105]刘晓光.对口支援西部高校政策的问题与建议.中国高教研究,2006(2).

[106]刘伟忠.政策适用主体及其政策态度分析.社会科学研究,2007(4).

[107]刘义强.建构农民需求导向的公共产品供给制度.新华文摘,2006(12).

[108]陆奇斌,张强,张欢,周玲,张秀兰.基层政府绩效与受灾群众满意度的关系.北京师范大学学报,2010(4).

[109]鲁昕.北方省份校舍安全工程实施暨校舍信息管理系统建设推进会讲话提纲.教育部网站,2010-08-27.

[110]卢秀敏.十一届三中全会以来党的民族经济政策与西藏经济发展.西南师范大学硕士学位论文,2002.

[111]罗纳德·麦金农,张晓莹.北京共识的建设性作用——中国对外经济援助与投资模式分析.中国金融,2010(Z1).

[112]马力强.在汶川地震灾后恢复重建对口支援工作座谈会上的讲话.国家发改委网站,2009-11-06.

[113]米勒,波格丹诺.布莱克维尔政治学百科全书.邓正来译.北京:中国政法大学出版社,1992.

[114]穆虹.在四川省汶川地震灾后重建现场会上的讲话.国家发改委网站,2011-05-07.

[115]倪峰.汶川大地震对口支援初步研究.经济管理与研究,2009(12).

[116]欧阳静.压力型体制与乡镇的策略主义逻辑.经济社会体制比较,2011(3).

[117]潘久艳.治藏诉求与"全国援藏"的目标逻辑.西南民族大学学报(人文社科版),2008(4).

[118]潘久艳.全国援藏的经济学分析.成都:四川大学出版社,2009.

[119]渠敬东,周飞舟,应星.从总体支配到技术治理——基于中国30年改革经验的社会学分析.中国社会科学,2009(5).

[120]Robbins,S.P.组织行为.李茂兴,李慕华,林宗鸿译.台北:扬智出版公司,1994.

[121]荣敬本,崔之元.从压力型体制向民主合作体制的转变——县乡两级政治

体制改革.北京:中央编译出版社,1998.

[122]闪淳昌,周玲.对口支援机制的成功实践与思考.四川省人民政府政务网,2010-9-20.

[123]石原忠浩.日本"政府开发援助"政策之研究——以对中国援助为例.问题与研究,1998(3).

[124]四川省教育厅.关于加强灾后重建学校设施设备管理工作的意见.四川教育网,2010-10-2.

[125]孙力舟.清朝时全国也曾"对口支援新疆".青年参考,2010(5).

[126]唐皇凤.政策网络与政策后果中国的运用——对农村税费改革中利益分配关系变化的分析.中共浙江省委党校学报,2004(1).

[127]唐丽敏.当前我国城市化进程中的征地拆迁矛盾研究:基于政策网络的视阈.吉林大学博士学位论文,2009.

[128]唐任伍,唐天伟.2011年中国省级地方政府效率测度.新浪财经网,2011-10-26.

[129]唐伟.社会转型时期中国群体性事件成因解析——基于利益的视角.哲学理论,2009(3).

[130]陶鹏.什么是灾害.中国社会科学报,2010-10-20.

[131]Venter,E.尚在进行中的工作.金融与发展,2008(9).

[132]万里.经济技术协作也是个大改革:在全国经济技术协作和对口支援会议上的讲话.北京:人民出版社,1995.

[133]王春福.政府执行力与政策网络的运行机制.政治学研究,2008(3).

[134]汪丁丁.制度分析的特征及方法论基础.社会科学战线,2004(6).

[135]王恩奉.横向财政转移支付制度的方案设计.经济研究参考,2003(6).

[136]王奋宇,何光喜,马缨,邓大胜,赵延东.汶川地震灾区居民的生活状况与政策需求.源自社会蓝皮书:2009年中国社会形势分析与预测.北京:社会科学文献出版社,2009.

[137]王佳煌.雁行理论与日本的东亚经验.问题与研究,2004(2).

[138]王今朝.发展中国家的经济政策选择.经济评论,2005(6).

[139]王洛林.市场化与基层公共服务——西藏案例研究.北京:民族出版社,2005.

[140]王平.日本ODA决策体系中主导权变化研究.日本研究,2010(1).

[141]王玮.中国能引进横向财政平衡机制吗.财贸研究,2010(2).

[142]王学栋.论行政自由裁量权的价值定位.中国行政管理,2007(6).

[143]王颖.我国灾后地方政府对口支援模式初探.当代世界与社会主义,2010(1).

[144]魏红英.多元范式的本土化:中国中央与地方政府关系理论研究的新选择.首届青年中国公共行政学者论坛:反思中国公共行政学学术研讨会论文集,2007.

[145]温家宝.在汶川地震灾后恢复重建座谈会上的讲话,2011-05-09.

[146]沃尔夫.市场还是政府:市场政府失灵真相.陆俊,谢旭译.重庆:重庆出版社,2009.

[147]吴定.公共政策辞典.台北:五南图书出版公司,2005.

[148]吴木銮.中国政策执行中的目标扭曲研究:对我国四次公务员工资改革的考察.公共管理学报,2009(3).

[149]吴忠权.当前领导干部挂职培养的问题及策略思考.理论导刊,2009(11).

[150]习近平.在对口支援西藏工作座谈会上的讲话.中央政府门户网站,2011-07-20.

[151]香港特别行政区政府.香港特别行政区支援四川地震灾后重建工作进展报告.香港特别行政区立法会网站,2009.

[152]萧功秦.中国模式的形成及其前景.社会观察,2010(12).

[153]萧全政.政治与经济的整合.台北:桂冠出版社,1988.

[154]冼伟锋,刘龙飞,黄进,陈泉润.实事求"实"——广东各地十大民生工程扫描.南方农村报,2011-12-31.

[155]辛玖岭,吴胜涛,吴坎坎,王文忠,张建新.四川灾区群众社会支持系统现状及其与主观幸福感的关系.心理科学进展,2009(3).

[156]闫卫华.关于对口支援西部地区高校的思考.中国高教研究,2008(3).

[157]杨团.社会政策研究范式的演化及其启示.中国社会科学,2002(4).

[158]杨团.巨灾重建融资政策体系之探索.学习与实践,2011(4).

[159]叶娟丽,马骏.公共行政中的街头官僚理论.武汉大学学报,2003(5).

[160]尹鸿伟.北川重建民居质量争议.南风窗,2010(6).

[161]尹鸿伟.谁来终结震后重建房屋质量危机.新西部,2011(4).

[162]尹贻林,钟炜,苏永青.基于可持续发展理论的灾后恢复重建项目管理模式研究——陕西省略阳县地震灾区天津市对口支援实践.科技进步与对策,2009(12).

[163]尹贻林,苏永青,钟炜.灾后重建保障性公共项目投资控制体系的探讨——以天津对口支援略阳灾后恢复重建实践为例.建筑经济,2010(6).

[164]于海.西方社会思想史.上海:复旦大学出版社,1993.

[165]岳经纶.增进福利降低风险——社会政策学的多学科考察.中国社会科学报,2011-08-11.

[166]曾维和.基于公民本位的英国公共服务实践模式探析.大连理工大学博士学位论文,2005.

[167]张岸元.对口支援也是一种巨灾保险机制.国家发改委经济研究所资料,2009.

[168]张备.城市基层政府公共服务职能与公众期望契合研究——以深圳市龙岗区为例.武汉大学博士学位论文,2009.

[169]张康之,等.任务型组织研究.北京:中国人民大学出版社,2009.

[170]张欢.中国社会保险逆向选择问题的理论分析与实证研究.管理世界,2006(2).

[171]张欢,张强,陆奇斌.政府满意度与民众期望管理初探——基于汶川地震灾区的案例研究.当代世界与社会主义,2008(6).

[172]张培刚.发展经济学.北京:北京大学出版社,2009.

[173]张强,陆奇斌,张秀兰.汶川地震应对经验与应急管理中国模式的建构路径——基于强政府与强社会的互动视角.中国行政管理,2011(5).

[174]张四明.从府际关系运作的观点探讨我国山坡地开发管制政策之执行.行政暨政策学报,2001(33).

[175]张文."四川地震灾民仍住帐篷"的调查.人民日报,2011-12-30.

[176]张五常.佃农理论.商务印书馆,2000.

[177]张秀兰,张强,张欢,等.关于汶川地震灾后恢复重建体制及若干问题的研究报告.汶川地震应对政策专家行动组,2008-07.

[178]张育哲.无财源提供强制责任在财政联邦主义之角色——兼论"无财源提供强制责任改革法"的内容与执行成效.公共事务评论,2006,7(2).

[179]赵翡翡.外部政策期望与中国满足度研究.北方经济,2010(9).

[180]赵凌云.民生发展时代的改革逻辑与改革框架.中国(海南)改革发展研究院网站,2011-11-18.

[181]赵伦.地方政府对口支援模式分析——兼论中央政府统筹下的制度特征与制度优势.成都大学学报,2009(2).

[182]赵延东.社会资本与灾后恢复——一项自然灾害的社会学研究.社会学研究,2007(3).

[183]赵延东,石长慧.信任在灾后重建中有多重要.中国减灾,2010(12).

[184]钟开斌.对口支援灾区:起源与形成.经济社会体制比较,2011(6).

[185]钟晓敏.政府间财政转移支付论.上海:立信会计出版社,1998.

[186]周宏.外援与中国.北京:社会科学文献出版社,2002.

[187]周美惠.原民会承认八八风灾重建进度稍落后.联合报,2010-07-03.

［188］周雪光.基层政府间的"共谋现象"——一个政府行为的制度逻辑.政治学研究,2008(3).

［189］周雪光,练宏.政府内部上下级部门间谈判的一个分析模型——以环境政策实施为例.中国社会科学,2011(5).

［190］周银珍.从比较优势理论看对口支援及三峡库区经济发展.理论月刊,2003(1).

［191］祝小芳.分权模式下的横向财政均衡:德国的经验与启示.财政研究,2005(2).

［192］朱德米.理念与制度:新制度主义政治学的最新进展.国外社会科学,2007(4).

［193］朱镇明.从府际关系角度重访"第三代政策执行".府际关系通讯,2008(2).

［194］廖兴友.超速超载违章穿越公路,安县辽宁大道成"魔鬼路段".华西都市报,2010-04-30.

［195］汤志圆.海地沙袋建筑能抗地震洪灾隔热绝缘.外滩画报,2011-12-04.

［196］司京陵.经济型轻钢结构住宅落户汶川县草坡乡码头村.汶川县新闻中心,2009-04-29.

［197］清华大学课题组.清华大学可持续性乡村重建——杨柳示范村计划项目结题报告.南都基金会网站,2010.

［198］张由琼.广东—汶川工业园磨合欠佳,能否赢得市场面临挑战.南方日报,2010-12-30.

［199］白岩松.灾区重建:面临更大挑战.中央电视台新闻1＋1栏目,2009-05-13.

［200］柴爱新.汶川的房子——一座城市的重建焦虑与安居希望.瞭望东方周刊,2009(4)(5).

［201］刘晓静.援川记者观察:灾后重建,受灾群众需要什么.南海网,2008-05-27.

附录　汶川地震灾后重建对口支援成就简介

　　自 2008 年 6 月以来,19 个对口支援省市共拿出对口支援资金 805 亿元。如果按照支援省市每年财政收入的 1‰ 匡算,总的援助金额为援助计划金额的 102%。对口支援中开工建设的项目有 3646 个,按照建设方式可以分为交支票项目 1991 个,交钥匙项目 1652 个,合作共建项目 234 个(数据来源渠道为四川省人民政府新闻发布会和中纪委、四川省人民政府、北京市人民政府联合举办的"廉洁救灾、阳光重建"成果事迹展)。

　　(一)北川县援建情况

　　北川在"5·12"地震中所受灾情极为严重,在救灾阶段民政部就确定以山东省为主进行救援,在援建开始后,山东省提出了援助北川"农村、乡镇、新县城、工业园区、人才智力支持"五大任务,对口支援规划共编列了 368 个项目,建设概算 109.8 亿元。

　　援建首先从乡镇开始。农村住房采取发放永久性建房补助和住房贷款贴息的方式,山东为北川 3.6 万户建设永久性住房,每户 22000 元住房补助(包括永久性住房补助、建房贷款贴息、新农村建设补助资金,因户内人口不同而补助数额不同)和 1000 元垃圾清理补助,为需贷款建永久性住房的农户提供担保和 3 年贴息。在各乡场镇修复和新建公共设施,对受灾严重的擂鼓乡、贯岭、桂溪、陈家坝以及作为过渡期间县行政中心的安昌镇投资较多,其中提供给擂鼓、安昌的投资金超过 1 亿元。

　　北川面临异地选址建设新县城的难题,山东省投入 40 多亿元进行规划、拆迁和建设,在新县城兴建了 9 处安居房小区,建筑面积 122 万平方米,共 11084 套。新修了 28 条道路、4 座桥梁及河道疏浚、河堤加固工程。在新县城内新建了 28 处公共服务设施,包括医院、幼儿园、学校、广场、文化馆、图书馆、敬老院、商业街、宾馆等,其中预算超过亿元的项目有 5 个(不含由中国残联援建的北川中学和中组部特殊党费援建的北川职业中学,两者的投资均超过亿元)。新县城规划水平高、配套齐全、环境优美,代表性项目有西羌南桥、北桥、巴拿恰商业步行街、禹王广场、北川宾馆等。

在与经济发展有关的基础设施、产业设施方面的援建情况为：扩建了安北路、桂敦路等通往邻县的道路，兴建了14个人畜饮水工程，8个特色种植业和畜牧水产业项目、现代农业园和农产品交易市场项目；在新建的山东—北川工业园区积聚了投资项目30余个，其中农特产品加工项目4个，新型材料项目6个，文化旅游3个，制造业7个，包括中国重汽集团改装车项目、淄博豪特公司集成抗震房屋项目、山东寿光蔬菜集团公司果蔬加工项目、山东天诺光电材料公司PDP配套材料项目、泰和新材料、羽琨茶叶、天讯新材料、安特天然药业、亨源工贸、宏昌生物等企业，并预留了城镇运营补助资金和产业发展资金2亿元。

在智力支持方面，山东省的援建资金主要用于解决支医、支教、支警、干部及专业技术培训，在山东和北川两地分别举办了农业产业化、城乡规划建设、工业园区建设、文化旅游产业、计生管理服务专题党政干部培训，举办了教师、农业技术服务人员、林业技术人员、医疗卫生人员（妇幼保健、疾控、卫生监督、临床医师、中医）等专业技术人员培训班（数据来源于绵阳市发改委统计资料，山东省援川指挥部提供材料以及新闻报道）。

（二）江油市援建情况

河南省共计安排了300个项目，援建总投资规模为29.57亿元，将援建重点任务表述为"八项工程"、"十件实事"，八项工程涵盖了城乡住房、学校、医院、道路等民生项目和公共服务设施，如中原爱心学校、中原爱心医院、中原爱心幼儿园、中原爱心福利院、中原便民道路、中原便民桥梁、中原江油连心桥等。十项实事主要是非工程类援助，包括农民建房重建补助资金、活动板房建设、广播电视恢复、技术援助、教育援助、警务援助、设备捐助、企业合作等。

通过对口支援，江油农村10万户受灾农户每户得到了3000元建房补助。河南省在江油市区新建的中原爱心小区分为三期建设，一期兴建1000套，建筑面积69287平方米；二期兴建500套，面积35000平方米；三期兴建廉租房500套，每套面积50平方米。同时开展了周边道路、管网等基础设施项目建设。

在城市设施建设方面，河南省重建了江彰大道及涪江三桥工程，对江油市区涪江两岸的堤坝进行了整修美化，总投资4.95亿元；在农村基础设施方面，用于乡村公路、桥梁重建的资金为3.3亿元，在农村生产生活设施方面，重建、加固了34个村级提灌站，耗资2042万元。投入2.25亿元对38个乡镇的村道、水利及灌溉设施进行了维护升级，拨出1.15亿元用于40个乡镇居民集中安置点的路基管网、路面硬化、环卫设施、照明设施、厕所等方面的整修。在场镇基础设施方面的投入是2.36亿元，主要用于场镇街道、给排水、垃圾处理、居民集中点设施等。在37个乡镇的安全饮水工程方面，投资为7380万元。

河南省在江油新建、重建了 30 所中小学,耗资 1.6 亿元,其中投资 6100 万元兴建了建筑面积 4.4 万平方米的江油职教中心。有 36 所卫生院获得了援建资金的支持,投资额为 1.06 亿元。江油市中医院重建耗资 8699 万元,江油市人民医院扩建耗资 7360 万元。河南省为江油李白故居及纪念馆投入 8975 万元。在社会福利设施方面,投入 3500 万元建设了 12 个福利院、敬老院、救助站。

在产业支持方面,河南省投入 3 亿元资金用于河南—江油工业园区前期七通一平。河南省还安排双汇集团、永煤集团等企业出资启动 11 个项目,协议投资额 10.5 亿元。

在软件支持方面,河南省安排的支援内容包括接收 369 名地震伤员、15 名江油学生来豫就医、就读;向江油市提供医疗援助、警务援助和震损水库、房屋安全鉴定、校舍及文物维修加固等技术援助;向江油市提供有效工作岗位信息 5200 余个,安置江油市劳动者到河南就业 500 余人(数据来源于江油市发改局提供资料以及新闻报道)。

(三)平武县援建情况

河北省援建总资金为 26.5 亿元,先后安排了 109 个援建项目。

在住房援建方面,投入 5250 万元建成安居房 1500 套,投入 4200 万元建设廉租房 560 套,为城镇 4371 户自建住房户补助 1550 万元,帮助 9098 户城镇居民完成住房加固,加固面积 100.78 万平方米,开支 2183 万元。在农村地区,为 3.6 万户农户提供了重建补助 1.1 亿元,还筹措了农房重建信用担保风险基金 1 亿元,为农户提供贷款担保和贴息近 5 亿元。

援建的城镇体系主要是道路、桥梁、沟渠修复、自来水、天然气供应、防洪、绿化、景观、环境综合整治。在农村建设中,资金投向了建设供水管道、沼气池等方面,惠及 10 个镇的居民。

公共服务设施援建集中在龙安、响岩、南坝、平通四个镇,在原址或者异地重建了 12 所中小学校及幼儿园、7 个医疗机构,并建设了文化体育中心、惠民帮扶中心、计生服务中心等项目,规模较大的包括平武中学和平武人民医院重建、平武文化体育中心新建工程,前两个投资额超亿元,后者为 6000 万元。

基础设施建设产业发展方面的援助集中在特色农业化基地和平武南坝工业产业集中区,其中工业集中区的基础设施建设投入 4800 多万元,主要从事"电—矿"加工,积聚了宏建木业公司、鑫源茧丝绸公司、馨悦魔芋、矿业公司、银厂沟金矿、虎牙铁锰公司以及建材生产企业等平武优势企业。下一步打算新增 16000 万元的产业重建基金和 5850 万元的南坝工业集中发展区基础设施建设二期及污水处理厂资金。

农业产业化基地建设投资 2800 万元,成果包括品种改良、建立示范园等,河北省还专门设立了 1 个亿的中小企业发展基金,为平武县 52 家中小企业提供了贷款担保。

河北省先后选派 59 名医疗卫生防疫人员开展医疗卫生防疫及心理治疗和义务诊治;接收 273 名中职在校生到河北就读;安排平武县 15 名卫生专业技术人员和 7 名教师进修培训;支医支教方面的援助资金约 1300 万元。

河北省还举行了"绵阳·平武灾后重建投资推介会",组织河北省 40 多家企业参加了会议。第十届西部博览会期间,河北省共召集十几家企业到绵阳、平武进行投资实地考察。(数据来源于绵阳市发改委提供资料和新闻报道)

(四)安县援建情况

辽宁省累计拨付农房建设资金 5.7 亿元,按照每户 5000 元的标准对重建农房进行补贴,援建农房 89008 户,占需要重建的农房总数(98562 户)的 90%以上,还在农房补助、统一部分公路沿线农房风貌、宅基地灭失农户建房等方面补助资金 1.45 亿元,贷款担保金 7000 万元,累计为农户担保贷款 6 亿多元。辽宁省投入 7790 万元资金支持城镇住房建设,建设了安康民居、民生家园、康居小区、阳光新区、幸福小区等安居工程。

公共服务设施耗资 6.7 亿元,援建项目包括 26 所学校、医院、文化场馆等。大型设施如安县文化和职工活动中心,工程总投资为 1.1 亿元,总建筑面积为 2.12 万平方米,包含影剧院、图书馆、博物馆、文化馆和文化长廊等。安县广播电视中心建筑面积 4000 平方米,总造价 3800 万元。

基础设施建设方面投资 8.9 亿元,重点改造全长 26 公里的永安路(又名"辽宁大道")以及建设全长 28 公里的江秀路("辽安路")。辽宁大道全长 27 公里,将安县、北川、绵阳高新区连接起来。辽安路总投资 4.1 亿,将安县界牌至秀水 6 个乡镇串联起来。辽宁省还在晓坝镇进行了异地重建,投入 21274 万元援建资金兴建市政基础设施、公益设施,包括敬老院、九年一贯制学校、卫生院等 13 个项目。

在产业援建方面,规划了占地 1.2 平方公里的"辽安工业园区",花费 3 亿元建设路网和标准厂房、落实了辽宁省重点企业华晨汽车到安县投资建设"华晨汽车产业园",共吸引华晨汽车及其 14 家配套企业和 4 家其他企业落户,总投资 21.3 亿元,预计项目投产后能实现年产值 127 亿元,创利税 8 亿元,还组织四批辽宁工业企业到安县指导恢复生产、合资合作,与当地签订魔芋深加工技术合作、酒类市场销售合作等 4 个协议,吸引了 6.3 亿元的企业投资。

在智力援建上,辽宁派遣医疗卫生、建设、交通、水利、公安等各方面人员 2000 余人,选派 23 人接受培训,10 人到 5 个市的县(区)挂职锻炼。

2010 年 5 月,辽宁省决定新增安县新农村示范点安置小区基础设施、晓坝镇"中国院子"基础设施建设工程、罗浮山环山公路建设工程、辽安工业园征地农民拆迁安置统建房和辽安现代农业科技示范园等 14 个项目,增拨援建资金 5 亿多元,并为安县预留了 1 亿元补助资金(数据来源于江油市发改局、辽宁省援川指挥部和新闻报道)。

（五）什邡市援建情况

北京在什邡援建项目 108 个,投资 70 亿元。

援建的城乡居民永久性住房类项目 16 个,总投资约 19.06 亿元。农房重建 77472 户,以农户自建为主,北京市按照每户 2 万元的标准进行补助,总投资约 15.4944 亿元,并派出 24 名农房建设技术人员到什邡 12 个镇负责技术指导、咨询服务、业务培训。城镇居民住房包括廉租房、安置房两大类,共 15 处,其中廉租房 13 处共 4016 套,分布在什邡市区和 6 个乡镇,每套建筑面积约 47 平方米,总建筑面积 17.67 万平方米,北京市建设 10 处、什邡建设 3 处。2 个安置房项目位于渔江村和蓥华集镇,共建成 1177 套,建筑面积 12.29 万平方米,并建设了道路、景观广场、停车、商业等配套设施,投资 1.75 亿元。

北京援建什邡的教育、卫生、民政、文化等公共服务项目共 53 个,总投资 16.03 亿元。其中援建学校 24 所,由北京建设 20 所,总建筑面积 21.73 万平方米,能容纳 514 个班,22450 名学生,投资约 6.92 亿元。援建民政项目 8 个,建筑总面积 3.67 万平方米,新增福利院、康复中心床位 1620 张,援建 12 家医院,总建筑面积 9.25 万平方米,投资 5.6311 亿元。什邡市人民医院是北京市援建项目中投资最大的公共服务设施项目,总投资达 4.1 亿元,总建筑面积约 55000 平方米。什邡职业中专学校新校舍占地 208 亩,投资 1.86 亿元,设教学楼、宿舍楼、综合办公楼、食堂等,建有标准足球场、篮球场和塑胶跑道,配有专业车间、实习间和计算机教室等,可满足 5000 余名学生学习生活。

援建基础设施项目共 39 项,总投资 29.55 亿元。其中城乡路网建设 25 条,新建、改建公路城市道路 186.7 公里,投资 13.27 亿元。公路援建中最大的项目是全长 78.33 公里的广青公路(北京大道),分两期建设,第一期全长 43.71 公里,于 2009 年通车;二期工程位于山区,贯穿洛水、蓥华、红白三镇,道路全长 18.95 公里,于 2010 年通车。北京还投入 9590 万元对广青路、沿山旅游路、洛小路、石亭江大道等实施地质灾害治理工程、挡土墙工程和排水设施建设。

在乡镇基础设施恢复上,北京重点援助红白、八角、蓥华、洛水、湔氐、师古等 6 个极重灾镇。规划了约 70 个重建项目,概算投资约 4.59 亿元,北京市还安排了 11 个特色村的新农村基础设施建设项目,计划投资 6100 万元。

产业合作方面,北京建设了 3.1 平方公里的京什产业园,耗资 3 亿元完善了园区基础设施,并与多家企业签订了合作意向,计划 3 年内引资 45 亿元。已有 6 家北京企业落户,实际投资额 1.86 亿元。京什双方还签署了对口支援产业合作协议,建立了什邡特色农产品进京销售渠道。

在智力支持上,北京确定了 5 个方面、158 个项目的援助方案,包括人才培训、专家咨询、挂职交流等多种形式的智力援助;先后选派 52 名挂职干部、24 名农房建设专业技术人员和 300 余名医疗卫生工作者来什邡开展工作。向什邡提供就业岗位 1.68 万个,异地转移就业 1499 人。组织北京知名中小学与什邡学校结成共建对子,累计为什邡培训教师和干部 2000 余人次。开通北京—什邡远程教育培训资源网,为什邡市干部教师提供教育培训课程资源(数据来源于什邡市政府政策研究室,北京对口支援什邡前线指挥部和新闻报道)。

(六)绵竹市援建情况

江苏省筹集援建资金 112.81 亿元,动员 13 个省辖市和 7 个经济强县,完成 295 个项目,其中交钥匙项目 265 个,交支票项目 30 个。江苏省帮助编制了《绵竹城市总体规划纲要》《绵竹城市近期建设规划》、历史名城保护规划、城东新区长期控制性规划、环境治理与保护规划、沿山旅游发展规划、汉旺等乡镇总体规划等 10 多个专项规划,实现了城乡规划全覆盖。

江苏省共安排城乡居民住房援建资金 43.1 亿元,在农房重建上规划建设了 1100 多个集中居住点,为农房重建每户补助 1 万元,耗资 22.7 亿元完成了 13.96 万户重建。在城镇住房方面投资 20.4 亿元,建设城市廉租房、安置房 1.26 万套、99.4 万平方米。

在教育援建上,江苏省安排项目 64 个,投资 15.54 亿元,共建设了 56 所学校。安排卫生类项目 29 个,投资 5.14 亿元。安排道路、桥梁、水利基础设施项目 138 个,投资 26.7 亿元,修建城乡道路 970 公里。安排文化类项目 13 个,投资 5.38 亿元。安排民政类项目 10 个,投资 0.4 亿元。安排公共服务设施项目 18 个,投资 3.75 亿元。

江苏省建设了绵竹江苏工业园,规划面积 8 平方公里,安排资金 5.65 亿元,引入 21 家企业,投资额 33 亿元。江苏建设的高效农业示范园投资 2150 万元,核心示范面积 300 亩,示范面积 5000 亩,辐射面积 50000 亩。位于汉旺的无锡工业园,占地 1 平方公里,引入 3 家企业,投资 9.4 亿元。江苏省还实施了百企百亿产业对接,引入 111 家企业,签约投资 33.6 亿元。

在智力支持上,江苏省先后派出 1000 多名公安干警、110 名教师、600 多名医务人员到绵竹支警、支教、支卫,选派 150 名高校志愿者开展心理资源、教学服务,安排 400 多名绵竹校长、教师、医护人员赴江苏培训,建立江苏知名学校、医院与绵竹一对一帮扶。

在就业援助上,江苏省向绵竹提供 13 万就业岗位,累计吸纳 2.3 万人就业(数据来源于绵竹市对口受援办公室、江苏省对口支援绵竹前方指挥部,新闻报道)。

（七）都江堰市援建情况

上海援建都江堰的项目共分为 5 批进行实施,包括城乡住房、学校、医院、水厂、污水处理、道路、公建配套、防灾减灾、产业重建、就业创业、困难家庭援助等 117 个项目,投资总额 82.5 亿元。

援建的思路是帮助都江堰形成五个体系。在教育支撑骨干体系方面,投资 14.68 亿元建设 26 个项目,包括 24 所学校和 2 项装备配套项目,建成校舍 38.4 万平方米,容纳学生 3.4 万名,占都江堰灾后重建学校的 47%。在医疗卫生服务体系方面,耗资 9.9 亿元建设了 6 个市级医疗机构,14 个乡镇卫生院以及村卫生室等,共计 28 个项目,病床数达到 1800 张,占都江堰重建量的 74%。如都江堰中医院新院占地 34632 平方米,较老医院增长 550%;其中建筑面积 29988 平方米,较老医院增长 150%;编制床位 310 张,较老医院增长 72%,恢复和新成立的业务科室有 18 个,医疗设备设施得到全面提升。

城乡安居房基础体系是援建投资最大的部分,共开工 8 个项目,耗资 22.27 亿元,建成 57.1 万平方米安置房、廉租房及社区绿地和市民休闲公园等公建配套设施,安置了 5600 户灾民,如投资 4.58 亿元的沪都家园、2.75 亿元的慧民雅居、8.08 亿元的壹街区上善小区等。在农村住房重建上主要有两项援助措施:一是农村低保家庭自建安居房补贴政策,对 3721 户农村低保家庭补助 3367 万元;二是困难家庭安置援助政策,覆盖对象为城乡低保户、农村五保户、孤残人员、遇难、残疾居民困难家庭、因灾倒房财产灭失困难家庭、因灾生活困难的优抚对象家庭等,共计 5.5 万户,通过现金和实物进行援助,总额 2.5 亿元。同期,上海还对都江堰市 6 大片区和 15 个乡镇农村场镇综合整治,涉及路桥修建、公厕改造、市场整治、街市改造、停车设施、绿化环境和基础设施配套等,对 13 个乡镇的 63 个居民集中安置点配套建设了供水、供气、通讯、道路设施,对都江堰市 9 个镇的山区农村的通水、通电、通讯、有线电视、道路等基础设施建设实施专项补贴,耗资 2.56 亿元。在都江堰农村住房重建中涌现出十大模式:一是向峨模式,即统规统建,以宅基地指标换住房;二是大观茶坪模式,通过"联建"住房,既解决居住又发展第三产业;三是蒲阳花溪模式,主要是"依山靠水原址自建",亲近自然环境;四是翠月湖清江村模式,即"院落统规自建",保留受群众欢迎的院坝;五是安龙徐家院子模式,即在原址自建基础上形成大院落,复兴川西林盘;六是青城山石桥模式,建设类似城镇的新型社区;七是青城山泰安 A 模式,将房屋产权作为抵押争取到更多的建房贷款,减轻农户建房的资金压力;

八是青城山泰安 B 模式,通过把在宅基地指标集中起来进行平移置换,置换后农户手上的指标虽然减少,但是建房资金问题得到了解决;九是天马向荣模式,结合退耕还林,将宅基地让出,换取国家政策补助,提高居住质量;十是紫坪铺镇沙湾村模式,通过民间借贷,以产权作为融资品,解决联建中各户财力不均的问题。

在城乡用水治污框架体系上投资 7.26 亿元,建设了 1 个水厂、8 个污水处理厂以及 130 公里长的管道。

在支农惠农保障体系上筹资 7.42 亿元,规划了 10 万亩的现代农业集聚区和 500 亩的农业高科技示范园,建设了 17 个为农服务中心,扶植了天马镇循环农业、翠月湖食用菌生产基地、石羊镇粮食—川穹特色产业示范带、柳街镇草木花卉示范生产基地、大观镇四川泡菜初加工基地、胥家镇有机猕猴桃示范园、青城山镇生态家园与休闲观光农业、向峨镇茶文化展示、崇义镇农作物生态化高效种植、安龙镇川西盆景展示基地等,惠及 12 个乡镇、60%的耕地和 44%的农民。

上海在公共服务设施建设方面投入 8.91 亿元,建设了都江堰文化馆、图书馆、档案馆、新闻中心、工人文化活动中心、妇女儿童青少年活动中心、社会综合福利院、村(社区)活动中心等 13 个项目,在产业支撑方面出资 7.26 亿元,建设10 万平方米标准厂房的就业创业基地、全长 6.3 公里的蒲阳干道、全长 23.8 公里的蒲虹公路以及为都江堰水文化博物馆建设提供规划支持和前期建设启动资金。

上海提出了软件支持的援助方式,包括对教育、卫生、污水处理等公共公益类项目实施年运行补贴,设立帮困助医助学综合基金,对都江堰市困难群众的生活、看病以及子女就学提供援助,对廉租房家庭、城镇居民困难家庭、农村集中居住困难农户和城镇居民残障人士等四类困难对象进行补助,共为这些项目投放资金 4.04 亿元。

在产业援助中,上海撮合了两地 56 家企业签约了 48 个经济合作项目,投资额近 40 亿元(数据来源于都江堰对口受援办公室、新闻报道)。

(八)彭州市援建情况

福建确定对口援建彭州项目 146 个,总投资 33.3 亿元,由省财政足额拿出1%收入以外,另外加上所有的社会捐赠。

福建在城乡住房上安排 12 亿元援建资金,拨付受灾群众永久性住房补助资金 7.4 亿元,并开工建设永久性安置点项目 115 个,投资 4.6 亿元,住房援建全部采取了交支票方式,由彭州市统筹安排。

在基础设施方面,福建建成 43 个项目,包括干线公路 9 条,总里程 74 公里,耗资 5.69 亿元,其中造价最高的福建路长 13.8 公里,采取了交支票方式,金额为 1.98 亿元;桥梁 6 座,耗资 3250 万元;市政道路 16 条,总长度 22 公里,耗资 2.12 亿元;供水设施 9 项,总供水能力 1.95 万吨/日,管网总长度 117 公里,耗资 7300 万元;防洪堤 2 条,总长 4 公里,耗资 4400 万元。

福建省援建了 95 个公共服务设施。建成中小学 11 个,总建筑面积 13.7 万平方米,投资额 3.58 亿元;幼儿园 30 个,总建筑面积 4.8 万平方米,投资额 1.11 亿元;医疗卫生项目 6 个,总建筑面积 8.4 万平方米,彭州市人民医院是福建省对口支援的最大项目,投资 2.4 亿元,建筑面积 48000 平方米,拥有 499 张床位;文化广播电视项目 23 个,总建筑面积 2.8 万平方米,投资额 1.88 亿元;社会福利救济及其他项目 26 个,总建筑面积 3.2 万平方米,投资额 3565 万元。福建援建项目中还包括濛阳镇劳动就业培训中心、综合市场、农贸市场等设施。

在产业发展援助上,福建省出资建设了闽彭产业园区,内有 4 万平方米的标准厂房,投资额 5700 万元,援建了建筑面积 2 万平方米的纺织服装(西南)创新中心,投资额 8000 万元,上述两项都交由彭州建设。福建省还帮助建设农产品市场 2 个,建筑面积 4750 平方米,同时建设了林业综合服务中心、红岩食用菌栽培基地和升平镇食用菌科技产业园配套工程等 3 个项目。福建省组织建材、纺织、服装鞋业、食品、农产品加工、商贸流通、电子等行业的近百家企业,赴彭州市考察对接合作项目。福建省还帮助彭州市组团参加在福建举办的"9·8海西"投洽会,为彭州开设了招商洽谈专区,向彭州引荐有意向的投资商。

福建省人民政府与彭州市签订了就业援助协议,成立福建省对口支援彭州就业援助中心,举办了十多场大型就业援助招聘会,提供 5 万余个待遇较好的岗位,帮助 5000 多名彭州民众与福建企业签订了就业协议。在福州、厦门、晋江、惠安等市(县)建立劳动力实用技术培训基地,并采取了培训补贴、推荐就业、劳务维权和子女入学等优惠措施,帮助彭州受灾群众增加就业机会。

在智力支持方面,福建省派出了两批医疗卫生救援队,组织了一百多名旅游、规划管理、地质地勘等专业人员到彭州开展工作,接收灾区 554 名学生到福建 24 所中职学校就读,接受 51 名受灾孤贫学生免费就读福州阳光各级学校(数据来源于彭州市发改局、新闻报道)。

(九)青川县援建情况

浙江省共拨付援建资金 85 亿元,完成援建项目 547 个,对口支援资金量和实物量比国家规定要求超出 48%。

在住房重建方面,浙江省实施"661"工程,即投入 6 亿元资金,帮助 6 万多农户实现安居,建成 1000 个集中供水设施、10000 个分散式供水设施。在全县 8 个重点镇,浙江省援建了 133 个居民集中安置点,共建造了安居房、廉租房

4273套、36万平方米,重建和维修加固农房61715户;实施268处农村饮水工程,解决了山区群众的饮水难问题,使全县25万人喝上自来水。在重建的同时,浙江实施"十镇示范、百村整治",帮助乡村改路、改线、改水、改厕、改房,同时推进城镇建设、环境整治、特色产业发展工作。

在公共服务设施上浙江投资32.39亿元,建设218个项目,包括49所学校、37所卫生院,7所福利院,1所残疾人康复中心。教育援建的总投资近15亿元,其中在竹园镇建设了"智慧岛教育园区",总建筑面积13万平方米,项目概算总投资4.7亿元。整合了青川第一高级中学、青川县职业高级中学、青川县教师进修学校、体育馆、竹园第二初级中学等5个文体项目,这是浙江省援建规模最大的工程。

基础设施建设上,浙江省援建了193条道路、158座桥梁和34条防洪堤;公路方面建设了全长8.4公里的浙川大道,恢复改造了一百多余条通村公路,援建公路里程1110公里,一百多座"漫水桥"。

在产业援建方面,浙江建设了广元川浙产业园和青川浙商产业园两个工业园,实施产业援建项目104个,引导浙江企业落户,总投资35亿多元。在农业产业援助上,浙江帮助规划了100多个"一乡一业、一村一品"产业项目,援建了400多个钢架蔬菜大棚,扶持了万只长毛兔种兔基地、5万亩生态旅游农业园区等高效生态种养项目。

在防灾减灾方面,浙江省投资4.3亿元,为青川县青竹江干流4个乡镇修建34条、总长28公里的防洪堤,另投入5000多万元为青川部分学校、卫生院等修建二三百米长的小型防洪堤20余条,保护了500多公顷土地、使近7万人免受洪灾。浙江投入806万元建设了青川县水雨情预警系统,还援建了一座1.5万吨的粮食储备库,投资2700万元,用地面积17396平方米。

在智力援助上,浙江省实施"七个一"工程和"十百千万智力支援工程"。"七个一"工程是指投入1亿元援建资金、派遣100名农业科技专家前来青川指导、实施100个农业特色产业援建项目、培训1万名农村实用人才、培育100户"农家乐"示范户、培育100个农业特色产业示范村、实现农户年均纯收入增加1000元以上。"十百千万智力支援工程"中"十"是指在规划编制、建筑设计、农林科技等10个方面给予有效指导,完成了130多个规划。"百"是指选派百名教师、百名医生到青川支教、支医,同时对青川百名乡村医务人员进行培训,组织青川百名教师赴浙进修。先后有8批支教队伍和9批医教工作者到青川,开设了350多个培训班。"千"是指组织青川千名干部赴浙培训。"万"是指对青川万名劳动力实行技能辅导,培养万名致富带头人(数据来源于新闻报道)。

(十)剑阁县援建情况

黑龙江省确定恢复重建项目146个,总投资12.37亿元。在农房重建方面投资 1.32 亿元,使 4.5 万户农户入住新居。在基础设施建设方面,投资 2522 万元,建设了 11 个乡镇供水站,并整修加固了 3 个病险水库,解决了 6.5 万人的饮水困难和安全问题,新增有效灌溉面积 1.65 万亩。黑龙江省还拨付 1.5 亿元,建设了剑昭公路,完成了剑门关古镇一期改造工程。在公共服务设施上,黑龙江投资 22561 万元,建设了 51 所学校,改善了近 10 万名学生的就学条件;对 47 所医疗机构进行了修改扩建和设备更新,花费 9105 万元。在产业援助上,投入 6000 万元,完善了剑门工业园区集中配套设施建设,引进黑龙江省、广东省、重庆市等省市 19 家企业入驻,吸引投资 11 亿元,并为园区争取到了四川省中小企业创业基地认证。黑龙江省最大的援建项目是投资额 22000 万元的剑门关旅游景区建设,共设计了 70 多个小项,包括新修红军攻克剑门关纪念碑馆、关楼恢复重建工程、翠云廊改线等项目,使景点面貌和景区周边交通条件得到了改善,剑门关蜀道被列入国家自然与文化双遗产预备名单(数据来源于新闻报道)。

(十一)汶川县援建情况

广东省先后下达了三批对口支援汶川灾后重建项目计划,第一批计划项目 130 个,金额 15.46 亿元;第二批计划项目 289 个,金额 21.05 亿元;第三批计划项目 129 个,金额 11.31 亿元。2010 年,广东省又追加了一批项目,使援建项目总数达到 702 个,投入资金 87 亿元。在援建之前,广东还提供了抗震救灾的物资、板房建设资金 25 亿元,救灾和重建资金相加,广东省的支援资金额达到了 112 亿元。

在县域总体规划上,广东省提出"一心两廊四区"和"一带三组团"的城镇规划方案。"一心两廊四区",即建设以威州镇为主的行政中心,打造沿国道 213 线民俗文化生态家园和沿省道 303 线大熊猫遗产的两条走廊,发展水磨三江教育旅游和现代服务区、以漩口为中心的阿坝州新兴工业发展集中区、映秀震中遗址保护区、岷江河谷特色农业示范区。"一带三组团"中一带指沿岷江的城市建设发展带,三组团分别是七盘组团、中心组团以及雁门组团。广东在援建中实施了农村居民住房、城镇居民住房、医疗卫生设施、城乡供水设施、城乡道路设施、社会福利设施、文化体育设施、农村公共服务设施、农副产品流通设施、防灾避灾设施等"十大民生工程"。

在城乡住房上,广东省安排资金 7.81 亿元,完成农房加固维修 1296 户,农房重建 17053 户;安排城镇居民住房援建资金 13.89 亿元,加固维修 5074 套住房,总建筑面积 45.17 万平方米;新建各类住房 5651 套(含拆迁安置房、周转房和廉租房),总建筑面积 44.94 万平方米。

在教育、医疗、文化、社会保障设施方面,广东援建了 16 所学校,使汶川所有中小学生全部到镇上寄宿就读,其中汶川第一中学是广东援助汶川最大的工程,造价 2.62 亿元,可容纳 5000 名师生,拥有阿坝州第一个室内游泳池和人工草地足球场。广东安排援建资金 2.69 亿元重建以县医院为龙头,乡镇卫生院和村卫生室为基础的农村医疗卫生服务体系,新建医疗设施 11 项,建筑面积 6 万平方米,比震前增加 60%;总床位数达到 462 床,比震前增加 40.9%。汶川县人民医院成为阿坝州最先进的现代化综合医院,达到二级甲等综合医院的标准。广东援建投资 5596 万元,分别在绵虒镇、水磨镇各建设一个福利中心,总建筑面积 13848.5 平方米,床位 540 个。使全县福利中心的规模和容量比震前扩大了 3.5 倍,设施更加完善。广东省安排援建资金 1.72 亿元用于全县文化体育设施建设,建设了面积 5279 平方米的工人文化宫,并将青少年活动中心、妇女儿童活动中心纳入其中。新建了 1500 座的县体育馆和可容纳 1000 人的体育运动公园,在克枯、龙溪等乡镇建设农民健身设施及灯光球场,在 16 所学校新增 16 万平方米运动场,在水磨镇新建 3000 平方米的文化活动中心。在 118 个行政村的村级综合公共服务设施中统筹安排一定规模的文体活动用房。广东还安排 5000 万元资金用于全县广播电视设施的恢复重建。

在城乡公共服务设施上,广东省共安排援建资金 7060 万元用于乡镇和村级综合公共服务设施。除威州、水磨两个公共服务设施布局比较齐全的乡镇之外,其他 11 个乡镇各建一个综合公共服务设施,按照每个乡镇 1000 平方米进行配置,包括文化站(300 平方米)、广播电视转播站(100 平方米)、劳动保障服务站(140 平方米)、老年人服务站(320 平方米)、党员和群众教育室及其他用房(140 平方米)等。在绵虒、龙溪、雁门、银杏、克枯新建 5 个非物质文化传习所,并纳入城镇综合服务设施统筹建设。广东省还投资 1600 万元新建汶川县人力资源和社会保障综合服务中心,建筑面积 3774 平方米,为群众提供"一站式"、"一条龙"的各项人力资源和社会保障公共服务。

在基础设施方面,广东省共安排援建资金 15.25 亿元,用于市政道路和农村道路建设,建成市政道路 208 公里,农村道路 252 公里。其中 5.73 亿元用于农村道路(包括县道,通乡镇、通行政村的道路)建设,使全县乡镇和行政村道路的通达率达到 100%。援建的农村道路路面硬化率达 100%。安排援建资金 9.52 亿元用于县城和各乡镇的市政交通设施恢复重建,修复道路 91 条,铺设水泥混凝土或沥青混凝土路面约 1208 万平方米;桥梁 22 座,全长 2.06 公里。广东援建县城和 15 个集镇供水项目,配套市政供水管道 128 公里,将供水能力提高到 2.7 万吨/日,并新建 34 个农村供水项目,建设供水管道 882 公里。广东省还安排了 6 个县及乡镇的 19 个灌溉项目,总投资约 1295 万元,可恢复改善灌耕地面积 1.8 万余亩。广东省安排援建资金 5.42 亿元集中用于避灾广场、河堤等设施的建设。共建成防灾设施项目 19 项,全县 13 个乡镇拥有了占地面积达 50252 平方米的防灾避灾场所。

在产业发展方面,广东省安排产业恢复项目 28 项,援建投资 6.74 亿元。其中,投入资金 6733 万元用于农副产品的流通设施,在汶川县 13 个乡镇建设各具特色的农副产品交易市场,实现市场服务全覆盖,在威州镇配套建设一座 1000 吨的冷库(冷藏库、冷冻库各 500 吨),使其成为阿坝州和汶川县周边地区的优质农副产品流通服务和交易平台。

广东省按照震中映秀 5A 级旅游风景区、三江—水磨片区 4A 级旅游风景区的标准建设旅游设施,其中水磨羌城项目建设用地 61117 平方米,总建筑面积 42000 平方米,建成两条街道、153 栋单体建筑,安置 350 户灾民。项目总投入 12865 万元。

广东省耗资 4 亿元在金堂县兴建了广东—汶川工业园,并会同汶川县政府在香港、广州两地举办大型招商引资活动,签约 46 个,协议资金 11.2 亿元。

广东与汶川签订《粤汶长期合作框架协议》,包括技术援助、管理援助、产业合作、干部培养等方面的协议(数据来源于广东省发改委资料、新闻报道)。

(十二)茂县援建情况

山西省援建资金 21.62 亿元,规划了 3 批 10 大类 226 个项目,包括农村住房、城镇居民住房、通乡道路、教育基础设施、卫生基础设施、城镇基础设施、农村基础设施、广播电视、羌族博物馆、工业经济园区,先后投入了 8000 人参加了援建。

山西省在农房重建方面,提供农房补助资金每户 5000 元,提供农房重建配套四改两建及地震期间的运价补贴,还提供了农业和农村产业发展基金 3.6 亿元。由茂县组建担保公司为每户农户提供 2 万元的贷款担保,补贴农户贷款 3 年贴息,帮助茂县 14348 户农房完成重建。在茂县县城投资 1.28 亿元,新建安居房 1105 套、廉租房 1050 套、安置房 730 套,满足县城受灾居民住房、低收入居民住房以及因重建拆迁的居民住房。

在交通基础设施方面,山西省投资 2.43 亿元。建设黑虎路、渭永路、安乡路等通乡道路,投资 5.36 亿元,同时在茂县县城建设了太行路、五台路、云岗路、吕梁路等 9 条市政道路。

在公共服务设施方面,山西省投资 2.03 亿元,新建茂县人民医院、茂县中医院和 5 所中心卫生院,使全县实现了"小病不出乡,大病不出县"的医疗目标。其中茂县人民医院投资 1.4 亿元,加固一座大楼,新建四座大楼,占地 28 亩,建筑面积 30600 平方米,床位 300 多张。山西省为茂县建设了 1 所中学、6 所小学、1 所幼儿园和阿坝州中等职业技术学院,共耗资 3.05 亿元。其中茂县中学投资 1.877 亿，占地 150 亩，总建筑面积 19438 平方米，建有教学楼、实验楼、综合办公楼、学生宿舍楼、教师住宅楼、食堂、风雨操场、足球场、报告厅等，可满足 3000 多名学生就读，现有 37 个教学班，1633 名学生。山西省投资 5940 万元，重建了茂县广播电视综合大楼，使 22 个乡镇均能收听收看百余套广播电视节目，处于阿坝州领先水平，还投资了 7885 万元建设中国羌族博物馆。

在产业发展方面，山西省投资 2 亿元，建设山西茂县工业经济园区内的道路、桥梁、河堤、给水工程、污水处理工程等项目。山西省用 1400 万元担保基金，支持坪头村组建了茂县水凤羌寨旅游文化公司，采取"村两委会＋农户＋企业"的模式进行旅游开发，由经营商将房屋改造成乡村旅游酒店，数量约为 30 多家，其中有 7 家是按照星级酒店标准打造。坪头村、牟托村现已被国家旅游局评为 4A 级景区。

山西省与四川省、阿坝州和茂县先后 4 次举办招商引资推介会，动员全省各大企业积极支援茂县灾后重建工作，大大加快了茂县重建的步伐（数据来源于新闻报道）。

（十三）理县援建情况

湖南安排援建资金 20.10 亿元，完成 9 大类支援项目 99 项。其中，交钥匙工程 68 个，投资 15.73 亿元；委托建设项目 31 个，投资 4.37 亿元。

湖南把援建的重点放在农村安全饮水与农田灌溉、农房重建、学校医院重建等方面，实施了"三湘情农村安全饮水与农田灌溉工程"，解决了理县 13 个乡镇、81 个行政村、3.5 万人喝水问题和近 3 万亩农田灌溉难问题。湖南省出资 1.45 亿元成立的"理县产业发展基金"，帮助受灾农户全部乔迁新居，支持部分高半山村进行整体搬迁，建设了木卡村、休溪村、甘溪村等新农村建设示范村。

在基础设施恢复方面，湖南援建了全长 40 公里、投资 2.1 亿元的理小路，25 条农村公路及三湘大道、潇湘大桥等。湖南投资对桃坪羌寨、甘堡藏寨进行了修复、包装，帮助理县打造旅游品牌。

在公共服务方面，湖南进行了资源整合，总投资额提升 5.83 亿元。首先，将文化馆、图书馆、民俗博物馆、体育馆、电影院、职业培训中心等合建为文体中心，投资额为 2 亿元；其次，将儿童福利院、敬老院、收容站等合建为福利中心，建筑面积 6875 平方米，投资 1800 万元；再次，将原理县人民医院、中医院、急救中心合建为理县人民医院，耗资 8800 万元；将理县卫生执法监督所、妇幼保健院、疾控中心、计划生育服务站合建为理县公共卫生服务中心，建筑面积 9000 平方米，投资额 3000 万元；将职工活动中心、职工培训中心、困难职工帮扶中心合建为理县工会阵地，投资 1000 万元，建筑面积 3000 平方米；湖南建设的理县广电中心，建筑面积 4000 平方米，总投资 3784 万元。湖南投资 2 亿元将乡镇小学和中学合建为 14 所九年一贯制学校;新建的理县中学总投资 8853 万元,总建筑面积 30321.6 平方米,包括教学楼、办公综合楼、体艺楼、学生宿舍(食堂)、教师周转房、室内体育馆等教育教学用房 12 幢,购置图书 72000 册,购置仪器设备 2863 台(件、套)。学校设初、高中部共 40 个教学班级,容纳学生 1800人,可以为 1190 名学生提供寄宿。新建的理县人民医院总投资 8794 万元,占地面积 31 亩,设置急诊部、门诊部、住院部、医技科室、保障系统、行政管理、院内生活等 7 类用房,建筑总面积 19090.6 平方米,设计床位 160 张,达到二级甲等综合性医院标准。

在产业援助方面,湖南出资 1.1 亿元在理县开辟下孟工业园和绿色工业园,为理县兴建了一处商贸中心,总建筑面积 13175 平方米,投资 7800 万元,集购物、娱乐、休闲、办公、住宿于一体,解决了理县的商业设施落后问题。

湖南组建了湘川情社会工作服务队,运用到精神家园重建中,对地震伤亡家庭、地震致残特困人员、青少年儿童和基层党政干部进行心理疏导和精神抚慰,这一做法被推广到其他灾区县(数据来源于新闻报道)。

(十四)松潘县援建情况

安徽省对口支援松潘县恢复重建,安排了应急民生、基础设施和人才产业等 46 大类项目 320 个,安排援建资金 21.3 亿元,参与援建工作的有 2000 多人。三年援建中,安徽省分三批安排援建项目。第一批项目 12 个大项,投资 2.3 亿元,包括民房恢复重建,水利工程、校舍、村道的修复,社会福利设施建设及供电改造,地质灾害治理等;第二批项目 25 个大项,投资 14.9 亿元,涉及交通、水利、市政基础设施、教育、卫生、社会福利、人才智力支持和技术援助等;第三批项目 9 个大项,总投资 4.1 亿元,主要是旅游产业和新城开发建设方面的项目。

安徽省拨付永久性农房重建资金 3718 万元、过渡安置房资金 525 万元、维修加固资金 3580 万元,设计了一批藏、羌、回、汉民族特色单体户型供群众选用,并建设集中安置点的自来水、道路、绿化、亮化设施,完成了 1859 户民房重建和 12087 户农房维修加固及藏羌民族特色风貌整治。

安徽省帮助松潘编制的重建规划提出"一个县城主中心,牟尼沟、川主寺两个副中心,一个文化长廊",提升松潘县的旅游承载力。为此,安徽省投入 7 亿元建设 1.41 平方公里的松潘新城,完成了市政道路、管网、桥梁、景观等基础设施建设,兴建了 11 万平方米的社会事业用房和保障性住房,新建学校、医院、福利院、文化中心、政务中心、安居小区等公共服务设施。如松潘中学投资 1.5 亿元,总建筑面积 52000 平方米,可容纳 3500 学生在校就读、2500 学生在校寄宿。松潘人民医院占地 28 亩,按二甲标准新建,建筑面积 16500 平方米,拥有病床床位 160 张,投资 8900 万元。投资 5000 万元建设的松潘县政务中心,建筑面积 12300 平方米。投资 3000 万元建设的民族历史文化展览馆,建筑面积 9100 平方米,发挥了博物馆、文化馆、图书馆、档案馆的功能。新建体育馆的建筑面积 7920 平方米,有 2500 个座位。在川主寺建设方面,安徽投资 1.2 亿元进行了川主寺生态护岸工程建设,沿岷江建设了餐饮水街、都市酒吧水街、民俗文化公园和巴郎藏胞风情园,投资 3150 万元建设了建筑面积 4338 平方米的川主寺游客服务中心。安徽省帮助一些道路沿线牧民从高山上搬下来住进新房,发展"藏家乐"旅游项目,打造了"民族文化长廊"。安徽省还投资 513 万元修复了 47000 平方米的校舍。

在基础设施方面,安徽省安排 7.5 亿元资金,新建川主寺过境公路及其延长线、牟尼沟隧道及接线工程,改建川黄公路、北松公路和 17 条村道,修复了 200 多公里原有受损村道。其中为了保障旅游交通,投入 3.5 亿元全面改建 46 公里长的川黄公路,使日进出黄龙景区的通行能力由 3000 人提高到 1 万人。投资 6200 万元修建川主寺过境路,全长 5.07 公里。投入 2.6 亿元修建的牟尼沟隧道,将县城与牟尼沟景区的路程由 40 多公里缩短为 10 公里。投资 2200 万元建设北松路白羊段改扩建工程,使松潘县最后一个乡镇通上等级公路。在松潘境内的岷江上架起兴川大桥等 10 座桥梁。其他的基础设施建设包括在 20 个乡镇 64 个村修复、新建安全饮水工程。

安徽启动"人才智力援助"项目,安排资金 4000 万元开展"对口支教、对口支医、对口技援、对口培训"。在支教方面,选派三批 63 名教师来松潘支教,其中包括 20 名中小学特级教师,对松潘 200 多名教师进行了教育教学业务培训,接受 5 名松潘中小学校长到合肥等地的学校挂职,组织 30 名松潘教师赴合肥进修,安排合肥七中与松潘中学结成合作帮扶对子。在支医方面,安徽省卫生部门选派六批 162 名医务人员开展支医,开展诊疗服务 23950 人次,为松潘培训医疗人员 2140 人次,组织三批 49 名松潘医生赴皖进修,安排松潘县医院与六安市人民医院结成 5 年援助对子,六安每年安排两批次 8 名医生到松潘支医,松潘也定期安排医护人员去六安进修。在培训方面,援建期间共有 15000 余人次的专业技术人员参加了项目规划设计、产业发展、旅游管理、教育、卫生、广播电视、信息网络、地质勘探、档案管理等方面的培训。在支警维稳方面,安徽省选派了两批共 158 名公安民警赴松潘,还接受了 28 名松潘干部到安徽挂职,安徽行政学院举办了两期 100 名松潘公务员的培训班。安徽省还牵线使歙县与松潘结成友好县、汤口镇与川主寺镇结成友好镇、黄山与黄龙风景区签署战略合作协议(数据来源于新闻报道)。

(十五)黑水县援建情况

吉林援建黑水共确定项目 201 个,总投资 14 亿元,援建分为两批实施。第一批援建项目 182 个,总投资 11.228 亿元。其中重点为 21 个工程建设项目,包括黑水县中学高中部、雁江寄宿制中学、黑水县医院等 11 个交钥匙工程和县文化体育场所、滨河路改造等 10 个交支票工程。第二批援建项目 19 个,总投资 2.83 亿元,包括"三百"示范工程、特色魅力乡镇、精品旅游村寨、省道 302 线风貌塑造、乡镇信用社建设等。

在住房重建方面,吉林省发放了 1493 万元的农村居民住房恢复重建补助,提供了 282 万元城镇房屋受损鉴定及加固维修经费,帮助 4979 户农房办理重建贷款 9958 万元。吉林投资 3000 万元建设集中安置点 3 处,并投资 1442 万元建设引水灌溉等配套工程。

在基础设施建设方面,吉林省投资 3524 万元建设农村安全饮水工程,共建设取水口 190 处,覆盖黑水县 17 个乡镇 117 个村,解决山乡吃水难问题。公路建设方面,吉林省安排 3.5 亿元资金建设黑水高山村寨 80 条共计 500 公里的通村路,投资 2.51 亿元打通了 3.886 公里的垭口山隧道工程,缩短了黑水到红原的公路里程 11 公里。吉林建设的渔客公路全长 37.815 公里,总投资 1.23 亿元。松黑公路投资 1.02 亿元。吉林大道项目位于黑水县芦花镇,总投资 2.2878 亿元,全长 4622.6 米。建设了 7 座桥梁,共计 1097.6 米。

在公共服务设施方面,吉林省投资 1400 万元建设了黑水县文体广场,包括篮球场、田径场、文化馆、图书馆、职工俱乐部等设施。以吉林资金为主建设的黑水中学总投资 4031.4 万元,容纳学生 800 人,总建筑面积 12009 平方米,是黑水县第一所高中部学校。黑水县人民医院的建筑面积为 13390 平方米,投资额 4500 万元,设有 160 个床位。其他工程包括投资 821 万元的雁江中学男生宿舍楼,投资 410 万元的县社会救助福利服务中心等。

吉林援建的产业项目包括特色水果生产基地、无公害蔬菜生产基地、简易储藏库、豆薯养生产基地、核桃产业基地、花椒产业基地。在旅游业方面,吉林省为芦花会址的重建投资 5090 万元,投资 1750 万元治理达古冰川风景名胜区放生湖、红军湖堰塞湖,投资 504 万元架设了景区输电线路维护工程,保证了景区正常开放。在黑水县城,吉林省帮助建设了旅游风情小镇及停车场设施,投资额 1 亿元。

在智力援建方面,吉林省派出 7 批次 176 名支医人员,共接诊患者 2 万多人次,开展手术 600 多台次,巡回医疗 18 次。派出 70 余名教师支教,在黑水高中成立了吉林班开展示范教学(数据来源于新闻报道)。

(十六)小金县援建情况

江西省对口支援小金县,总投资 13 亿元;安排项目 44 个,包括民生工程、教育、卫生、广播电视、城市基础设施、农业和农村基础设施、文化旅游、产业发展基金、软件服务等 9 个方面,建设方式为江西省示范项目和合作建设两种,其中示范项目及直接拨付资金项目 9.73 亿元,合作建设项目 3.27 亿元。

在农房重建方面,江西拨付了 1 亿元资金建立农房重建贷款基金,发放了 602 万元农房维修加固补助资金和 720 万元困难群众生活救助资金,拨付了 7428 万元农房重建补助金,帮助 8614 户农房维修加固、7428 户农户新建永久性住房。

江西省选择了一批基础设施和公共服务设施作为"十大示范工程",总投资预算 4.23 亿元,包括江西小金服务中心、小金县人民医院、江西路、三院一中心、城关二小、小金县文体中心、广电中心、综合防灾广场、两河口会址、美汗路等。江西小金服务中心建筑面积 9000 平方米,投资额 6000 万元,成为小金旅游集散中心。小金县人民医院按国家二级甲等标准建设,建筑面积 35200 平方米,床位 220 张,耗资 7580 万元。小金县文体中心集少儿活动、老年人活动、群众文化、图书馆、博物馆等功能于一体,建筑面积 5000 平方米,投资 2000 万元。小金县综合防灾广场暨居民休闲公园项目投资额 3000 万元。小金县广播电视中心建筑面积 3000 平方米,投资 1900 万元。美沃乡至汗牛乡农村公路全长 55.2 公里,耗资 6300 万元。红军长征两河口会议会址项目耗资 4500 万元。小金县福利院、光荣院、养老院和救灾应急中心(三院一中心)总建筑面积 12380 平方米,耗资 3220 万元,安置了 260 名五保人员。

除上述项目外,江西省和小金县还合作建设了 27 所小学、7 所乡镇卫生院、6 个城乡基础设施、3 个旅游发展项目,合作共建的金额为 3.27 亿元。

在产业发展方面,江西省帮助小金县在南昌市召开招商引资说明会,参加中国(江西)红色旅游博览会,签订牦牛肉、菌菇深加工、出口等项目 2.1 亿元的投资协议。江西还提取了 1 亿元产业发展基金用于支持小金县重建。在旅游设施方面,江西省帮助重建了嘉绒古寨、两河口会议会址、日隆镇等。

在软件支持方面,江西省安排了 2320 万元。江西省选派了 104 名医务人员和 18 名教师开展支医、支教工作,共诊治患者 33100 余人次,举办各类医学知识讲座 37 场次,培训人员 2000 余人次,安排 15 名医务人员到南昌市三级甲等以上医院进行 100 天的业务培训。江西省支教的高中老师在小金中学集中开设了两个"江西班",开展了上公开课、帮扶贫困生、培养潜能生等活动。江西还资助小金县 71 名县、科级干部赴江西开展为期两周的培训、考察(数据来源于新闻报道)。

(十七)崇州市援建情况

重庆市对口支援崇州市,共规划项目 111 个,安排资金 17 亿元。重庆市先后派出 5600 多人参加援建。

在农房重建方面,重庆市向农村受灾群众发放永久安置房定额补助 4158 万元,惠及崇州 5 个重灾乡镇的 11918 户农户。重庆市还为 29 个受灾群众永久安置房统规自建区建设了基础配套设施。

在基础设施建设方面,重庆援建项目中,金额最大的是全长 42 公里、投资额 6.2 亿元的重庆路,还修建四宝路等县、乡、村公路 329 公里,占震毁公路总里程的 85%;修建桥梁 16 座,占震毁桥梁的 84%。

在公共服务设施方面,重庆市以交钥匙方式建设的崇州人民医院和妇幼保健院项目投资额 2.75 亿元。崇州市人民医院建筑面积约 45100 平方米,床位 450 张;崇州市妇幼保健院建筑面积 11999 平方米,床位 120 张。崇州市建设的"交支票"项目包括建筑面积 4500 平方米的崇州市图书馆、13 个乡镇污水处理厂及配套管网建设、9 个面积 400 多平方米的乡镇文化站、5 个幼儿园、5 个敬老院、7 个标准化农贸市场、4 个农业技术推广中心等。

重庆市确定了物资援助 10 项、智力援助 10 项,投入资金 3652 万元。重庆先后派遣 6 支队伍共 500 多人到崇州,包括医疗卫生队、教育帮扶队、青年志愿者队、规划测绘队、公安志愿队和建设志愿队,安排 600 名崇州医务人员、720 名中小学教师到渝培训,并建立两地医院、学校的对口辅导关系。

重庆市还利用对口支援结余资金建立了 1000 万元的医疗卫生事业发展基金和 1 亿元的崇州中小微型企业发展专项基金(数据来源于新闻报道)。

(十八)汉源县援建情况

湖北省援建汉源,共安排 116 个项目,援建资金 21.15 亿元。其中"交钥匙"工程 96 个,"交支票"工程 20 个。援建项目中县城占 53 个,乡镇占 63 个。

湖北省分两期援建,第一期实施"县城十大援建工程"、"乡镇援建工程"、"受灾群众安居工程"、"就业援助工程"、"智力技术支援工程"五个大项,总投资 15 亿元。第二期实施 6 个项目,并继续实施智力技术援助工程。

其中"县城十大援建工程"估算 4.7 亿元,采取"交钥匙"方式,由省直有关部门和武汉市负责援建。援建内容包括汉源县人民医院、汉源县中心小学、汉源县富林幼儿园、汉源县富林镇小学、新县城主干道及亮化工程、汉源县广播电视台、汉源县体育馆、新县城龙潭沟大桥、汉源二中、汉源县武昌爱心福利院。这些项目在规划后又做出了一定的调整,如广播电台项目被扩大为汉源县文化大厦项目,新增了博物馆、图书馆功能,建筑面积增至 16847 平方米,投资额也从 6000 万元增至 8000 万元。

"乡镇援建工程"总投资约 3 亿元,安排了针对 22 个乡镇的 63 个项目。包括学校 24 所、医院和计生服务站项目 16 个、水利项目 16 个、交通项目 4 个、其他项目 3 个,主要由湖北省各地市实施。如襄樊市建设的皇乌公路全长 13.5

公里,投资 2600 万元;十堰市建设的流沙河唐家乡合同段,总投资 4553.82 万元;黄冈市建设的跃进埝整治工程,投资 2600 万元;荆州市建设的汉源县白鹤学校建筑面积 16763 平方米,投资 3560 万元;荆门市建设的万里 110 千瓦变电站占地面积 9512 平方米,总投资 2880 万元。

"受灾群众安居工程"总投资 7.55 亿元。包括在汉源新县城援建 50 万平方米住房,对 3.5 万户倒房户每户发放 0.5 万元建房补助。湖北省选派 23 名技术人员到汉源县 12 个乡镇驻点指导农房重建,将它们建设成灾后重建示范村(点)。

"就业援助工程"包括"向汉源送岗位"和对汉源县灾区适龄劳动者开展就业和创业培训。

"智力技术支援工程"投资 5000 万元。在工业领域,湖北省提供了 LED 及太阳能路灯建设、城镇生活污水处理示范建设、建筑垃圾高效利用开发、烧结页岩砖增产与节能技术。在农业领域,湖北省实施了果树产业灾后重建科技示范、生态型高山蔬菜种植技术服务、樱桃果酒系列产品开发、科技服务平台建设等项目,还推出了"1185"工程,即提供脱毒马铃薯原种 200 万粒以扶持马铃薯产业、建设 1 个农业远程教育网络平台、指导建设 8 个乡镇农业科技示范场、指导开展 5000 名骨干农民培训。湖北先后对汉源县 1308 名中小学教师进行培训,接受 20 名汉源医务人员到湖北省进修,为汉源培养 100 名农业技术指导员(数据来源于新闻报道)。

索　引

后　记

　　本书是在我的博士论文基础上修改充实而成的,在呈献出这部历经周折却远不完美的作品时,特别想表达出心中的谢意。

　　首先要感谢的是师友们。在北京师范大学社会发展与公共政策学院求学时,我时时领略着名师的学术风范,也屡屡受益于各位新锐师长。我的导师张欢老师毫无保留地传授我治学之道,不辞辛劳地为我的论文把正方向,解答疑惑。他的锤炼、鞭策,使我感觉到了一股"跃迁"的快乐。过往授业的恩师、同事、朋友、北师大同窗学友们在学习、生活方面给予我很大的帮助,让我感受到团队的温馨。在浙江大学宁波理工学院从事博士后研究时,学校和法律系的领导和同事们关注、关心我的工作和生活,为我加油鼓劲,我的合作导师李伟教授对我的指导和帮助之大,真真切切令我受益无穷。浙江大学出版社朱玲老师为本书的付梓也颇费心血。

　　其次要感谢的是著作中的"主人公"们。在写作道路上,我得到很多胜似"及时雨"的帮助。我在灾区进行访谈的对象提供给我宝贵的第一手资料,他们的坚强、真诚使我深受触动。另外一部分热心人士则为我的调研牵线搭桥,就我的研究提出睿智的意见。我没有一一在著作中列举出他们,实为不想扰动他们的生活,引发他们往时的痛苦回忆,同时也是想表明,著作中的观点和引据的错讹之处,应由我本人承担。

　　最后要感谢的是心爱的家人。已过而立之年,多年离乡在外求学、工作,经历一场场大考。一路走来,最默默支持我、也是我亏欠最多的当属家人,已经到了"子欲养而亲不在"的境地,成为人生永远的遗憾。千言万语难以表达,此刻我最想说的是:我从来都不是"一个人在战斗"。

　　著作定稿时临近汶川大地震六周年纪念日,谨以此著作向生活在这片土地上,为恢复这片土地的祥和、富饶流下汗水,做出奉献的人们致以最真诚的敬意和祝福。

余　翔